DAYMOND JOHN

CON DANIEL PAISNER

PERSISTE Y TRIUNFARÁS

SUPÉRATE Y CONSTRUYE UNA VIDA LLENA DE ÉXITOS Y RECOMPENSAS

TALLER DEL ÉXITO

Supongo que podrías decir que soy un tipo de hábitos. También podrías decir que demuestro coherencia en cuanto a mis prioridades, puesto que, en el pasado, he usado este mismo espacio para dedicarles mis libros a las mujeres importantes de mi vida. En un principio, solo había cuatro: mi madre, Shark Momma John; mi exesposa, María; y mis hijas, Destiny y Yasmeen. Ahora tengo que agregar a esta lista al amor de mi vida, Heather, y a nuestra hermosa hija, Minka. Disfruto de la bendición de estar rodeado de estas seis almas extraordinarias. Ellas son la razón por la que me levanto a luchar. Todo lo que hago, lo hago por ellas.

"No deja de sorprenderme la mentalidad del ser humano. Primero, sacrifica su salud para ganar dinero. Después, sacrifica dinero para recuperar su salud. Y luego, está tan ansioso por el futuro, que no disfruta del presente y el resultado es que no vive en el presente, ni en el futuro. Vive como si nunca muriera y, sin embargo, muere sin nunca haber vivido".

—Dalai Lama

Persiste y triunfarás

Título original: *Rise and Grind*: How to Out-Perform, out-work, and out-Hustle the Competition / by Daymond John with Daniel Paisner.

Publicado por:
Taller del Éxito, Inc.
1669 N.W. 144 Terrace, Suite 210
Sunrise, Florida 33323
Estados Unidos
www.tallerdelexito.com

Editorial dedicada a la difusión de libros y audiolibros de desarrollo y crecimiento personal, liderazgo y motivación.

Traducción y corrección de estilo: Nancy Camargo Cáceres
Diagramación: Joanna Blandon
Director de arte: Diego Cruz
Fotografía de carátula: Peter Hapak

ISBN: 978-1607385363

Impreso por: Editora Géminis S.A.S.
Printed in Colombia
Impreso en Colombia

20 21 22 23 24 R|CK 07 06 05 04 03

CONTENIDO

Introducción

Levántate e inspira **11**

Capítulo 1

Todo es persistencia **19**

Catherine Zeta-Jones: Sé precoz 35

Kyle Maynard: Sé decidido 47

Capítulo 2

Practica la persistencia **61**

Nely Galán: Sé resiliente 71

Capítulo 3

Haciendo tiempo **87**

Tyler, The Creator: Inspírate 99

Lola Álvarez: Mantente en la jugada 113

Capítulo 4

Mis comienzos **125**

Gary Vaynerchuk: Sopesa tus temores 145

Brian Lee: Paga tus deudas 157

Kristina Guerrero: Ve al punto 173

Capítulo 5

Un día en la vida de un tiburón 189

Carlos Santana: Vive en armonía 211

Wendy Williams: Sé sincero contigo mismo 223

Michael Parrella: Sé ágil 231

Capítulo 6

Muele toda la noche 243

Jake K Assan y Kramer Laplante: Llega a tiempo 253

Grant Cardone: Emociónate 267

Capítulo 7

Desacelera 277

Al y Brit Tani Baker: Sácale provecho al hambre 291

Joel Osteen: Silencio 303

Capítulo 8

El poder de la persistencia: 315

Epílogo

Persiste y ponte a trabajar 321

Agradecimientos 331

INTRODUCCIÓN

LEVÁNTATE E INSPIRA

ASÍ QUE ESTÁS hojeando este libro y pensando invertir tu dinero en él. Y lo que es más importante, estás pensando invertir también tu tiempo leyéndolo —y el tiempo... bueno, ese es el único bien que jamás recuperaremos en este mundo—. Una vez lo gastas, es imposible redimirlo, razón por lo cual debes asegurarte de gastarlo con prudencia.

Enfrentémoslo, la atención es de lo poco que los industriosos e inventores no han podido fabricar en este mundo. Por eso, ahora que tengo la tuya, quiero honrar ese hecho y hacer que valga la pena haberla captado.

Entiendo que tanto tu tiempo como tu atención son valiosos. **Así que este es un libro sobre cómo gastarlos de manera productiva, significativa e intencional.** Después de todo, todos los seres humanos recibimos las mismas 24 horas al día, ya sea que tengamos $1 millón o $100 dólares en el banco. Esta lectura trata sobre cómo hacer que el tiempo trabaje a tu favor, cómo usarlo con el fin de incrementar tanto tu rendimiento como tu nivel de trabajo y acelerar tu camino hacia la cima.

¿Sabes? He visto algunas cosas y conocido a todo tipo de personas interesantes que disfrutan de gran éxito. He andado con líderes mundiales, así como con gente que tiene la gran capacidad de cambiar para bien las reglas de juego. De todos ellos vivo aprendiendo constantemente y una de las lecciones que he aprendido es que no hay una fórmula secreta para obtener el éxito. Sin embargo, siempre existe una mezcla de ciertos ingredientes esenciales que son infaltables si quieres triunfar. La verdad es que hay un rasgo común que observo en quienes conozco y están esforzándose y prosperando: todos tienen una capacidad de trabajo insuperable. En serio, están en función de su trabajo día tras día y se esfuerzan al máximo. Podrías llamarlo aspiración. También podrías llamarlo determinación. Si quieres, llámalo entusiasmo, valor o ganas.

Yo lo llamo persistencia y ganas de triunfar y estoy aquí para darte una luz al respecto.

Quizás, estés pensando que ya leíste uno o dos de mis libros y te preguntes qué más me queda por decir. He escrito sobre el poder de la quiebra y les aseguro a mis lectores que no necesitan un gran presupuesto para tener éxito como empresarios; también he escrito acerca de cómo todos somos nuestra marca personal y sobre mi ascenso desde las calles de Hollis, Queens, hasta lo más alto de la industria de la moda urbana que ayudé a crear. Pero llegó el momento de hacer una inmersión profunda. Es hora de que te lleve entre bambalinas y te muestre cómo aprovecho mis días. Te contaré todo sobre las motivaciones que me hacen levantarme cada mañana y luchar —cómo eran las cosas para mí cuando apenas estaba empezando y cómo son ahora—. Te mostraré cómo fui cambiando mi enfoque a medida que aprendí a levantarme a trabajar duro para ir en pos de todos estos nuevos objetivos que fueron surgiendo frente a mí.

Te compartiré un montón de mis hábitos y rutinas del día a día con el fin de mostrarte cómo hago el mejor uso de mis 24/7, así como los de algunos de los personajes más exitosos del mundo y de todos los ámbitos de la vida —gente que me inspira, me sorprende y me empuja a ser lo mejor que pueda llegar a ser.

La idea es que, al abrir la cortina y mostrarte cómo viven y trabajan estos triunfadores, yo pueda resaltarles algunos comentarios a los lectores que buscan mejorar las cosas. Tal vez, adoptes una gran cantidad de ideas. O tal vez, solo tomes una estrategia que te parezca primordial para ti y encuentres una manera de vincularla a lo que estés haciendo de manera tal, que te lleve a transformar tu vida para siempre. Así es como me sucedió la tercera o cuarta vez que leí el gran libro de Napoleón Hill, *Think and Grow Rich*. Sus ideas encendieron algo en mi interior y se convirtieron en una práctica muy específica que comencé a usar y a desarrollar, y que me puso en el camino indicado hacia el éxito. Luego, te contaré algo más sobre eso, pero el punto aquí es que todos tenemos la capacidad de aprender algo de quienes nos rodean, de la gente que admiramos.

Piensa en las personas que admiras en tu vida, bien sea en tu campo de acción o al interior de tu comunidad, que parecen mantenerse en marcha y avanzar. Es genial sentirnos *inspirados* con los éxitos de otros, pero algo en lo que quiero que pienses al leer este libro es en lo importante que es no sentirnos *intimidados* por los éxitos de los demás. Los soñadores que son 10, 20 o 100 veces más triunfadores que quienes los rodean casi siempre se conducen de una manera más enfocada y más decidida que la gente que tienen a su alrededor. ¿Cuál es el factor diferenciador entre ser como el promedio de la gente y ser genial? ¿Entre la pobreza y la prosperidad? Bueno, una de las claves es tener la actitud correcta — ese fue el mensaje que compartí con los lectores en *The Power of Broke*. Pero otra clave importante es saber cómo hacer un mejor uso de tu tiempo, cómo optimizar cada momento. Ese será nuestro enfoque a lo largo de las siguientes páginas.

Estoy convencido de que un pequeño porcentaje de nuestra vida está determinado por los actos de Dios —digamos que alrededor del 2%—. Tsunamis, terremotos, ganarnos la lotería, tener encuentros casuales con personas y oportunidades que representen perspectivas significativas… bien o mal, estas son ese tipo de eventualidades que nos pasan y están fuera de nuestro control. Pero si aceptamos esta idea, también debemos aceptar que el otro 98% de lo que nos sucede tiene que ver con las decisiones que tomamos o no, con las acciones que ejecutamos o no, con las estrategias que implementamos o no.

Tiene que ver con si decidimos o no *persistir* y *triunfar*.

El trato es este: espero que las personas que conozcas en este libro te inspiren, te sorprendan y te lleven a la acción de la misma manera que lo hacen conmigo, y que captes algo de lo que ellas están haciendo y lo apliques a lo que sea que estés dedicado en este momento de tu vida. Es más, si revisas el Índice e identificas el nombre de alguien que tiene una opinión contraria a la tuya con respecto a algún tema que sea importante para ti, me gustaría que te tomaras el tiempo para conocer su punto de vista y analizar qué es lo que plantea. Siendo sincero, no voy a decirte que estoy totalmente de acuerdo con todo lo que cada una de estas personas que menciono piensa en cada tema. Sin embargo, estoy compartiendo sus historias porque he aprendido algo importante de cada una de ellas —y que también quise compartir contigo—. Y aun si no logras identificarte con sus ideas directamente, espero que te des la oportunidad de conocerlas, aprender de ellas y les permitas inspirarte.

Tal vez, no seas una madre que está tratando de criar a tres niños con dificultades de aprendizaje, pero confía en mí cuando te digo que aprenderás de la lucha de esa madre —aquí, te encontrarás con una de ellas.

Sí, lo más probable es que hayas nacido con todos tus brazos y piernas, pero es mejor que creas que puedes captar un par de cosas de alguien sin extremidades —también lo conocerás a lo largo de esta lectura.

Verás, escribí este libro para dos tipos de personas. El primero está compuesto por gente que ya está persistiendo y triunfando. Se trata de esa persona que está allá afuera haciendo las cosas todos los días, tratando de persistir y alcanzar sus metas, de obtener más por su dinero y mantenerse motivada. De pronto, ese alguien seas tú. A lo mejor, ya estás listo para escuchar a alguien como Russell Simmons, uno de los grandes visionarios culturales a nivel mundial y uno de mis verdaderos modelos a seguir cuando estaba dándome a conocer, que demostró que, con un poco de jugo y mucha determinación, es posible convertir una chispa creativa en un imperio multimedia. Tal vez, tengas algo que aprender de Nely Galán, la exjefa de la red de Telemundo; o de Carlos Santana, el legendario guitarrista; o de Catherine Zeta-Jones, la actriz ganadora del Premio de la Academia, sobre lo que le costó persistir y triunfar mientras avanzaba hasta convertirse en una de las figuras más conocidas en su campo.

Con todas y cada una de ellas conversé, así como con una docena más y les hice preguntas sobre las que ellas mismas dijeron que nunca antes se las habían hecho. Les pregunté qué hacen tan pronto como se levantan por la mañana, a qué y a dónde acuden en busca de inspiración, cómo organizan sus días. También les hice algunas preguntas más difíciles —preguntas que me hacen casi todos los días los aspirantes a emprendedores que quieren hacer algo por sí mismos y los líderes corporativos que me invitan a motivar a sus empleados con el fin de que aprendan y empiecen a pensar más allá de sus propios límites.

Obviamente, cada una de estas entrevistas fue fluyendo de manera orgánica, porque, a pesar de que llegué con una lista de preguntas, nuestras conversaciones fueron abiertas y fluidas. Es posible que hayan comenzado de la misma forma —con mi curiosidad por saber cómo eran sus días cuando ellos recién empezaban, cómo son sus días ahora y cosas por el estilo.

Luego, tomé las respuestas que recibí y creé una especie de huella que tú puedas seguir a lo largo de tu meta, sea cual sea. Siendo honesto, te diré que, sin importar quién seas, ni lo que hagas —ya sea que estés tratando de ascender en el mundo corporativo, convertirte en artista o creativo, ser un gran empresario o incluso sentirte más feliz y más realizado en tu vida—, si quieres tener éxito, es necesario que te enfoques en el trabajo. Recuerda, estos triunfadores ultraexitosos cuentan con los mismos 1.440 minutos diarios que tú y hay mucho que aprender de cómo ellos los usan. Quién sabe… es muy probable que, a lo largo de estas páginas, encuentres un consejo o un simple hábito que cambie tu vida por completo, siempre y cuando encuentres la manera de apropiarte de él e implementarlo.

El punto es que he aprendido mucho de todos mis entrevistados sobre lo que se necesita para tener éxito y ahora, a través de este libro, tú también aprenderás, persistirás y triunfarás.

También escribí este libro para lectores que ya están en una posición de liderazgo y que quieren inspirar a otros a persistir y triunfar. A lo mejor, ya seas un empresario o un *intrapreneur*. Quizás, estés a cargo de un equipo de 100 o 1.000 miembros o solo tengas a una o dos personas que te buscan como su guía. De pronto, eres un padre de familia que desea modelar un comportamiento ejemplar para sus hijos. No importa —el hecho es que estás buscando formas de enseñar, de liderar, de dar un ejemplo positivo y sabes tan bien como cualquiera que, a veces, toma tiempo aprender una lección—. No siempre absorbemos las cosas desde la primera vez. Podrías necesitar explicar tres, cuatro, 10 o 12 veces un mismo mensaje antes de que este sea entendido. Es por eso que he recopilado tantas historias diferentes aquí, porque nunca se sabe cuándo algo hará clic en tu interior o te hablará de tal manera que te sea imposible no entenderlo.

Cuando estaba escribiendo este pasaje de apertura y dándole los últimos retoques a este libro encontré una estadística genial y me pareció una gran metáfora de lo que busco decir aquí. **¿Sabías que Walt Disney World es el segundo mayor comprador de explosivos en los Estados Unidos?** El primero es el Departamento de Defensa de los Estados Unidos. Ahora, que una entidad militar los compre tiene sentido, pero el hecho de descubrir que Disney los comprara me sorprendió, aunque después comprendí para qué y empecé a pensar en lo que significa ser explosivo. **Casi siempre, tendemos a atribuirle a la acción de explotar un significado negativo, tal vez, como una forma de defensa. Sin embargo, todos esos fuegos artificiales que usa Disney World son más un símbolo de alegría y celebración. Y para nuestro ejército, son una demostración de poder, un arma para mantenernos seguros, a salvo y fuertes.**

Todo se reduce a la perspectiva, ¿verdad? Lo mismo ocurre con las tácticas y los hábitos que estás a punto de aprender a través de las personas que conocerás mediante esta lectura. Algunos de estos enfoques resonarán en tu interior y otros no. Algunos de ellos están pensados como una forma de jugar a la defensiva, apagando los incendios que tienden a surgir a medida que avanzamos en nuestro negocio y en nuestra vida diaria; otros están pensados como una forma de jugar a la ofensiva, iniciando una nueva estrategia que pudiera llevar a ese negocio o a esa vida en una dirección totalmente nueva.

Unos contribuyen a crear momentos de alegría y celebración, mientras que otros son puestos en marcha para protegernos contra fuerzas que surgen en nuestra vida y que se alinean contra nosotros.

Dejo a tu elección aprender de las lecciones que hablen a tu mente y a tu corazón y apartar las que no. Por el camino, te contaré la historia de cómo mi persistencia me salvó la vida, cuando tomé la decisión de mantenerme en forma y saludable para poder cuidar de mi familia y mi negocio por mucho tiempo —decisión que me condujo directamente al descubrimiento (y a la extirpación) de un cáncer de tiroides en estadio II que no habría sido detectado ni tratado si no hubiera sido por la mentalidad de persistir y triunfar que me guía.

En pocas palabras: me levanto todas las mañanas, listo para ir al trabajo y me aseguro de que, cuando mi cabeza toque la almohada todas las noches, esté completamente cansada debido al esfuerzo que hice para dar lo mejor de mí durante la jornada. Me aseguro de no renunciar hasta que no me quede nada que aportar a mi causa, a mi misión, a mi propósito. Doy todo lo que tengo. Y mientras lo hago, me aseguro de que, cuando abra los ojos cada mañana, me levante y dé nuevamente lo mejor que hay en mí. Me aseguro de estarme desafiando a mismo, creciendo, motivado por la creencia de que cualquier cosa es posible. De que todo es posible.

En esto consiste mi *persistencia*.

-Empiesa a pensar mas allá de tus limites.

-si quieres tener exito, es necesario que te enfoques en el proposito/negocio.

-Cualquier cosa es posible.

CAPÍTULO 1

TODO ES PERSISTENCIA

MI OBJETIVO ES insistir, lograr, esforzarme. Me levanto — algunas mañanas, antes que el sol— y comienzo a trabajar con energía en mis metas. Me voy a dormir —exhausto, tarde, casi todas las noches— y aun así, sigo trabajando mentalmente. Es por eso que, cuando escucho a la gente decir que no tiene tiempo suficiente en el día para hacer todo lo que tiene que hacer, me indispongo y no de la mejor manera. ¿Tiempo suficiente? Sí, entiendo que, a veces, parece que no contamos con suficientes horas en el día, pero tengo esa sensación solo cuando no uso cada una de mis horas de manera productiva. Cuando no soy eficiente, ni organizado al respecto. Pero si estoy en la cima de mi juego, en una búsqueda incansable, suelo sentir que siempre hay tiempo para todo. Y si empieza a parecerme que el tiempo está a punto de agotárseme, trabajo aún más duro.

"Estoy echándole ganas".

"El que madruga, Dios le ayuda".

"Llegar temprano a la cama y levantarse temprano hace que un hombre sea sano, rico y sabio".

Habrás escuchado todas esas expresiones —y a lo mejor, hasta tengas algunas tuyas que utilizas para levantarte y comenzar el día lleno de energía y ganas—. Pues, bien, esta es una en la que me inspiré cuando recién estaba empezando: **"Es hora de hacer *donuts*"**. ¿Recuerdas la campaña publicitaria de Dunkin' Donuts? ¡Ese era como un grito de guerra para mis muchachos y para mí! Si me preguntas, esa propaganda todavía debería estar al aire, pero ahora se supone que estamos *"viviendo otras épocas"* y que esos días ya pasaron. En lo que a mí respecta, he tenido la oportunidad de hacer algunos trabajos con esta compañía a lo largo de los años, hecho que me parece muy particular, pues fue la frase de su campaña la que me ayudó a *levantarme* y sentirme motivado cuando apenas comenzaba.

(Oye, apuesto a que no lo sabías —esos anuncios fueron galardonados como una de las cinco mejores campañas publicitarias de la década de 1980 por The Television Bureau of Advertising, así que fue obvio que causaron gran impacto en muchas personas, no solo en *mí).*

Te lo diré, cuando anuncios como *"es hora de hacer donuts"* salieron al aire por primera vez, me hicieron pensar. Veía a ese tipo con el bigote, Fred el panadero, levantarse a una hora tan temprana y dirigirse a la tienda de donuts para comenzar su día, que fue allí cuando recibí el mensaje de que el trabajo duro era trabajo duro. Comprendí que cuando hay que hacer algo, no tienes más remedio que sacar tu trasero de la cama e ir a hacerlo. Quizá, parezca obvio, pero debes saber que, aparte de mi madre, no había demasiados ejemplos positivos de personas en mi vecindario que se levantaran a *persistir y triunfar* de esta manera —haciendo las cosas cuando todos sus familiares y conocidos estaban fundidos de sueño—. (Dicho esto, mirando hacia atrás, me doy cuenta de que no es que no hubiera nadie en mi vecindario que no se estuviera levantando a persistir y triunfar —es solo que se levantaban tan temprano y se iban a hacer lo suyo, que yo nunca los veía).

El punto es que, hoy en día, cuando brinco de mi cama para tomar un vuelo antes del amanecer con rumbo quién sabe a dónde y voy al baño para lavarme los dientes y echarme un poco de agua en la cara, todavía tengo esa frase dando vueltas en mi cabeza... *Es hora de hacer donuts.*

Tal vez, haya en tu vida alguna frase que te ponga en marcha, una como esta grandiosa: *"El sueño es gratis. El ajetreo se vende por separado".*

O esta cita que una vez le escuché a Jerry Rice, el legendario jugador de fútbol: *"Hoy haré lo que otros no harán, así que mañana lograré lo que otros no podrán lograr".*

Luego, están los dichos antiguos y sabios:

"Un poco de trabajo duro nunca ha matado a nadie".

"El trabajo duro es la levadura que hacer levantar la masa".

"Nadie nunca se ahogó en su propio sudor".

Aprendimos estas expresiones en calcomanías y las hemos estado repitiendo unas cuantas veces. Y es justo ahí donde comienza el problema, pues estas frases se han convertido en clichés y lo que suele pasar con ellos es que tendemos a basarnos en ellos. Escuchamos las palabras, pero no la verdad que ellos encierran y es así como terminan por convertirse en música de fondo. Nos olvidamos de por qué terminaron volviéndose tan populares.

Sin embargo, en mi opinión, no se trata de las palabras, pues estas no te llevarán muy lejos. De lo que se trata es de actuar, de los objetivos que te fijaste y de cómo ir tras ellos. Se trata de la estructura de la que dispones y de tu capacidad para mantenerla. Se trata de si en realidad te levantas y haces las donuts o tan solo piensas en hacerlas. **No importa lo que digas que harás... ni lo que quieras hacer... ni lo que esperas hacer. Nada de eso importa hasta que te levantes, lo intentes, persistas y triunfes.**

PIENSA EN GRANDE

— *No hay límite en todo lo que puedes lograr.*

— *Si puedes imaginarlo, también puedes hacerlo.*

— *Sé el cambio que quieres en tu vida.*

Todo el tiempo, escuchamos este tipo de mantras de los gurús de la motivación. Pero a menudo, estos dejan de lado la parte más importante: *que tengas en cuenta si estás dispuesto a trabajar o no.*

Lo sé porque lo he vivido. Lo sé porque yo crecí viendo a mi madre encontrar la manera de trabajar en dos o tres empleos a la vez y aun así vigilarme de cerca para asegurarse de que no me metiera en problemas. Cuando me picó el bicho de la lectura, un poco más adelante en la vida, me sumergí en libros como *Who Moved My Cheese?* y *The One Minute Manager*, pero la buena influencia de mi madre me convenció de manera más orgánica. Ella era una inspiración diaria para mí, simplemente, por la forma en que se comportaba. Su *persistencia* fue la música de fondo de mi crecimiento. Estaba en el aire y alrededor mío. Todo el tiempo hablo sobre las diversas formas en que ella puso una vara muy alta en mi vida —como cuando colgó un abrelatas gigante en la pared de nuestra casa, junto con un letrero que decía "Piensa en grande". Esa fue su forma de darme algo a lo cual apuntarle y alcanzar todos y cada uno de mis días. Esas palabras fueron un recordatorio tan significativo para mí, que puse un gran cartel en el área de recepción en Blueprint + Co, el espacio de *coworking* que abrí en el centro de Manhattan para ejecutivos y empresarios, de tal manera que los agentes de cambio que compartían nuestras instalaciones recibían un sacudón diario de los consejos caseros de mi madre.

¡Piensa en grande! No hay otra manera de pensar, si me preguntas. Si se trata de algo menos grande, ¿valdrá la pena?

Pero mi madre no solo me enseñó a pensar en grande. También me enseñó a alcanzar metas grandes, a ser grande. Las ocasiones en las que ella solía hablar conmigo al respecto era cuando yo decía que no quería tomarme el tiempo para dedicarme a esto o a aquello. Levantaba mis manos y decía algo como: "Me tomará demasiado tiempo". Entonces, ella, simplemente, negaba con la cabeza y me respondía: "Daymond, el tiempo pasará de todos modos. Así que úsalo de manera productiva".

Fuera de eso, se me ocurrió una frase propia: **"El tiempo nunca será perfecto. Por lo tanto, solo puedes hacer un uso perfecto de tu tiempo".**

(¡Todavía la estoy usando!)

¿Sabes? Uno de los hábitos positivos que he desarrollado en esta área tiene más que ver con lo que *no* hago que con lo que *sí* hago y está relacionado con el hecho de asegurarme de que tengo "tiempo suficiente" para las cosas importantes. Lo que sí no hago es mirar mucha televisión. Eso nunca fue lo mío, aunque en estos días, con todas estas grandes y geniales series como *The Walking Dead* y *Game of Thrones*, todo el mundo parece estar pendiente de ellas, cada vez es más difícil resistirse a esa tentación. Y aunque sé que me estoy perdiendo de todo eso, entiendo que tengo cosas que hacer. No tengo nada en contra de ustedes, los que se toman tiempo en exceso para ver estos programas, pero a mí no me parece que yo tenga todo ese tiempo para sentarme frente al televisor. Oh, sí veo una serie relacionada con el tema de la naturaleza de vez en cuando o un documental. Me mantengo al tanto de las noticias y de cualquier tema educativo o relacionado con el negocio. Y por supuesto, me aseguro de sintonizar cada nuevo episodio de *Shark Tank*. Pero trato de evitar todas estas grandes series basadas en historias como *Homeland* o *Empire*. ¿Por qué? Porque son solo *historias*. Porque quedas atrapado en ellas. Porque son adictivas. Porque tengo mucho por hacer y, por muy buenos que sean estos programas, no valen aquello a lo que tendría que renunciar para verlos.

Así que lo mío es no dejarme atrapar. Me tomaré el tiempo para ver una película, pero me resisto a quedar atrapado en seis o siete temporadas de una serie y por eso cada vez que tengo la tentación de ver *House of Cards* o *Orange Is the New Black* o lo que sea, recuerdo cómo eran las cosas con mi madre cuando éramos solo nosotros dos y por fin logramos tener nuestros pocos canales locales. Simplemente, no logro imaginarme viendo a mi madre tan enganchada en alguna serie como para pasarse todo un fin de semana poniéndose al día con los episodios que no pudo ver —eso nunca habría sucedido.

Su buen ejemplo se convirtió en el mío: **levántate temprano, trabaja duro, haz lo que tienes que hacer, no te quejes y vuelve a hacer todo eso mismo al día siguiente.** La cuestión es que, cuando era niño, mi tiempo no era del todo mío. Mi rutina propia comenzaba después de la escuela. Esas ocho horas diarias de clase estaban fuera de mi control. Iría a la escuela, asistiría a mis clases y esperaría la campana al final del día como señal de que, de ahí en adelante, podría irme y ahí sí hacer lo mío. Más tarde, en la escuela secundaria, comencé a trabajar en un programa de cooperación con First Boston en Manhattan y allí comprendí a groso modo cómo sería el mundo real para mí. *Esa* experiencia se convirtió en parte de mi esfuerzo diario y en la mejor razón para salir adelante en la vida —tan pronto como comencé a pensar en la posibilidad de ganar dinero y perseguir mis propios sueños, decidí dedicarme a mi negocio particular como si fuera un trabajo de tiempo completo, como si mi vida dependiera de ello.

Y, en cierto modo, así era, pero me faltaba mucho por recorrer. Los sueños, el esfuerzo… todo esto solo me estaba preparando para lo que estaba por venir.

Olvidemos por un momento el *esfuerzo* adicional que tuve que hacer, ya que la escuela fue muy difícil para mí. Para aquellos que no lo saben, soy disléxico. He escrito y hablado sobre esto; también he trabajado para llamar la atención sobre este aspecto como uno de los mayores obstáculos para el éxito de muchos niños. (¡También para el de algunos de nosotros, los niños adultos!). Así las cosas, tuve que dedicar todo mi tiempo adicional solo para lograr seguirles el ritmo a mis compañeros de clase y sobrevivir en la escuela. La tarea que les tomaba a la mayoría de los niños una o dos horas en completarla, a mí me significaba cuatro o cinco horas de esfuerzo, de modo que no me quedaba más que invertir *aún más tiempo* en mis estudios con tal de abrirme paso. Siendo un niño de escuela primaria, y luego durante toda la secundaria, ¿qué otra opción tenía? Quiero decir, no era cuestión de que existiera una píldora que pudiera tomarme, como ocurre hoy en día, por ejemplo, para ayudarles a los niños a lidiar con su déficit de atención, su hiperactividad o las dos. Y como era algo que no se podía medicar, no existía mucha información disponible, ni muchos recursos útiles, pues no había manera en que el establecimiento médico recibiera algún tipo de ayuda financiera. Lo cierto es que yo no estaba buscando una cura, ni quería esconderme detrás del hecho de que tenía problemas para leer y estudiar. Tampoco buscaba un escape. Solo buscaba ayuda. ¿Pero sabes qué? Si pudiera retroceder en el tiempo y tomar una píldora mágica, no lo haría debido a que, para solucionar mi dislexia, para superarla, tuve que trabajar el doble de duro y tal vez esa fue otra razón por la que tuve que aprender a persistir.

Dato importante: Es más probable que los empresarios disléxicos inicien múltiples negocios y prosperen en ellos con mayor rapidez que los emprendedores no disléxicos. *Si estás luchando con problemas de aprendizaje, debes saber que te encuentras en buena compañía: Richard Branson, Charles Schwab, Henry Ford, David Boies, Ted Turner, Tommy Hilfiger y este tu servidor somos solo algunos de la infinidad de CEOs exitosos que hemos sido diagnosticados con dislexia.*

En mis libros anteriores, escribí sobre algunos de los pequeños negocios que solía tener durante mi niñez con el fin de solventar mi situación financiera. Arreglaba bicicletas viejas, les vendía espejos, lápices y cosas por el estilo a los otros niños de la escuela. Reciclaba juguetes rotos, paleaba nieve. Usaba todas estas formas de ganar un poco de dinero para poder ir al cine, comprarme una rebanada de pizza y una Coca-Cola o lo que fuera. Con esto, no quiero sugerir que mi madre y yo estuviéramos en la miseria. No era así. Teníamos una casa decente, vivíamos en un vecindario decente —es decir, hasta que llegó el crack—, pero aun así, sí quería un poco de dinero extra a mi disposición, como para comprar de *mi* propio bolsillo lo que me provocara.

Muy pronto, me di cuenta de que cada una de mis empresas prosperaría o sucumbiría dependiendo del tiempo que les invirtiera. Así, cuando estaba en el negocio de las bicicletas, por ejemplo, eso significaba salir a trabajar temprano el sábado por la mañana, antes de que el camión de basura seleccionara y recogiera las partes servibles de las bicicletas maltratadas que la gente dejaba abandonadas. También significaba descubrir cuáles eran los momentos más apropiados para ir a buscar en el basurero instalado detrás de la fábrica de espejos para recoger esos pequeños espejos de mano y luego llevarlos de alguna forma a la tienda de juguetes Ideal, donde solían tirar todos los artículos imperfectos que la gente regresaba. En conclusión, aprendí que necesitaba saber cómo comenzar bien, vigilando siempre mi territorio y haciendo muy rápido las cosas para así asegurarme de que nadie más se apresurara, ni se me adelantara en el negocio.

El tiempo es dinero —ese es otro cliché que escuchas todo el tiempo en el campo de los negocios. Se lo escuchas a los jóvenes aspirantes a empresarios y hasta a los titanes de la industria que pertenecen al 1% de la élite y se encuentran en los niveles más altos—. La primera vez que lo escuché, me apoderé de él. Lo descubrí por mí mismo, de verdad. Llegó a mí en una de mis primeras veces paleando nieve. En mi vecindario, tenías que salir a trabajar desde muy temprano para hacer un poco de dinero paleando nieve. Si te dormías o te disponías a limpiar primero la nieve que caía alrededor de tu propia casa o te sentabas a disfrutar de un buen desayuno, tu jornada de trabajo terminaba desde antes que empezara, porque, seamos sinceros, en la industria de remoción de nieve, cuando todos tus vecinos están trabajando con una pala y una espalda fuerte en tu misma ruta, comenzar tarde tratando de conseguir algún cliente es un negocio fallido.

Ten en cuenta que no se trataba *solo* del dinero en efectivo. Esa misma mentalidad de *persistir* y *triunfar* se abrió camino en mi vida desde el patio de mi escuela, en mi forma de llevarme con mis amigos. Una razón de peso para esto se debía al hecho de que era un niño de talla pequeña —un buen deportista, pero no irremplazable— lo cual significaba que, si no me esforzaba en el juego, podría no ser escogido cuando los capitanes tuvieran que elegir a los miembros de sus equipos. Si daba buenos resultados, podría participar en el juego, especialmente, si se trataba del fútbol o el baloncesto, así que siempre trataba de ser eficiente con tal de asegurarme de que me dejaran jugar. En el béisbol, era genial —ese nunca fue un problema para mí—, pero en el fútbol y el baloncesto, al ser uno de los niños más pequeños del vecindario, era fácil que me pasaran por alto, así que me esforzaba para asegurarme de que me dejaran jugar.

Una vez más, **no había nadie que me enseñara todas estas cosas** —nadie me dijo: "Daymond, tienes que hacer esto así" —. No, eso era algo que me tocaba aprender por mí mismo. Yo era hijo único. Mi madre no tenía el tiempo necesario para ayudarme a navegar en medio de todos estos dolores propios de la etapa de crecimiento y, de todos modos, yo tampoco quería molestarla con mis tonterías. Ella tenía suficiente de qué preocuparse y lo que aprendí de todo eso fue que tenía que encontrar mi propia forma de *persistir.* No era cuestión de algún tipo de fórmula mágica que yo pudiera copiar, tomar prestada y hacerla mía. Con lo único que conté fue con el buen ejemplo de mi madre y con su ética de trabajo perseverante y esforzado. Era cuestión mía si la adoptaba para mí o no. La elección era mía.

¡Persevera!

En *The Power of Broke* compartí el que esperaba que fuera un acrónimo fácil de recordar sobre algunos de los temas esenciales del libro —cinco llamamientos a la acción que han hecho parte de mi vida y mi carrera con el fin de que los lectores los adaptaran a su manera—. Los llamé mis Puntos SHARK, debido a las similitudes que vi entre las características de las especies de tiburones (agresivas, ingeniosas, hambrientas) y los rasgos que todos necesitamos para tener éxito como empresarios.

Como conferencista, he estado usando una versión de ese acrónimo durante años, desde que obtuve un lugar en el panel de *Shark Tank*, porque pienso que es una forma excelente de mejorar y promocionar la nueva y emocionante marca de la que ahora me siento honrado de hacer parte y de vincular los elementos de mis conversaciones con la popularidad del programa, pero quiero decir que nada de eso fue pensado como un truco. Los lectores parecían responder realmente a esas pautas, tal como lo habían hecho las audiencias principales durante años, así que las revisaré aquí y luego ofreceré una serie de puntos totalmente nuevos, más en consonancia con los temas que buscamos ilustrar en estas páginas.

Mis Puntos SHARK:

S *(Set)* Establece una meta.

H *(Homework)* Haz tu tarea.

A *(Adore)* Ama lo que haces.

R *(Remember)* Recuerda, tú eres la marca.

K *(Keep)* Sigue nadando.

S-H-A-R-K... Como dije, la gente realmente aprendió la lección de estas letras —resultaron ser un gran método de enseñanza—. Pero en verdad, la razón por la que tanta gente se conectó con ellas fue porque *yo* me conecté con ellas primero. Porque había internalizado estos puntos SHARK de tal forma, que eran parte de mí. Era algo genuino. Me estaba basando en ellos, motivo por el cual era más fácil motivar a otros para que también lo hicieran.

Esta vez, pensé que me alejaría de esas majestuosas criaturas del océano y de las feroces criaturas que se sientan conmigo en *Tank* —y que me concentraría en el mensaje central de este libro. . . *persistir*—. A este punto, tal vez te estés preguntando, ¿qué quieres decir exactamente con *persistir?* **Busca persistir en el diccionario y verás un montón de significados diferentes: mantenerte firme en un propósito... durar largo tiempo. . . insistir constantemente... no dar el brazo a torcer...** y otras definiciones más. (Puedes buscarlas por ti mismo).

Pero de lo que estoy hablando aquí es de las definiciones de esta palabra que existen en la calle o en la jerga popular —de expresiones como "echarle ganas", de "darle con todo", las cuales se han filtrado en nuestra cultura para expresar y, en algunos casos, celebrar, la idea de hacer un buen trabajo duro, a la antigua:

de enrollarte las mangas de tu camisa y dedicarte de lleno a lo que estás haciendo hasta alcanzar nuevas alturas, abordando las tareas que tienes frente a ti de una manera implacable y energética—. Y si tu *persistencia* consiste en enfocarte para ganar dinero o en comprometerte el 100% en tu trabajo o en la escuela o si se trata de ser el mejor padre que puedas llegar a ser, entonces la persistencia no es solo un concepto, sino una forma de vida. Al igual que aprender a sacarle provecho al "poder de la quiebra", ser persistente también es una mentalidad —y si aprendes a vivir de acuerdo a ella, como yo he tratado de hacerlo, estarás en capacidad de tener éxito todos los días.

Así las cosas, esto es lo que tengo para decir acerca de la persistencia:

Ser persistente es ponerte manos a la obra. Verás: cualquiera puede hablar del negocio ideal. Cualquiera puede soñar en grande o decidir hacer un cambio en su vida. Pero tú, ponte en marcha y empieza por colgar ese enorme letrero que diga "Piensa en grande" donde lo veas todos los días, teniendo en cuenta que solo las palabras no te llevarán al punto al que quieres llegar. **No lograrás comenzar a avanzar hacia tus objetivos hasta que, y a menos que, des ese primer paso que siempre es tan importante. Pero aquí está la cuestión: el primer paso no tiene que ser siempre grande. Simplemente, tiene que llevarte hacia adelante, aunque sea un poco.** Eso es lo bueno del cambio incremental: que te permite sorprenderte con respecto a ti mismo; que suma; que, en algún momento, adquiere valor. Así que escribe tus metas, si eso te ayuda. Crea una estrategia, si necesitas un tipo de hoja de ruta a seguir. Pero hagas lo que hagas, muévete y avanza. Ahora, sea cual sea el camino difícil en el que te encuentres, no será más fácil mañana, así que empieza a enfrentarlo desde hoy mismo.

Ser persistente también es repetir. Esa es la esencia de lo que significa *persistir*, porque, si quieres ver esas ganancias incrementales, debes insistir de manera sistemática hasta lograrlas. Actúa… aprende… *repite*… esa es una fórmula básica para el éxito, ya sea que se trate de meditar a la misma hora todos los días, de hacer ejercicio, leer, orar o apoyarte en algún otro hábito o rutina que te ayude a darle estructura o significado a tus días. **Haz algo una vez y logra un resultado exitoso, pero ese podría ser simplemente el producto de una suerte superflua. Haz algo una y otra vez y logra ese mismo resultado exitoso, y entonces sí irás por buen camino.** Así que sigue adelante y construye una rutina significativa… y luego apégate a ella. Todos y cada uno de tus días. Desarrolla buenos hábitos… y luego, niégate a romperlos. Todos y cada uno de tus días. Si eres como yo, la palabra repetir te recuerda a los viejos comerciales de champú, los que te decían: "Enjabonar, enjuagar y repetir". ¿Recuerdas? Esa frase se volvió tan común, que comenzamos a verla como parte de las instrucciones en los frascos de champú. Como táctica de marketing, es bastante interesante, ¿no crees? Que los ejecutivos de publicidad logren condicionarnos para que creamos que su producto es tan esencial para nuestra salud y bienestar que no solo debemos usarlo una, sino *dos veces*… Para mí, esta frase sirve como un recordatorio útil de una definición más de lo que significa persistir: nosotros, los seres humanos, somos criaturas de hábito y la idea aquí es poner en práctica este recordatorio sobre repetir en nuestra forma de estructurar nuestros días.

(Seamos claros: los buenos hábitos son difíciles de romper, pero primero tienes que *formarlos*, así que *ponlos en práctica*, no solo una vez, sino una y otra vez. Y es más, *consérvalos*. Hoy. Mañana. Siempre.) Insiste. Repite. Da lo mejor que puedas. Haz los mejores esfuerzos en beneficio de tu equipo. Esfuérzate por alcanzar las condiciones en las que debes estar para llegar a ser el mejor en lo que haces. **Si te exiges excelencia en lo que haces, la hallarás en lo que recibas a cambio.** Así que sigue adelante e insiste en ello —**porque la vida no es lo que aceptas, es lo que negocias.**

Persistir también tiene que ver con navegar, con seguir nadando —es la aplicación del mismo concepto, pero en diferentes entornos—. Lo que buscamos es tener ese espíritu implacable que tanto admiramos en los demás, a pesar de que a veces tengamos dificultades para hallar nuestra propia versión de tenacidad. Una cualidad interesante sobre los tiburones —de algunas de sus especies— es que ellos pueden nadar mientras duermen. De hecho, deben hacerlo, porque para respirar necesitan asegurarse de que el agua esté siempre fluyendo sobre sus agallas. Esto significa que tienen la increíble capacidad de navegar en el agua, ¡incluso mientras duermen! Aquí, en tierra firme, no es suficiente con encontrar el camino desde el punto A al punto B —cualquier sistema GPS te ayudará a trazar el recorrido—. No, la clave es navegar esas largas jornadas en la vida y moverte con velocidad y precisión, como un tiburón asesino en el agua. ¿Sabías que cuando se alimentan o atacan, la mayoría de los tiburones puede nadar hasta dos veces y media más que su velocidad normal? El tiburón mako, uno de los nadadores más rápidos del océano, ¡puede moverse a ráfagas de más de 30 millas por hora! Así que el mensaje para nosotros, simples humanos, es mantener nuestros ojos en el lugar al cual queremos llegar en la vida —en nuestros objetivos, nuestras pasiones, nuestros sueños— y seguir avanzando en esa dirección con furia y propósito cuando sea necesario.

Algo en qué pensar: vemos los mejores y más literales ejemplos de esta mentalidad de *movimiento constante* en nuestros atletas de élite que llevan sus rutinas a niveles sobrehumanos —en su entrenamiento, en su preparación mental, en la competencia—. Persisten porque tienen que hacerlo. Si no lo hacen, los pisotearán o se atrasarán. Pero eso también es cierto en los negocios, ¿no crees? Los empresarios más exitosos que conozco son atletas-guerreros por derecho propio. Se niegan a renunciar a sus sueños e insisten hasta convertirlos en realidad. Y eso, por lo general, también se aplica a sus rutinas de entrenamiento,

No dejes de persistir. Sigue adelante.

ya que casi todos los triunfadores que conozco se aseguran de levantarse del sofá y moverse, de una forma u otra, casi todos los días. Es como con nuestro amigo el tiburón: lo suyo es mantenerse en movimiento todo el tiempo. No siempre se están moviendo para matar, pero siempre se están moviendo. Eso es más de lo que tengo en mente cuando hablo de no dejar de persistir. Sigue adelante, siempre adelante. No te desanimes por los contratiempos que surjan en el camino. **Ten presente que sufrirás decepciones de vez en cuando y que la única forma de asegurarte de que un proyecto o esfuerzo fracase es abandonándolo.**

Deseo, unidad, determinación. Muchos aspirantes a empresarios sienten que se les saca del juego desde ante de comenzar a jugar —es decir, es como si hubieran dos *strikes* en su contra desde antes de entrar al campo—. Lo sé de primera mano, porque cuando empezamos con FUBU, mucha gente pensaba que estábamos locos. Incluso cuando regresamos de nuestra primera feria comercial en Las Vegas, con cientos de miles de dólares en pedidos, no logramos que nos hicieran un préstamo para obtener el dinero que necesitábamos para cumplir con ellos. Entonces, cuando la gente me cuenta sobre cómo nadie creía en ellos, en su visión o en su producto o en lo que sea, y luego me dice cómo se las arregló para superar estas bajas expectativas y tener gran éxito… pues, siento que esa es la reivindicación más dulce de todas.

Por lo tanto, mi mensaje para ti es este: no ignores todas esas afirmaciones de las *personas negativas* que encuentras por el camino mientras te abres paso hacia la cima; más bien, pon esa negatividad a trabajar en *favor* tuyo. Deja que te guíe, incluso si se trata de demostrar que todos los demás están equivocados. **Mantente *decidido* a sobrepasar esas expectativas, a desactivar cualquier bajo resultado que se haya establecido con respecto a ti y asegúrate de tener éxito de sobra.**

Este es mi *deseo* más profundo —deberías pensar en hacerlo *tuyo* también—.

Persiste... Consigue tu objetivo, insiste, navega, hazlo con deseo, valor y determinación. . . Al final, de eso se trata. Así que toma estas pautas como tus órdenes de marcha y muévete, avanza.

¿A QUIÉN VAS A LLAMAR?

La gente con la que te reunirás en las páginas de este libro encontró la manera de lograr sus metas. Ellos decidieron implementar y repetir cualquier ritual o fórmula que lograron establecer para lograr llegar a la línea de salida. Insistieron en sacar a relucir lo mejor de sí mismos y de las personas que los rodean. Navegaron a lo largo del camino y de sus días con la precisión y los instintos de un tiburón en las profundidades del océano. Y además, aprovecharon el deseo, el valor y la determinación que necesitaban para lograr los resultados que esperaban obtener.

Así que déjame contarte un poco más sobre ellos. Algunos, ya lo sabes, son empresarios, artistas, deportistas, magnates de negocios y líderes de opinión cuyo enfoque en su rutina y *persistencia* diaria los ha llevado a lo más alto de sus campos de acción. Algunos de ellos, los conocerás aquí. Son abogados, artistas, propietarios de pequeñas empresas, promotores y agitadores emergentes, individuos exitosos que han aprovechado su *propio esfuerzo* para superar una dificultad y encontrar un camino significativo.

Espero que las historias y estrategias de quienes describo aquí te inspiren a hundir el acelerador en tu propia vida y carrera. Todos y cada uno de ellos fueron elegidos porque había algo en sus vivencias que me inspiraba —y confío plenamente en que habrá algo en ellos que también te inspire a ti.

SÉ PRECOZ

Encuentra tu pasión y entra en escena

—Catherine Zeta-Jones
Actriz, diseñadora, mamá, bailarina

LA MAYORÍA DE NOSOTROS conoce su rostro a través del cine, los escenarios de Broadway y las páginas de la revista *People*, pero apuesto a que pocas personas conocen a la *verdadera* Catherine Zeta-Jones. ¡Oh, sí! Ella es tan hermosa en persona como en la pantalla grande, pero lo que es realmente hermoso acerca de Catherine es la forma en que no se conforma con quedarse tranquila, disfrutando de sus muchos logros.

Catherine podrá ser una estrella de cine de las mejores y más famosas y estar casada con Michael Douglas, quien pertenece a la realeza de Hollywood, pero en el fondo, todavía se ve a sí misma como una niña de un pueblo pequeño de la costa de Gales, en una ciudad llamada Swansea. Ella sigue siendo la misma niña que se sintió atraída por el escenario de Londres y que no se hubiera detenido ante nada para llegar allí; es la misma niña que siguió persistiendo después de eso, mudándose a Los Ángeles para intentar que las cosas se le dieran en Hollywood. Lo que me interesa de la historia de Catherine es que su sueño era todo suyo. Sus padres no eran gente de teatro. Por el contrario. Su padre dirigía una fábrica de dulces y su madre era costurera. Supongo que podrías decir que Catherine obtuvo su vena de negociante de sus padres. ¿Pero lo referente al teatro? Catherine no está segura de dónde sacó esa facultad, aunque comenzó a tomar clases de baile y participó en obras de teatro locales desde cuando tenía solo cuatro años.

"Crecí con una fuerte inclinación hacia el trabajo", comenta Catherine. "No estábamos demasiado bien en el aspecto financiero, pero teníamos todo lo que necesitábamos. Mis padres me enseñaron a soñar en grande y, al día de hoy, sigo soñando en grande. Sabía que mis sueños y ambiciones me llevarían más allá de Swansea, en el sur de Gales". Aunque Catherine y sus dos hermanos fueron educados para perseguir sus sueños, no creo que sus padres se hayan imaginado nunca que los de ella la llevarían al escenario. A pesar de que apoyaban sus talentos con clases de baile y actuación, Catherine cree que sus padres esperaban que sus intereses se balancearan a medida que ella creciera. Se esperaba que ella terminara la escuela secundaria, que tal vez, fuera a la universidad. El baile y la actuación estaban destinados a ser una actividad de niños pequeños, una cuestión creativa. Sin embargo, llegaron a significar mucho más para la joven Catherine, pues llegó a donde las brillantes luces de Londres eran lo único que ella podía ver y, cuando finalmente les dijo a sus padres que quería dejar la escuela y convertirse en una actriz de tiempo completo, fue como si ella se hubiera levantado y les hubiera dicho que iría corriendo hacia el circo. Tenía solo 15 años y estaba decidida a ir tras una vida en el teatro, ya fuera que a ellos les gustara o no.

Para su crédito, los padres de Catherine decidieron dejar que así fuera. No estaban locos por que ella realizara sus planes, pero la apoyaron. Sin embargo, antes de aprobar la idea, fueron a hablar con el director de su escuela y él les dijo de forma muy directa que había visto a Catherine en todos los espectáculos que había hecho desde que comenzó en esa escuela y que su pasión por ese arte era evidente e innegable, tanto como su determinación y su talento. Ella tenía algo más, les dijo. Era algo especial. Y que, siendo tan inteligente como ella era —y *es* muy inteligente—, nunca iba a ser feliz trabajando como banquera o cirujana.

"Debes comprender", dice ella, hablando como la hija del dueño de una fábrica de dulces, "que querer salir de la escuela para ir tras mis sueños era tanto así como encontrar ese boleto de oro en *Charlie y la fábrica de chocolate*. Pero me había desempeñado profesionalmente desde que tenía nueve años, cuando obtuve un papel como una de las niñas huérfanas en *Annie*, una producción en West End. Así que, cuando nos sentamos con mi maestro, mi padre dijo, '¡Vaya!', pero lo escuchó. Lo escuchó. Mis padres sabían que yo no era la típica adolescente. Nunca fui una niña salvaje o problemática. Siempre fui un poco más grande y más enfocada que los chicos de mi edad. Como ellos mismos han dicho, nunca les di una preocupación. Y así, mis padres me permitieron salir de la escuela y me fui con una compañía itinerante de *The Pajama Game*".

MANTENTE ENFOCADO

Al escuchar a Catherine decirlo, uno percibe que a **ella realmente le parecía que se había ganado una especie de lotería al tener la oportunidad de ir tras sus sueños de esta manera.** El hecho es que ella supo aprovechar la oportunidad para darse a conocer y hacerse a un nombre, aunque admite que surgieron un par de contratiempos aquí y allá. Una vez, uno de los "adultos" de la compañía vio que Catherine lloraba por algo de lo que ella ya no se acuerda. Esa persona la miró y le dijo: "¡Oh, basta, niña precoz!".

Catherine no tenía idea de lo que significaba esa palabra, pero sintió que sonaba horrible. Fue a su casa y la buscó en el *Diccionario de Inglés de Oxford* y descubrió que, después de todo, no era tan horrible. Solo significaba que ella era un poco más sabia que otros niños de su edad, un poco más avanzada. Que ella era tal vez un poco más madura.

"Pensé: 'En realidad, eso no es malo'", dice ella ahora. "Pero hasta entonces, si escuchaba la palabra, la interpretaba como algo negativo. La escuchaba y pensaba: '¡Oh, no, no seas eso!'. En cambio, ahora les digo a mis hijos todo el tiempo: 'Por favor, sean precoces, porque, a medida que se vayan convirtiendo en adultos, es posible que vayan perdiendo un poco de esa gran cualidad'. Es realmente muy fácil perder tu originalidad. ¿Sabes? **Cuando las cosas empiezan a mejorar, todos tenemos cierta tendencia a ser un poco autocomplacientes. Perdemos lo que sea que nos empujó a actuar en primer lugar, esa sensación de que podemos hacer cualquier cosa.** Es eso lo que nos impulsa cuando estamos empezando. Esa precocidad. Y entonces, cuando menos pensamos, dejamos de ser así. Es como cuando me pidieron que cantara en los Premios Óscar.

Eso era algo que al principio yo no quería hacer, cantar y bailar en los Óscar. Pero luego lo pensé y me pregunté por qué no quería hacerlo. ¿De qué tenía miedo? ¿Ves? A medida que envejecemos, el miedo comienza a entrar en nosotros y nos derriba, y empiezas a decirte: '¡No, no, no! ¡No puedo, no puedo, no puedo!'. Es entonces cuando necesitamos regresar a ese yo pequeño y petulante, a esa precocidad de la infancia y decirnos: '¡Sí, sí, sí! ¡Sí puedo, sí puedo, sí puedo!'. Tenemos que repetirnos una vez más que sí podemos hacer cualquier cosa que nos propongamos".

¡Sí, ella sí que puede! ¡Sí, sí, sí, ella puede! Lo sé, porque he estado trabajando con Catherine en una compañía de diseño de interiores y artículos para el hogar que ella está lanzando, Casa Zeta-Jones, y puedo ver a esa niña precoz de la que ella habla. Veo su precocidad reflejada en su pasión y en su incansable interés por el trabajo. (Además, tiene un ojo increíble y un sentido del estilo muy peculiar. Si quieres, revisa sus publicaciones de Instagram en #StyleByZeta para que tengas una idea de su visión).

¿Te ha ocurrido que cuando recién conoces a alguien tienes ciertas nociones preconcebidas acerca de esa persona? Nos formamos estas primeras impresiones y, a veces, son difíciles de superar —sobre todo, cuando conocemos a alguien que hemos visto en el cine o la televisión. En el caso de Catherine, yo no la conocía en absoluto, pero ella se acercó a mí porque tanto ella como su familia son grandes admiradores de *Shark Tank*. Lo ven todo el tiempo, casi que podrían citar algunas frases de memoria si les pidieras que lo hicieran. De hecho, la primera vez que ella intentó ponerse en contacto conmigo pensé que una de mis amigas estaba bromeando. Quiero decir, ¿por qué la asombrosa y talentosa Catherine Zeta-Jones querría hablar conmigo sobre una línea de diseño de interiores y muebles para el hogar? Yo soy conocido por diseñar algunos jeans holgados con estilo, más no por mi estilo de decoración.

Pero resultó que la llamada era legítima y entre juntos decidimos ponernos manos a la obra de inmediato. (¡A ambos nos enseñaron a coser de niños!). Cuando nos conocimos, lo que yo más admiré de Catherine fue el hecho de que ella estuviera totalmente interesada en esta idea de crear su propia compañía y convertirla en su propia marca. Hasta traté de disuadirla de ello. Le dije: "Catherine, lo más probable es que puedas ir allá afuera y obtener un contrato con una compañía de muebles para el hogar por más dinero del que podrías hacer con este negocio en cinco años".

Ella no estaba interesada, así que volví a intentar persuadirla.

Le dije que se estaba metiendo en un emprendimiento que implicaba bastante trabajo duro y que para darlo a conocer tendría que volar por todo el mundo, visitar todas estas diversas fábricas y aprender sobre los diferentes tipos de telas.

En respuesta a mis palabras, ella solo me miró y me dijo: "¡Me muero por comenzar a trabajar en esto!".

En realidad, lo que emocionaba a Catherine era su deseo de persistir —no el dinero que pudiera o no ganar.

Pronto, su emoción se volvió también mía y comenzó a enviarme una gran cantidad de correos electrónicos con dibujos y fotos de todo tipo de diseños. Encontraba cierta seda en India o algún patrón en Brasil y me enviaba fotos. Yo no podía evitar el hecho de observar las horas a las que me había enviado esos correos electrónicos y comprendía que se había levantado a las 2:00 am. y 3:00 am., según fuera su ubicación.

Dato importante: Las personas exitosas siempre se enfrentan a nuevos desafíos. *Whoopi Goldberg, por ejemplo, ha entrado en el negocio de la marihuana medicinal, después de hacerse a un nombre en el campo del entretenimiento. Shaun White pasó a dominar el mundo del monopatinaje después de darse a conocer como el mejor esquiador de snowboard del mundo.*

"Todo se reduce a la pasión", afirma ella cuando le pregunto qué es lo que la impulsa. "Y esto es algo que me apasiona. Está en mis genes. Mi madre solía coser, así que, por supuesto, yo también coso. **Había querido hacer algo así desde hace mucho tiempo, pero nunca era el momento indicado. Tenía mi carrera. Tuve mi familia. Y además, sentía que necesitaba al**

Apasionate por lo que haces.

socio adecuado. Entonces, algo en ti me impactó. Algo me dijo que tenía que encontrarme con este tipo de *Shark Tank*. Que tenía que haber una razón para que lo viéramos todo el tiempo en nuestra casa, ¿cierto? Por algo sería, así que me dije a mí misma que podía simplemente sentarme allí y no hacer nada al respecto o levantar el teléfono y contactarlo".

Así es como Catherine ha vivido su vida. Ella ve algo, se lo propone y va tras ello. Como cuando se fue a Londres a los 15 años para perseguir sus sueños teatrales. No se trata de fama o fortuna —no lo fue en ese entonces, cuando decidió marcharse de casa, ni incluso ahora, cuando ella está brillando en este nuevo emprendimiento—. En esa época, ella solo quería actuar. Se sentía verdaderamente viva en el escenario, más parecida a sí misma de lo que se sentía en su vida cotidiana y su único objetivo era seguir así, sintiéndose viva todo el tiempo.

"Cuando la gente solía preguntarme qué quería ser cuando creciera, nunca pensé en ser famosa", cuenta. "Esa palabra nunca fue parte de mi vocabulario. Solo quería estar en el escenario. Ni siquiera en televisión o en películas. Para mí, mi dicha era el escenario. Lo que me seducía era el arte y la artesanía del teatro. Eso es lo que quería hacer".

El problema fue que ella era tan buena en el escenario que la televisión terminó por llamarla y pronto se estaba volviendo muy famosa en Londres y sus alrededores, a pesar de ella misma. Le ofrecieron papeles más grandes y mejores, pero al mismo tiempo, sintió el impulso de seguir haciendo lo que debía hacer —más que todo, por honrar el deseo que la atrajo hacia el teatro desde un comienzo.

Fuera de eso, decidió mudarse a Los Ángeles para ver qué oportunidades la aguardaban. Tendría unos veintitantos años y le parecía que ese era el momento adecuado para intentar algo nuevo. Aquí otra vez, ella echó mano de esa niña precoz que quería redescubrir la alegría pura de actuar que sintió cuando recién comenzó, cuando nadie sabía quién era ella. Así que cambió la vida de una actriz británica trabajadora por la vida de alguien esperanzado en que Hollywood la descubriera, aunque en el caso de Catherine, podría ser más exacto decir que estaba esperando a ser *redescubierta.*

Allí, comenzó una rutina. Se levantaba todos los días a las 7:00 am., con rumbo directo al gimnasio; en este punto, creo que tenemos que ser conscientes de que estaba motivada, al menos en parte, por el deseo que siente cada aspirante a actriz de lucir lo mejor posible, aunque ahora sé que ella es el tipo de persona con los pies puestos sobre la tierra que además, y gracias a su rutina, irradia fuerza, confianza y estructura. **Ella era casi fanática al respecto y estaba decidida a perseguir su sueño con una mente y un cuerpo limpios.** "No quería ir a L.A. y convertirme en una estadística", explica. "Escuchas tantas historias sobre el abuso de drogas y alcohol en este negocio, que estaba decidida a cuidarme y a tomar buenas decisiones".

Después del gimnasio, regresaba a su apartamento y hablaba por teléfono con su agente en Londres.

"Era el final del día allá, así que él tendría un día completo sobre el cual informarme", cuenta. "Por alguna razón, eso me motivaba durante el resto de mi día en Los Ángeles. Me hacía leer un montón de guiones y me decía que tenía que aprender a conducir por el lado derecho de la vía y a familiarizarme con mi nueva vida".

Al final de cada día, Catherine se ponía al día con las noticias mundiales. Ahora me cuenta que esa era una forma de compensar el hecho de que nunca terminó la escuela secundaria, nunca fue a la universidad, motivo por el cual se comprometió a mantenerse en contacto con lo que estaba sucediendo fuera de su edificio en Los Ángeles y también en casa. Leía un montón de periódicos, veía las noticias en la televisión —no los programas de entretenimiento que las personas a las que se enfrentaba en las audiciones solían ver, sino las noticias y los programas de análisis—. Esa era su forma de mantenerse actualizada y concentrada. Podría decirse que comenzaba sus días como joven actriz en Hollywood ejercitando su cuerpo y los cerraba ejercitando su mente.

Otra forma en la que se mantuvo enfocada y ubicada durante este tiempo fue mediante la extensión de un hábito que había desarrollado cuando vivió por primera vez en Londres —un hábito que continúa practicando hasta hoy en día—. Cuando nos conocimos, Catherine me dijo que le parecía que la vida de una actriz era como la de una gitana, por lo que, cuando comenzó a viajar en todas estas diferentes giras para realizar producciones, comenzó a hacer todo lo que estuviera a su alcance para sentirse a gusto en cualquier habitación que rentara por el camino.

"Comencé a llevar velas conmigo dondequiera que fuera", afirmó. "También llevaba mi sari y cada mañana me lo ponía y encendía mis velas. Las apagaba cuando salía de mi habitación o del apartamento donde me estaba quedando y las encendía de nuevo cuando regresaba. Hacía un pequeño ritual y solía decir cortas oraciones".

Como dije, Catherine sigue encendiendo velas todos los días. Están por toda su casa. Están en su camerino cuando está filmando una película. Están con ella cuando viaja. Enciende sus velas y hace que el espacio sea suyo donde sea que esté. He llegado a apreciar cómo esta práctica la hace sentirse ubicada. Es algo que va más allá del efecto calmante del ritual en sí. Se trata de algo más que del estado de ánimo que se genera cuando enciende las velas y llena la habitación con su luz, aunque creo que eso también hace parte de la experiencia. Sin embargo, se trata más que todo de adueñarse del espacio en el que se encuentra; de llegar a sentirse como en casa donde sea que se encuentre.

Dato importante: Algunos estudios muestran que los trabajadores tienen un 38% más de probabilidades de rendir a niveles superiores cuando se encuentran en un entorno de trabajo físico positivo y atractivo. *Así que, adelante, enciende esas velas, pon en marcha el Muzak, silba mientras trabajas y siéntete cómodo a medida que avanzas en tu jornada.*

La fuerza y el espíritu que Catherine obtiene de todas estas velas son también la pasión que yace detrás de su trabajo de diseño. Ella está dispuesta a ayudar a las personas a sentirse como en casa en sus propios espacios, a hacerles saber que, donde sea que estén, sin importar dónde hayan llegado, están exactamente donde deben estar.

Lista de verificación de la persistencia de Catherine

- ✓ Crea una atmósfera en el lugar de trabajo y en el hogar que te ayude a sentirte relajado y conectado con los valores que deseas expresar y con las emociones que deseas compartir con amigos y familiares…
- ✓ Busca noticias e información que amplíen tu visión del mundo en lugar de quedarte con lo que ya creas que sabes…
- ✓ Saca el tiempo para ejercitar tu cuerpo y tu mente…
- ✓ No sientas temor ni vergüenza de comunicarte con socios potenciales, incluso si no los conoces o no tienes ningún contacto en común con ellos —a veces, ves una chispa en los ojos de alguien o experimentas una buena sensación en el estómago que te dice que hay una conexión por hacer con esa persona y es entonces cuando necesitas seguir tus instintos…

- ✓ Cuando encuentres una palabra y no estés del todo seguro de su significado, búscalo. Dicho de otra forma, si te aplica a ti, asegúrate de entender el significado de todo lo que veas, escuches y leas…

- ✓ Sigue adelante y ve tras tus sueños, pero gánate el consenso entre las personas en tu vida que más se preocupan por ti —después de todo, es a ellas a quienes tendrás que recurrir si las cosas no salen como deseas…

SÉ DECIDIDO

No saques excusas

—Kyle Maynard
Atleta, conferencista, autor, dínamo

QUIZÁ, SEPAS QUE Kyle Maynard aparece en titulares de prensa, da vueltas en la cabeza, rompe las expectativas y es un artista marcial mixto. Tal vez, hayas escuchado una de sus charlas de empoderamiento o lo habrás visto dar una entrevista inspiradora en la televisión. A lo mejor, *piensas* que sabes qué motiva a este gran tipo para hacer que los obstáculos gigantes que se presentan en su camino parezcan pequeños —pero como en cualquier otra cosa, siempre hay más en la historia de lo que vemos desde afuera al mirar hacia adentro.

Hay algo que yo no sabía hasta que visité a Kyle para hablar sobre los temas de este libro: **la mejor manera de escalar una**

montaña es mirando hacia atrás, hacia la base, no hacia la cima.

Permíteme explicarte: Kyle nació con una rara condición física llamada amputación congénita, lo que significa que llegó a este mundo sin brazos ni piernas. Al enfrentar ese tipo de desafío, mucha gente podría, simplemente, darse por vencida ante cualquier meta incluso desde antes de empezar a trabajar en ella. De hecho, debería reiterar eso: yo no tendría ni la menor idea de cómo avanzar a partir de esa situación... eso es algo que va más allá de mi imaginación, pero Kyle y sus padres optaron por analizar su situación como un regalo. Al principio, esa actitud valiente fue la elección de sus padres, pero muy pronto, Kyle se dio cuenta de que, en realidad, no tenía otras opciones. Su padre era militar, motivo por el cual, a pesar de que, al principio, él y su esposa se sintieron abatidos por las aparentes discapacidades de su hijo, se adaptaron a la nueva realidad de la familia con una especie de precisión militar. Entonces, decidieron centrarse en lo que estaba bien en Kyle y no en lo que estaba mal y, como era obvio, esa perspectiva positiva fue la que contribuyó a moldear su personalidad pertinaz.

Desde el principio, su madre se aseguró de que lo trataran como a cualquier otro niño del vecindario, aunque sabía que a los otros niños les costaría mucho incluir a Kyle en sus actividades. Eran niños, ¿verdad? Así que ella hizo su casa bajo el concepto de "¡vamos a divertirnos!". Le compró un Super Nintendo en un momento en que esa era una compra costosa que la familia no podía abordar, pero ese se convirtió en un motivo por el cual los otros niños querían ir a su casa a jugar. ¡Era increíble! Kyle estaba entusiasmado en gran manera con los deportes, así que ella organizaba juegos de hockey callejero asegurándose de que Kyle participara en uno de los equipos. Lo que me sorprendió cuando comencé a hablar con Kyle fue que él no se percibía a sí mismo como alguien diferente cuando estaba creciendo. Simplemente, era Kyle. Eso comenzó a suceder gracias a la mentalidad que recibió de sus padres, pero Kyle la tomó y la hizo suya. Se miraba en el espejo y veía a un niño que podía hacer o lograr lo que fuera —ser un niño con amigos y esperanzas y sueños.

"Fue casi como si mis padres hubieran logrado hacer el último truco mental Jedi", recuerda él ahora. "Ellos me dijeron que, simplemente, yo no estaba deshabilitado. Por lo tanto, no estoy deshabilitado. Tenía 18 años cuando supe el nombre de mi condición. Todavía no sé el nombre técnico, porque ese nunca fue el enfoque central. No importaba. Demasiadas veces, nos complicamos la vida pensando en nuestra identidad y llegamos a creer que somos esta única cosa, lo cual tiende a convertirse en un factor limitante".

Este tipo no sabe lo que son los factores limitantes. De hecho, sería difícil encontrar algo que tú y yo pudiéramos hacer que él no podría. Como usar un teclado —él mismo aprendió a teclear usando sus codos sobre un teclado normal. (¡Puede escribir en serie entre 50 y 60 palabras por minuto!). Pero no se enseñó a escribir a sí mismo para obtener buenos resultados en la escuela, ni para comunicarse por correo electrónico. No, él estaba metido de lleno en los videojuegos y necesitaba manejar muy bien un teclado si quería vencer el juego y vencer a sus amigos. Así que se las ingenió y lo logró. Así es como ocurre muchas veces. **Cuando hay algo que quieres más que nada en el mundo y lograrlo requiere un poco de persistencia, es ahí cuando encuentras alguna forma de alcanzarlo.**

Lo mismo ocurrió con el fútbol —se ponía su uniforme y los niños del otro equipo, en el otro lado del campo, no tenían ni idea de lo que él era capaz—. Al principio, Kyle no sabía cómo jugarlo, pero debido a la mentalidad de "yo puedo hacerlo" que le inculcaron sus padres, y gracias a su instinto de "alcanzar" aquello que podría haber estado fuera de su alcance, nunca se le ocurrió que no podría resolver su impase con el fútbol. Kyle nunca pensó que él fuera *incapaz* de nada. Jugó como defensa central y resultó que nadie podía bloquearlo. Se zambullía sin miedo por debajo de las piernas de los otros jugadores, se escabullía de una manera o de otra, haciendo lo que fuera necesario. Y luego, si uno de sus oponentes intentaba sobrepasarlo o sacarlo de la jugada, Kyle se lo cobraría comenzando a golpear su casco contra las piernas de su oponente. Enfrentarse a Kyle era una tarea difícil.

"Yo tenía algo que demostrar", reflexiona. "Incluso cuando era niño, eso era parte de mí. Todo dentro de mí estaba decidido a demostrar que yo no estaba indefenso. Mucho de lo que seguí haciendo en mi vida me hacía volver a mi niñez a reflexionar, a conectar los puntos hasta comprender que muchas de mis fortalezas a lo que en realidad se referían eran a querer enterrar ese miedo de ser visto como indefenso. Eso fue lo que me impulsó".

SÉ SINCERO CONTIGO MISMO

Kyle recuerda como un momento definitorio un incidente específico que se remonta a su salón de kindergarten. Sucedió durante una actividad que consistía en mostrar un objeto y hablar acerca de él; la forma en que esto funcionaba en su escuela era que los padres iban como invitados a la primera presentación de cada niño, motivo por el cual su madre se encontraba en el aula. Te acuerdas de "mostrar y contar", ¿verdad? Era como una charla de TED para tus pequeños compañeros —como una oportunidad de compartir algo que era importante para ti con los otros niños, tal vez algo de lo que sabías mucho—. Ese día, Kyle había traído un juguete especial que quería mostrarle a la clase y lo dejó caer por accidente. No fue una gran cosa, excepto que, en esos días, Kyle usaba prótesis en público, lo cual, irónicamente, fue lo que generó el problema.

Aquí, él mismo lo cuenta:

"Tenía puestos estos brazos protésicos con ganchos en los extremos y piernas protésicas con unas hebillas agarradas a mis rodillas y no podía agacharme en el suelo y agarrar el juguete como lo hacía en casa. Sin las prótesis, no tenía ningún problema para hacerlo, habría podido recogerlo con facilidad, pero con ellas puestas quedé verdaderamente incapacitado. Estaba inmóvil y me sentía tan avergonzado. La maestra tuvo que levantar el juguete y devolvérmelo. Así las cosas, fui a casa esa noche y les dije a mis padres que ya no quería usar las prótesis. Las llamaba mis 'brazos grandes' y mis 'piernas grandes' y, en ese momento, comencé a odiarlas. Al día siguiente, mi madre habló con la maestra antes de la jornada escolar y entre las dos encontraron una manera de contarle a la clase al respecto, porque cuando tienes cinco años, es una gran cosa entender algo como eso, así que había que explicarles a mis compañeros por qué yo tenía estos brazos y piernas un día y al día siguiente llegaría a la escuela sin ellos".

Esa fue la última vez que Kyle usó sus prótesis y te imaginarás la conmoción que se formó cuando llegó a la escuela al día siguiente. Quiero decir, cuando él tenía los pantalones puestos y una camisa de manga larga sobre sus prótesis, los otros niños no necesariamente veían lo que le ocurría; ahora, allí estaba él, sin brazos ni piernas. Pero la maestra estuvo pendiente y le ayudó a la clase a entender. Al final de ese día, Kyle estaba en el patio de recreo, igual que todos los demás niños. De hecho, muchos de ellos fueron y le dijeron a la maestra que Kyle les gustaba mucho más de esta nueva manera —les pareció que era un chico mucho más divertido.

Ese es el tipo de respeto que obtienes cuando decides permanecer fiel a quién eres.

Dato importante: Más de 1 billón de personas viven con algún tipo de discapacidad. *Eso corresponde aproximadamente al 15% de la población mundial y la cifra va subiendo, subiendo, subiendo. Por supuesto, la discapa-*

cidad de Kyle es bastante rara y es probable que no encuentres demasiadas personas enfrentándose a este tipo de lucha, pero todos tenemos algo extra con lo cual lidiar, ¿no? La clave del éxito está en reconocer tu propio y pequeño peso extra y encontrar una manera de levantarte en lugar de dejarte derribar.

Cállate y lucha

Kyle pudo haber sido un jugador sobresaliente en el campo de fútbol, pero su verdadera capacidad atlética no salió a relucir cuando él era un niño. De hecho, desde la primaria practicaba la lucha libre y ya en sexto grado convenció a sus padres para que lo dejaran inscribirse en el equipo; luego, cuando las cosas no le salieron bien, quiso retirarse. Kyle recuerda que incluso después de perder sus primeros 35 combates, aun así, sus padres no le permitieron renunciar. "Mis amigos decían que eso era abuso infantil, que mis padres me obligaban a seguir jugando", cuenta Kyle. "Pero lo que ellos en realidad querían era que yo me esforzara y terminara la temporada".

No puedes renunciar a mitad de camino. Esa es otra gran lección que él recibió de sus padres —solo que ellos no pretendían que esa situación específica fuera una lección, no creo—. Fue más bien una orden directa: *"Esto no está sujeto a discusión... Ahora, cállate y lucha"*.

Al año siguiente, su padre le mintió con el fin de que el chico participara en la segunda temporada. Le contó que él mismo tampoco había ganado ni una pelea durante su primer año. Su propósito era hacerle caer en cuenta de que, aun habiendo perdido muchas veces, él logró una gran carrera como luchador. "Años más tarde, cuando estaba haciendo una investigación para mi libro, descubrí que esa fue una total mentira", comentó Kyle. "Mi padre comenzó a ganar combates de inmediato, pero al menos, me animó a volver a salir a luchar; después de eso, empecé a ganar".

Kyle no solo ganó muchas veces —ganó una tonelada de veces y durante la secundaria perteneció a uno de los mejores equipos de lucha libre del país—. Sin embargo, llegó un momento, cuando su equipo ocupaba el puesto #12 a nivel nacional en la categoría del peso de Kyle, en que algunos de los entrenadores, padres y luchadores de los equipos adversarios comenzaron a decir que Kyle tenía una ventaja injusta porque sin ese peso adicional de piernas y brazos estaba luchando en una categoría que no coincidía con su tipo de cuerpo. ¿Puedes creerlo? ¡El niño no tenía brazos ni piernas y la gente se quejaba! **Este hecho solo sirve para demostrarte que la gente siempre encontrará una razón para señalarte y decirte que triunfas porque tienes algún tipo de ventaja.**

Fue en la escuela secundaria que Kyle logró hacer suya la mentalidad *de no rendirse jamás* que le habían inculcado sus padres e implementarla en su propia vida, pero mirando hacia atrás, él cree que, en ese entonces, no había recibido el mensaje por completo... no todavía. Sí, él estaba teniendo éxito como deportista. Sí, le estaba yendo lo suficientemente bien en la escuela. Sí, es muy probable que al ver a Kyle hacer sus cosas con cierta independencia y con tan buen ánimo sintieras admiración. Pero si lo oyeras contar su historia, no hay manera de no admirarlo, ni de no reconocer hasta dónde lo ha llevado su *persistencia*, así como todo el *éxito* que esta cualidad le ha ayudado a alcanzar. Kyle había estado haciendo lo que tenía que hacer para sobrevivir, pero sin la mentalidad de empujarse a sí mismo a llegar al siguiente nivel.

Eso no le sucedió hasta un par de años después, cuando comenzó a trabajar en el libro que mencioné anteriormente. Fue ese libro el que en realidad lo puso en marcha. Kyle tuvo la idea de escribirlo después de haber sido entrevistado en varios medios de comunicación nacionales, sin periodistas como Larry King y Bryant Gumbel. Fue ahí cuando comenzó a trabajar en ese proyecto, estando todavía en secundaria, hasta llegar a publicarlo después de llevar justo un año en la universidad. El libro se llamó *No Excuses* y se convirtió en un *bestseller* a nivel nacional. Hasta le consiguió a Kyle un lugar en el programa de Oprah Winfrey, que si recuerdas, fue todo un éxito en ese entonces. Su libro causó tanto impacto que ese hecho lo hizo pensar que tal vez la universidad no era para él y que tenía algo que decirle a la gente —algo que muchos querían escuchar y él estaba decidido a salir y permitir que lo escucharan.

"Cuando tienes la oportunidad de lanzar un libro en *Oprah*, esa clase de oportunidades hacen que tu vida tome una dirección distinta", comenta Kyle. "Mirando hacia atrás, creo que mi educación realmente comenzó en el momento en que dejé la escuela".

Fue en este punto que los días de Kyle comenzaron a adquirir un nuevo enfoque. Kyle se refiere a su nueva vida como a una especie de proceso, algo que lo llevaría a mejorar, a lograr metas como la de lograr coger una cuchara o ponerse los calcetines. "Era pésimo cuando comencé a hablar en público", admite, "fue como cuando aprendí a ponerme los calcetines. La forma en que lo lograba era a través de un clip para papel; lo reformé para formar con él un anzuelo de pesca. Primero, me tomaba 45 minutos ponérmelas; ahora, me toma como 10 segundos y creo que esa es la constante de lo que he hecho a lo largo de mi vida. Primero, debo enfrentar un período cargado de muchos fracasos y luchas, una especie de curva de aprendizaje, como una curva de experiencia. Y luego, en un cierto punto, sé que esa curva descenderá poco a poco y estaré en circunstancias muy diferentes. Así que, en determinado momento, con respecto a hablar en público, cada vez fui sintiéndome más y más cómodo frente al público".

Cuanto más practicas algo, más control tienes sobre ello —esa es la verdad que encierra la teoría de Malcolm Gladwell con respecto a que necesitas 10 mil horas de práctica antes de poder dominar verdaderamente tu talento. Kyle tomó una versión de esa teoría de uno de sus héroes: Bruce Lee, quizás el mejor artista marcial de todos los tiempos. "Fue Bruce Lee quien dijo: 'No le temo al tipo que sabe dar mil patadas'", comparte Kyle. "'Le temo al tipo que ha practicado una patada mil veces'. Porque, cuando haces algo una y otra vez, 1.000 veces, recién estás comenzando. En ese momento, te das cuenta de lo mucho que no sabes y, a partir de ahí, hay una cantidad infinita de conocimiento por descubrir".

DALE SENTIDO A TU VIDA

Kyle estuvo allí practicando su única patada 1.000 veces, completando sus 10 mil horas en su circuito como conferencista, en ocasiones, compartiendo el escenario con bateadores pesados como Michael Phelps, Colin Powell y el entonces Senador Barack Obama. Durante ese tiempo, a menudo se sorprendía pensando: *"¿Qué estoy haciendo aquí?"*. Pero luego, se enfocaba de nuevo y se recordaba a sí mismo: *"Tengo algo que decir que contribuirá a marcar la diferencia en la vida de otros"*. Tenía 20 años en ese momento y sus días todavía no habían adquirido todo el significado que tendrían. Se levantaba temprano cuando necesitaba hacerlo porque estaba viajando. Se apegaba a unos horarios implacables para poder llegar a donde estuviera previsto que apareciera. Sin embargo, le parecía que estaba siendo arrastrado por el impulso del momento. No *manejaba* sus días, sino que sus días *lo manejaban* a él. No estaba comiendo bien, no dormía bien, ni estaba llenando su mente con las influencias correctas. A pesar de que estaba logrando cierto éxito y notoriedad, y ayudando a motivar a los demás, Kyle sentía que, en ese tiempo, su propia vida era como un choque de trenes —eso es lo que quiero decir cuando afirmo que, mirando las cosas desde el exterior, uno no puede apreciar realmente qué es aquello por lo que alguien está pasando. En el exterior, Kyle se mantenía en marcha. Estaba haciendo lo que estaba a su alcance, logrando que pasaran cosas buenas, pero en su interior, todavía estaba tratando de encontrar su camino.

No fue sino hasta cuando redescubrió su amor por el deporte y comenzó a entrenar con Forrest Griffin, el excampeón de peso semipesado de UFC, que Kyle empezó a desarrollar el sentido de disciplina y el propósito de vida que en verdad lo definiría. "Necesitas de tanta concentración en el deporte de combate que no te permite pensar en otra cosa", afirma. "No puedes estar pensando en las tensiones que tienes, ni en los viajes que vienen, ni en lo que debes aparentar. Fue ahí cuando me di cuenta de que no estaba viviendo la vida de la cual hablaba. Estaba allí, en los escenarios, hablando sobre logros, sobre construir una vida mejor y salirte de tu zona de confort. El mensaje del libro era *no excusas*, pero al mismo tiempo, sentía que estaba un poco atascado, como si fuera en medio de una gran corriente y sin manera de guiar el barco".

En pocas palabras, Kyle necesitaba este nuevo reto físico para liberarse de esos sentimientos y tuvo que llevar su enfoque de la teoría a la práctica. Empezó a trabajar como entrenador; luego, abrió una compañía de suplementos; después, abrió un gimnasio. No todos sus esfuerzos tuvieron éxito, pero al menos, estaba *haciendo algo* en lugar de solo *hablar* de hacer algo. Y como resultado de ese cambio de enfoque, Kyle comenzó a establecer metas grandes y tangibles para sí mismo. Uno de los primeros cambios —y definitivamente el más grande— fue escalar el Monte Kilimanjaro, el pico más alto de África. Cada año, unas 20 mil personas intentan llegar a la cima y Kyle supuso que, por lo menos, la mitad lo lograba. "A los 19 mil pies, las cosas se ponen raras", explica. "Y no es solo por la altitud. El clima es distinto, hay hielo y todo tipo de condiciones para las cuales la gente no está preparada".

Dato importante: 55 corredores completaron la primera Maratón de Nueva York en 1970... Más de 51.000 cruzaron la línea de meta en 2016. Este es solo un ejemplo del poder que parece que adquirimos al esforzarnos al máximo. La gente está probando los límites de lo que cree que es posible como nunca antes. ¿Qué hay en tu lista de sueños imposibles? ¿Qué estás haciendo para convertirlos realidad?

Por supuesto, Kyle tenía otras condiciones en las cuales pensar además de la altitud. Después de ocurrírsele la idea de escalar el Kilimanjaro, le tomó cerca de un año y medio prepararse. Diseñó unos zapatos personalizados, pero básicamente, tendría que hacer su ascenso con los codos y las rodillas —serían 30 millas de recorrido gateando.

¿Qué es lo que hace que alguien quiera asumir una meta como *esa?*

"Me estaba dando cuenta de que necesitaba escuchar el mensaje del que yo mismo estaba hablando", confiesa. "Quería escalar el Kilimanjaro desde que era un niño y pasaba mucho tiempo hablando con otras personas sobre sus metas y sus sueños y no me centraba en los míos". Por fin, estaba participando en una competencia de CrossFit y tuve que escalar Stone Mount, una pequeña montaña que mide apenas 900 pies. Me arranqué una gran parte de la piel de los extremos de mis brazos al hacerlo. Tenía unas mangas de cuero soldadas a ellos, pero no me ayudaron; sin embargo, cuando llegué a casa esa noche, le dije a una amiga que quería escalar el Kilimanjaro y ella me miró como si estuviera loco. Me dijo: 'Acabas de rasgarte los brazos subiendo

Stone Mountain, ¿cómo vas a subir el Kilimanjaro?'. La miré y le respondí: 'No lo sé'". Esas tres palabras —no lo sé— se convirtieron en las más poderosas e impactantes de la vida de Kyle, porque en ellas había la certeza de que él encontraría la forma de hacer lo que tuviera que hacer. De la misma manera en que descubrió cómo ponerse los calcetines o escribir o escabullirse a través de las piernas de un bloqueador en un juego de fútbol juvenil, así también *persistiría y triunfaría* hasta llegar a la cima de esa montaña —y eso fue exactamente lo que hizo.

Después de escalar el Kilimanjaro, Kyle subió al Aconcagua, el pico más alto de América del Sur. Y una de las lecciones más sorprendentes que él aprendió de esas experiencias fue el poder de mirar hacia *atrás* y recordar todo lo que ha logrado en lugar de mirar solo hacia adelante. "La perspectiva es todo", afirma.

"Nos enfocamos tanto en la cumbre, que nos desanimamos", explica —lo cual significa que los objetivos que nos planteamos pueden parecernos bastante altos, bastante intimidantes—. "Pero el momento más poderoso que tuve durante esa escalada... fue cuando observé desde el pico de la montaña y pude ver qué tan lejos habíamos llegado. Cuando estábamos a unos 2.000 pies de la cima, sentados en un campo de hielo, viendo salir el sol, podíamos mirar hacia abajo y ver el bosque lluvioso desde el cual habíamos empezado 10 días antes, cuando la temperatura era como de 85 o 90 grados. Era un hecho, habíamos conseguido llegar muy lejos.

"Y no se trata solo de escalar el Kilimanjaro, por supuesto, pues he tenido épocas en que me he sentido perdido y en que me pregunto de qué se trata mi vida, donde no he tenido ese sentido de dirección que encontré durante esos ascensos. A los 20 años, no tenía ni idea de para dónde iba. Estaba absorto con mi libro y con mi carrera como orador, pero nunca me tomé el tiempo de mirar atrás y apreciar que estaba en el escenario con estas personas que habían hecho cosas fenomenales. A veces, solo tienes que mirar hacia atrás para apreciar lo lejos que has llegado. Eso es algo que aprendí de uno de mis escritores favoritos de todos los tiempos, Joseph Campbell. A 'regresar con sabor a elixir', esa es la expresión que él utiliza. Cuando estamos en el camino y echamos mano de nuestro héroe interno y logramos la recompensa que hemos estado buscando, es entonces cuando nos volvemos y vemos qué es aquello que hemos logrado, hasta dónde fuimos capaces de llegar. **Ahí es cuando pensamos en volver para compartir esa recompensa y cuando queremos convertirnos en mentores de otros. Ese es el mejor regalo que puedes brindar a través de tu propia vida para ayudarle a alguien más a encontrar la capacidad de crear su propia fortuna.** De eso quiero que se trate mi vida de ahora en adelante".

Mensaje para mi gente persistente.

Lista de verificación de la persistencia de Kyle

- ✓ Sé auténtico. Cuando Kyle habla de cómo comenzó como conferencista motivacional y sintió que era un fraude porque no estaba practicando exactamente lo que estaba predicando, esa franqueza caló muy profundo dentro de mí...
- ✓ Enfócate en qué tan lejos has llegado y no en qué tan lejos necesitas ir...
- ✓ Mantén una imagen mental de ti mismo en la que te guste lo que ves, porque si no eres bueno contigo, lo más probable es que el mundo tampoco lo sea...
- ✓ Haz los ajustes necesarios. El cuerpo humano es capaz de adaptarse a casi cualquier circunstancia, pero solo si adoptamos el concepto de cambio y nos mantenemos abiertos a nuevos enfoques...
- ✓ No cumplas con las expectativas de los demás (a menos que, por supuesto, las expectativas de los demás tengan mucho sentido, en cuyo caso, también podrían cambiar las cosas)...

✓ Sé ese tipo que practicó esa patada 1.000 veces. Me encanta este pensamiento porque me recuerda que no tenemos que hacerlo todo bien siempre y cuando podamos hacer algo muy, pero muy bien…

- Si el tiempo se te esta agotando, trabaja aun mas duro.
- Somos criaturas de habitos.
- insiste, Repite, DA lo Mejor que puedas.
- La Personas exitosas siempre se enfrentan a nuevos desafios.

CAPÍTULO 2

PRACTICA
LA PERSISTENCIA

LOS NIÑOS DE HOY EN DÍA...

Verás, tengo casi 50 años —así que puedo decir frases como "Los niños de hoy en día…". Aunque, tengo que admitirlo, una frase como esa me hace sentir como un anciano malhumorado, sentado en el pórtico de su casa amenazando con su bastón a los adolescentes que hacen pilatunas en su calle. Aun así, no se puede negar que los *millennials* piensan de manera un poco diferente a la Generación X, de la misma manera que los *boomers* fueron diferentes a las generaciones anteriores a la suya. Y como planeo seguir persistiendo hasta que en verdad necesite ese bastón algún día, tuve que adaptarme a algunas de las formas de los *millennials*. Así que quiero dedicar algo de tiempo a analizar cómo ha cambiado el mundo, cómo ha cambiado *mi* mundo, cómo sigue cambiando.

En *mi* época (¡otra expresión que me hace sentir anciano!), comenzamos a trabajar desde muy temprana edad. Trabajábamos duro, salíamos de trabajar a las 6:00 pm., 7:00 pm., 8:00 pm., pero una vez que salíamos del trabajo, casi siempre, estábamos fuera de contacto. Nuestro tiempo era nuestro. **En estos días, los jóvenes están disponibles las 24/7.** Siempre están en horas de trabajo —no existe eso de estar fuera de contacto—, porque si te pierdes una oportunidad, te la pierdes por gusto propio. Los jóvenes de hoy saben que tienen que saltar sobre cada prospecto a la hora que aparezca o alguien más les ganará la carrera; por eso, responderán ese correo electrónico que les entra a las 3.00 am. y aprovecharán para enviar otros más, ya que están en eso. Yo también hago lo mismo de vez en cuando, pero en mi caso, ese es un hábito *aprendido* ¡y la razón por la que tuve que aprenderlo fue por estos malditos chicos! Crecieron así, no conocen nada distinto. Se sienten un poco como si estuvieran construidos sin un botón de pausa. Y así, para mantener el ritmo, para ser relevante, he tenido que ir aceptando esta nueva idea de tener una jornada laboral interminable, aunque trato de recordarme a mí mismo que siempre podré pulsar pausa.

Este contacto constante con nuestros colegas y nuestros clientes se ha convertido en parte de nuestro núcleo cultural. Y eso es bueno y no tan bueno. Es bueno porque todos trabajamos bajo una perspectiva más amplia. Es como si todo un nuevo mundo de oportunidades se hubiera extendido ante nosotros. Las oportunidades nunca terminan. Ya no estamos obligados por aquello que conllevaba un día laboral tradicional, ni siquiera por un entorno de oficina tradicional. Trabajamos sobre la marcha: caminando por la calle, en casa, en ropa interior; a veces, en medio de una reunión relacionada por completo con otro proyecto. **Cuando la inspiración llega, cuando y donde sea, tenemos**

las herramientas a nuestra disposición para actuar de inmediato. Entonces, ¿qué podría ser malo al respecto? Bueno, pues que, si no paramos, nos quedaremos sin gasolina. No podemos permanecer en el modo de molienda total todo el tiempo. Si no nos tomamos el tiempo para recargarnos y refrescarnos, terminaremos, simplemente, yendo con la corriente. Cualquiera que hubiera sido la energía que teníamos para dedicarnos a un nuevo proyecto o un nuevo acuerdo, se habrá desgastado después de un tiempo. Y en ese momento, tendremos que doblarnos y trabajar aún más duro. Al menos, eso es lo que nos decimos a nosotros mismos, así que lo que sucede es que hay una constante de tirón y tracción, entre mantener una rutina que sabemos que es inteligente y saludable y nos mantiene productivos, y la pelea para asegurarnos de no resultar subyugados por el chico que tuvo la capacidad de trabajar un poco más duro. Ese era el mismo tipo de pensamiento que me sacaba de mi casa en un día de nieve con tal de asegurarme de que todos esos chicos apaleadores como yo no se quedaran con un trabajo que estuviera destinado para mí. Gracias a Dios, no nevaba todos los días de invierno en Nueva York, porque si hubiera tenido que cumplir ese horario durante un par de meses seguidos, me habría debilitado.

No sé tú, pero yo *necesito* presionar el botón de pausa de vez en cuando. *Necesito* recuperar el aliento, reflexionar, sopesar, pero a veces, parece que no hay tiempo ni para relajarse.

Así que ¿qué hacemos? Resolverlo consiguiendo equilibrio y creando nuestro propio estilo que funcione tanto para el cuerpo como para el alma *y* que nos dé un magnífico resultado final. De eso se trata este libro. **De las formas en que respondemos al llamado cuando es nuestro turno de brillar.** Si estás trabajando para otra persona, no tienes más remedio que seguir su ejemplo, de la misma manera que mi madre tenía que hacer cuando hacía malabarismos con todos esos trabajos. Tus horas son tus horas. Pero una vez que comienzas a ser tu propio jefe, o una vez que tienes una actividad extra, después de tu horario de 9:00 am. a 5:00 pm., es cuando es hora de desarrollar tu propia rutina.

Veras, me encanta ir de fiesta tanto como a cualquiera. Si juntaras todas las fotos que he publicado en Snapchat e Instagram durante los últimos dos años, pensarías que todo el tiempo estoy de fiesta. Sin embargo, lo que en realidad ocurre es que **he encontrado una manera de hacer que mi *persistencia* se convierta en mi alegría,** así que lo que *parece* ser un gran momento es en realidad que estoy haciendo lo posible por encontrar una forma de hacer contactos y ensanchar mi entorno social. No hay paredes en mi oficina, así que aquello que podría parecerte que lo que estoy haciendo es relajándome bien puede ser que, simplemente, estoy en medio de una conversación sobre un negocio que estoy tratando de hacer con alguien o trabajando en un proyecto que está a punto de comenzar. Puede que me encante la playa, pero no voy a relajarme durante toda una semana con los dedos de mis pies en el agua y con una bebida con paraguas en la mano. Puede que me guste hacer *snowboard*, pero no estoy subiendo a las laderas a primera hora de la mañana y agarrando la última elevación de la montaña al final del día. En lugar de eso, busco momentos en mi día a día para hacer una pausa —momentos en los que pueda dar un paso atrás, recuperar el aliento y tal vez bajar un poco la velocidad antes de retomar el fuerte ritmo de mi trabajo—. Mi idea del tiempo libre se relaciona con la forma en que me criaron. Como dijo mi mamá, el tiempo pasará de todos modos, así que será mejor usarlo de manera productiva. Esto se aplica no solo al trabajo, sino también a mi forma de emplear mi tiempo libre.

En la práctica, lo que eso significa es que, si viajo a California, intentaré hospedarme en un hotel en la playa. Si estoy en una feria comercial en Denver, buscaré la forma de hacer un viaje a un terreno de esquí cercano. Si estoy en Miami, atenderé un par de llamadas en la piscina. Si estoy en una ciudad sin litoral, sin actividades que me distraigan, encontraré alguna distracción local o un muy buen restaurante cercano y me sumergiré en lo que la región tenga para ofrecer… incluso si es solo por un rato.

Dato importante: *Forbes* informa que el 45% de los administradores de propiedades vacacionales ha notado un aumento en cuanto a la cantidad de inquilinos de la generación de los *millennials* en los últimos años. *Esa es una muestra segura de que nuestros empresarios más jóvenes están reconociendo la importancia de mantener un equilibrio saludable entre la vida laboral y personal a la vez que construyen sus carreras.*

Todo es relativo, ¿verdad? Incluso la persistencia. **La pesada carga de una persona es solo una carga liviana para otra.** Lo cierto es que la clave del éxito consiste en aprender a llevar la carga que te han dado sin que te aplaste, para que parezca no una carga, sino una bendición. Para que sea tu alegría. Y la forma en que he aprendido a hacer *eso* a lo largo de los años es incorporando estos pequeños fragmentos de tiempo de inactividad en mi agenda, conectándolos cada día de tal manera que tenga tiempo para mí, para lo que me propuse hacer, para concentrarme en el camino a seguir y para llenar el tanque cuando me quede sin gasolina.

Todos llevamos nuestra carga en la vida de manera diferente. No hay una fórmula mágica que nos diga cómo lograrlo. Pero como cualquier otra cosa en la vida, hay mucho que podemos aprender de aquellos que parecen tenerlo todo resuelto.

Hay algo que debes tener en cuenta a medida que leas: no espero que te veas en todas y cada una de estas personas que entreviste para este libro. Déjate inspirar por ellas, claro. Siéntete motivado por lo que ellas han logrado, por supuesto. Conéctate con ellas a través de tu conexión *conmigo*, ¡claro que sí! Pero como dije arriba, espero que escojas y elijas entre sus estrategias y enfoques a medida que descubras lo que te funciona a ti.

Dato importante: El "Principio de Pareto" sostiene que el 80% de tus resultados provienen de solo el 20% de tus recursos. *Puede que lo conozcas como la Regla 80/20. El hecho es que la mayoría de las personas que entrevisté para este libro ha implementado este concepto en su vida. Piensa cómo esta fórmula aplicaría en tu caso y, si es necesario, ajústala en consecuencia.*

Mientras entrevistaba a esta gente tan maravillosa, me sorprendió el terreno común en el que todos ellos parecen caminar. Nunca lo olvides, todos estamos cortados de diferentes maneras, pero al mismo tiempo, es útil tener en cuenta que la gente que estás a punto de conocer también comparte muchas similitudes. Estoy generalizando, pero permíteme resaltar algunos de los rasgos que la mayoría de ellos tiende a mostrar:

- *Hacen ejercicio de manera constante* —la mayoría de ellos acude al gimnasio a primera hora de la mañana, antes de que el día avance y empiece a correr el tiempo…
- *Gastan una parte de cada día en las redes sociales* —pero no perdiendo el tiempo… se mantienen conectados y cada uno ha desarrollado un estilo, una forma de estar al tanto con respecto a sus contactos, pero no de manera forzada—. En otras palabras, han encontrado una manera de ser genuinos en las redes sociales…

- *Dedican tiempo a ampliar sus conocimientos* —a investigar su mercado, su base de clientes, sus competidores… a mantenerse en la cima de su negocio…

- *Se fijan metas para sí mismos y para su negocio* —escribiéndolas, en muchos casos, visualizándolas o internalizándolas…

- *Meditan* —Tengo que decir que estoy infinitamente (y felizmente) sorprendido por la cantidad de personas exitosas que encuentran la manera de silenciar el ruido del mundo y aquietar el caos en general, solo para reconectarse con su núcleo y su sentido de propósito incluso si es solo por unos pocos y benditos minutos…

- *Delegan* —es decir, han llegado a depender de personas de confianza a su alrededor que les ayudan a crecer y escalar en sus negocios a la vez que les permiten disfrutar de cierta libertad para buscar otras oportunidades y, ocasionalmente, abandonar esa máquina de correr que se mantiene en constante movimiento y que los condujo a la cima. La gente exitosa sabe qué tareas debe asumir y cuáles asignarles a sus asesores de confianza…

- *Se han entrenado para pensar como un abogado contratado por horas.* ¿Qué quiero decir con esto? Que manejan su tiempo como si estuvieran contratados por alguien —supongo que lo están—, como si les estuvieran pagando por su tiempo: La idea central es que se aseguran de emplear cada momento de manera significativa. Cada parte de su tiempo cuenta, incluso si lo reservan como tiempo de inactividad. Cada llamada telefónica, cada reunión, cada sesión de estrategia… todo esto está programado en sus calendarios de tal manera que puedan mantenerse al tanto de lo que sea que estén haciendo o estén por hacer. Vi el ejemplo más óptimo de esta forma de manejar el tiempo en una oportunidad que tuve de visitar al Presidente Obama, cuando me desempeñé como embajador de su programa Global Entrepreneurship: su calendario parecía estar microprogramado en segmentos de tiempo de tres y cuatro minutos. ¡Así es como se hacen las cosas! O dicho de otra manera…

- *Tienden a concentrarse en momentos específicos y no en horas y días.* Después de todo, solo hay 24 horas en tu calendario diario, pero hay 1.440 minutos a los que podrías sacarles provecho… gástalos sabiamente…
- *Aprenden a "fallar rápido".* Es decir, tropiezan una o dos veces, pero muy pronto encuentran la forma de aprovechar sus errores para aprender de ellos a medida que avanzan…
- *Se las han arreglado para reducir el ritmo de esa rutina 24/7 que implementaron en su vida al comienzo de sus carreras.* Se han permitido descubrir el equilibrio que se necesita entre la vida laboral y personal para poder sobrevivir y prosperar…
- *Tienen un objetivo primordial en mente.* Parecería que están involucrados en un millón de proyectos al mismo tiempo (bueno, tal vez sea una exageración, tal vez solo sean más de mil). El hecho es que los triunfadores mantienen sus ojos puestos en un gran premio a la vez…
- *Llegan a casa a tiempo para la cena.* Obviamente, surgen viajes y cenas de negocios que hacen difícil que pasemos todas las noches en casa con nuestras familias, pero las personas exitosas hacen el esfuerzo…
- *Siguen la filosofía de "actuar de inmediato".* En esencia, de lo que se trata es de que actúes tan pronto como recibas cada cuenta de cobro, cada factura, cada correo electrónico, cada mensaje telefónico que llegue a tus manos…

solo piensa cuánto tiempo pierdes *releyendo* todas estas cosas cuando vas a ocuparte de ellas. Por eso, las personas exitosas las ven, las procesan y actúan de forma inmediata...

Ahora, no quiero que te parezca que te estoy regalando la tienda desde antes que tengas la oportunidad de ver lo que tengo en las vitrinas. Lo que ocurre es que creo que será útil que estés atento a todos estos puntos mientras lees, ya que tal vez te hagan pensar en algunos de los hábitos que has desarrollado en tu propia vida y en tu carrera —en los buenos y en los no tan buenos— y, como resultado de tu análisis, te sientas motivado a probar nuevos enfoques y hábitos.

Otra cosa en la que quiero que estés atento mientras lees es en esos momentos en los que alguien desafió tus expectativas y te miró dudoso a la cara. Llamemos a esas situaciones "momentos desastrosos". (¡Imagínate cómo en *realidad* me gustaría llamarlos!). Lo más probable es que hayas oído hablar de ese famoso estudio realizado en la Universidad de California, en Los Ángeles, que mostró que el niño promedio de un año de edad oye la palabra *no* más de 400 veces al día. Ese hecho implica un montón de negatividad, ¿verdad? Y sin embargo, de alguna manera, ese niño es capaz de llegar a un *sí*. Tal vez, no de inmediato, pero con el tiempo. Lo mismo ocurre con cada persona exitosa que conozco —ellas empezaron a escuchar que no, sin embargo, no se detuvieron hasta que escucharon que sí. Tal vez, no de inmediato, pero con el paso del tiempo—. A lo largo de esta lectura encontrarás ejemplos de esto. Estoy pensando aquí en el personaje que acabas de conocer, Kyle Maynard, quien se convirtió en un deportista galardonado, en un autor de gran éxito en ventas y en una de las personas más imparables del planeta a pesar de que la gente solía decirle que nunca llegaría a nada y que lo único que tendría que hacer sería resignarse y aprender a lidiar con su realidad de discapacitado. También estoy pensando en Nely Galán, la guerrera que estás a punto de conocer —una de las mejores productoras de *reality shows* de televisión que ni siquiera habrían salido al aire si ella no se hubiera enfrentado a una de las monjas de su escuela católica de secundaria que la acusó de plagio—. Y en el extraordinario entrepreneur Brian Lee, el cofundador de LegalZoom, Shoedazzle y The Honest Company, quien se enfrentó a las bajas expectativas de su padre cuando anunció que quería abandonar la escuela para convertirse en un rapero. Y en Wendy Williams, la única en su clase que se convirtió en conductora de un programa de entrevistas y cambió la estructura de la televisión sindical porque vio una mejor manera de hacerla —de usar su tiempo, ganar más dinero y captar un mayor número de espectadores.

Y así sucesivamente…

Quiero enfatizar que cada uno de estos individuos exitosos ha seguido su propio camino lo cual demuestra que *no hay una sola forma de persistir*, así como no hay *una sola forma* de triunfar, de cumplir tus metas y sueños e incluso de enfrentar tus días con una sonrisa y un montón de marcas de tareas cumplidas en tu lista de cosas pendientes por hacer.

El hecho es que estas personas tienen algo en común. Se levantan... *persisten y triunfan.*

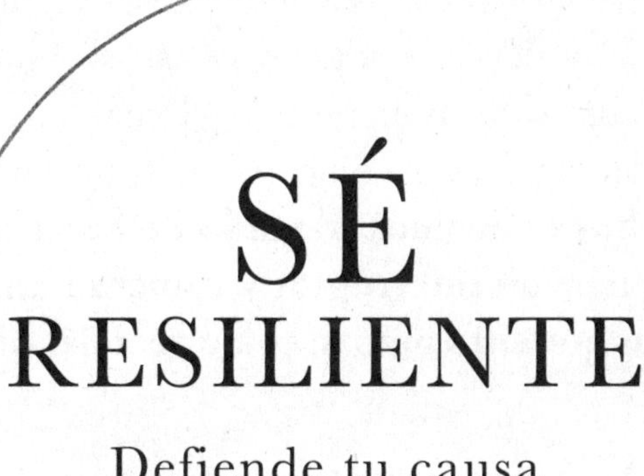

SÉ RESILIENTE

Defiende tu causa

—Nely Galán

Ejecutiva de televisión, productora de reality shows, entrenadora de empoderamiento, defensora del bien

QUIZÁ, NO CONOZCAS a Nely Galán por su nombre, pero es muy probable que conozcas su trabajo. Incluso si no hablas nada de español, alguna vez te habrás detenido a ver algo en Telemundo, donde Nely se desempeñó como Presidenta de Entretenimiento y donde ella creó y produjo algunos de sus mejores programas.

Cuando me encuentro con personas que nunca han oído hablar de Nely, les digo que ella es como el Tyler Perry de la programación latina y ahí sí entienden la magnitud de su labor. Es increíble lo que esta mujer ha logrado y la programación que ayudó a publicar al mundo. Y cuando piensas en cómo comenzó… bueno, es algo asombroso.

Nely y yo nos cruzamos en la época en que yo promocionaba *The Power of Broke* y ella promocionaba su *bestseller* de *The New York Times*, *Self Made: Becoming Empowered, Self-Reliant and Rich in Every Way*. En pocas palabras, su libro trata sobre cómo pensar como un inmigrante —el cual, cuando lo analizas, tiene mucho en común con el mensaje que yo estaba publicando—. **Ambos estábamos tratando de hacer que nuestros lectores activaran un interruptor y comenzaran a pensar en las desventajas que enfrentaban como ventajas disfrazadas de derrota.**

"Eso es totalmente cierto", afirma ella cuando hago esa comparación. "No nos conocíamos, pero nuestro sentir era el mismo".

La historia de fondo de Nely es única. Nació en Cuba y llegó a los Estados Unidos cuando tenía cinco años. Al contarme su historia familiar, no puedo dejar de pensar en lo diferente que fue la experiencia de los inmigrantes en la década de 1960. "No se parece en nada a la de hoy", comenta, "cuando se habla de manera tan negativa de los inmigrantes. En aquel entonces, diferentes iglesias patrocinaban a todas estas familias de refugiados y las acogían".

Eso es lo que le pasó a Nely y a su familia. Vivieron un tiempo en el sur de Nueva Jersey, en el hogar de una mujer cuyos dos hijos habían muerto de formas trágicas e inesperadas —uno en Vietnam y el otro en un accidente en una piscina—. Nely recuerda que el pastor de aquella mujer le había aconsejado que viviera una vida de servicio que le ayudara a superar su dolor. Específicamente, le sugirió que adoptara una familia cubana. Fue así como la familia de Nely consiguió un lugar para quedarse durante casi un año, mientras que sus padres encontraban trabajo y se establecían. Su padre obtuvo un trabajo pintando autos en la línea de ensamblaje de Ford y su madre se fue a trabajar a una fábrica local.

"Ese hecho me convirtió en la traductora de la familia, en terapeuta, sicóloga, en todo", recuerda Nely. "Fue así como crecí en Estados Unidos, como tantos hijos de inmigrantes".

Seamos realistas, en el fondo, todos somos inmigrantes. Eso es lo que somos, fue así como llegamos aquí y creo que todos podemos aprender de las personas que conocemos que vinieron a este país sin nada y encontraron la manera de tener algo.

Lo que Nely aprendió del ejemplo de la ética de trabajo desinteresada e incansable de sus padres fue que las cosas buenas les llegan a los que esperan. Desde temprana edad, Nely comenzó a pensar en sí misma como una tortuga — sabiendo que, a dondequiera que fuera, ella llegaría allá de todos modos. Quizá, no al mismo tiempo que todos los demás, pero seguiría avanzando, de la misma manera que sus padres seguían esforzándose y encontrando la manera de construir una vida para su joven familia, poco a poco, cumpliendo un horario en sus trabajos de fábrica.

Nely me cuenta una historia desgarradora (y, en última instancia, *conmovedora)* de cómo los demás niños solían molestarla cuando estaba en primero y segundo grados de primaria —la cual es, desafortunadamente, la historia de crecer en los Estados Unidos para muchos de los niños de los inmigrantes.

"Los niños me ponían apodos", recuerda ella. "Me decían: 'Eres una *spic*'. Ni siquiera sabía lo que eso significaba (un término despectivo que significa hispano/a), pero venía a casa y le decía a mi madre que los niños estaban diciendo todas estas cosas sobre mí y ella me respondía: 'Tú vienes de una isla maravillosa, de un trasfondo africano y español. Hablas dos idiomas. ¿Cómo podría alguien pensar que más es menos? Esos niños son ignorantes. Cada vez que te digan así, solo recuerda que dos idiomas, tres culturas y dos países son más que solo uno'".

Un mensaje muy poderoso, ¿no crees? Y en el caso de Nely, era esencial tanto para ella como para su hermano menor. Desde esos humildes comienzos, ella fue encontrando la manera de convertirse en una voz importante para las mujeres en la televisión —específicamente, para las mujeres latinas en la televisión— y creo que todo esto tuvo raíz en las palabras de su madre. Nely creció creyendo que su herencia era una bendición, una ventaja en lugar de una desventaja. Por eso, para ella era muy claro que podría hacer cualquier cosa, convertirse en lo que quisiera. A lo largo del camino, también aprendió a mantenerse firme. En realidad, esa fue la clave para afrontar muchos de los momentos difíciles que encontró a su paso.

Por ejemplo, una de las historias que cuenta de su infancia es sobre cómo su familia luchó para poder enviarla a una escuela católica para mujeres. Sus padres no tenían el dinero para la matrícula, pero al mismo tiempo, pensaban que no podían permitirse el hecho de no enviar a sus hijos a la mejor escuela posible. Nely quería ayudar en cualquier forma que pudiera hacerlo una pequeña niña. Al fin, un vecino la alentó a comenzar a vender productos de Avon y, al hacerlo, ganaba suficiente dinero para cubrir lo que su familia debiera ese año. Nely urdió una pequeña componenda con la ayuda de las monjas de la escuela a quienes les pidió que enviaran una carta a su casa diciendo que su dinero provenía de una beca, con lo cual sus orgullosos padres estuvieron de acuerdo.

Olvida por un momento lo que aquellas monjas estaban pensando al ayudar a una niña a mentirles a sus padres. En este caso, había una causa mayor en juego, pues tenía que ver con los estudios de Nely. Desde que tenía 12 años, ella estaba desarrollando el tipo de habilidades de negociación que le serían útiles después, a lo largo de su carrera. Nely señala la historia como uno de los tantos ejemplos sobre cómo su familia trabajaba en equipo. En muchos sentidos, aprender a trabajar dentro de la unidad familiar, a hacer cada uno su parte para asegurarse de que todos tuvieran lo que necesitaban y tomando en cuenta sus sentimientos y personalidades fue una magnífica preparación para dirigir una gran empresa, dice ella ahora, pero a los 12 años, todavía no lo sabía, todavía le hacía falta crecer para entenderlo.

Dato importante: Las mujeres de color representan aproximadamente el 33% de la fuerza laboral femenina y tienen el doble de probabilidades que las mujeres blancas de ser empleadas en trabajos de bajos salarios... *No es exactamente una estadística inspiradora, pero me propongo inspirar a los lectores a ir en contra de esa norma. ¡Si esperas sobresalir, necesitas saber dónde estás parado!*

No dejes que te empujen, ni siquiera cuando te empujen hacia la puerta de salida

La carrera de Nely comenzó a tomar forma en torno a un *malentendido* que tuvo durante su secundaria. Llamarlo malentendido es muy generoso, pues fue más una falsa acusación de que Nely era demasiado inteligente y sabía cómo aprovecharse y tomar ventaja. Lo que sucedió fue que, en su segundo año, Nely escribió una historia para cumplir con una tarea de su clase de inglés y resultó ser que estaba tan bien escrita, que la maestra la acusó de plagio —una acusación que parecía tener algo de racista y un poco de ignorancia de su parte—, pero Nely no lo vio de esa manera. Para ella, era solo un problema por superar, así que, eso fue lo que hizo.

"Me suspendieron durante tres días, así que, por supuesto, me fui a casa, se lo conté a mis padres y mi madre me dijo: 'Ve a pedirle perdón a la monja'. Esa era la perspectiva del inmigrante. Mis padres siempre tenían miedo y nunca se quejaban de las injusticias. Mi madre siempre estaba del lado de la autoridad, incluso si esta estaba equivocada. Así que le respondí: 'Pero si yo no hice nada malo'. Y aun así, mi verdad no marcó ninguna diferencia. Estuve en casa durante tres días y durante ese tiempo me dediqué a escribir un artículo sobre el asunto con el fin de enviárselo a *Seventeen*, la revista que leía cuando era una adolescente. Mi artículo se llamaba 'Por qué nunca deberías enviar a tu hija a una escuela católica para niñas'. Luego, volví a la escuela y la monja me llamó y se disculpó conmigo. Me dijo: 'Lo siento mucho. Tu historia estaba muy bien escrita'. A tal punto, que la comparó con *El viejo y el mar*. Obtuve una A y todo pareció volver a la normalidad".

Excepto que *no todo* volvió a la normalidad. Tres meses después, Nely recibió un cheque de *Seventeen* vía correo por valor de $100 dólares. Estaba tan sorprendida como cualquiera. Ella no conocía a nadie en *Seventeen*. Era solo una lectora, pero lo que escribió impactó a la revista y quería publicar su artículo. Cuando este salió, la llamaron a la oficina de la directora de la escuela. Una de las monjas le dijo: "No nos gusta la gente de tu tipo en nuestra escuela". (De *tu tipo*... ¿te imaginas a un maestro o administrador hablándole así a un chico en el contexto actual?) Nely estalló en lágrimas y corrió a casa a decirles a sus padres que había sido expulsada. Una vez más, su madre le dijo que se disculpara con las monjas. Le dijo: "Vuelve a ellas de rodillas".

Pues bien, Nely no estaba dispuesta a hacer *eso*. De hecho, hizo todo lo contrario. Llamó a la Junta de Educación de Nueva Jersey para quejarse. Bastante luchadora para ser una jovencita de apenas 15 años, ¿eh? Pero esa es Nely Galán. Ella no es del tipo de persona que permite que le pasen por encima, nunca lo fue, ni nunca lo será. Así que decidió llevar su caso a los periódicos locales. Cuando publicaron la historia, la madre de Nely aprovechó una vez más la oportunidad para reprender a su hija por haber hecho eso. Muchos padres podrían haberse alegrado si sus hijos hubieran adoptado un enfoque tan proactivo ante una injusticia, pero la familia de Nely estaba avergonzada y le preocupaba que el activismo de su hija pudiera perjudicarlos de alguna manera.

¿Sabes? Oigo historias como esta de Nely y me recuerdan la importancia de los maestros. La mayoría de las historias que escuchamos son sobre los buenos maestros que nos exigieron, nos inspiraron y nos inculcaron grandes ideas. Nunca escuchas hablar de cómo un mal maestro también puede causar un gran daño, así que las experiencias de Nely son un gran ejemplo de este tipo de maestros. Esa maestra era de mente estrecha, prejuiciosa y negligente, y, sin embargo, Nely encontró la manera de oponerse a estos cargos en su contra, aprender de ellos y crecer a partir de esa mala experiencia.

Bien por ella. Bien por *todos* nuestros jóvenes orgullosos y decididos que se proponen a superar los defectos de los maestros que están destinados a guiarlos y encuentran la manera de guiarse a sí mismos por el buen camino.

Volviendo a la historia de Nely, esta vez, las monjas citaron a toda su familia y su madre estaba lista para pedirles disculpas, pero cuando llegaron allí, los administradores de la escuela se habían manifestado a su favor. Las monjas debieron haberse dado cuenta de que se enfrentaban a una fuerza de la naturaleza (o, al menos, a una pesadilla en cuanto a sus relaciones públicas), porque, de repente, decidieron felicitar y elogiar a Nely por su mentalidad abierta. Luego, afirmaron que ellas nunca habían expulsado a Nely, que solo le dijeron que no aprobaban su comportamiento y que todo era un gran malentendido. (*¡Siempre* es un malentendido cuando estás del lado correcto!). De hecho, fue tan grave el malentendido, que las monjas estuvieron dispuestas a permitir que Nely se graduara un año y medio antes que sus compañeras de clase.

"Lo que querían era deshacerse de mí", cuenta Nely riéndose de eso ahora, pero es claro que, al compartir la historia, todavía le duele aquella experiencia. Podría haberla endurecido y decidido ir en contra de la autoridad, pero era mucho lo que debía procesar siendo una adolescente de 15 años. Esa experiencia la llevó a pensar desde antes de que estuviera lista en lo que sería la vida después de la escuela secundaria.

Así es como nos ocurre a muchos de nosotros la mayor parte del tiempo. La vida nos lleva a su propio ritmo y depende de nosotros estar a la altura o no.

Por fortuna, los editores de *Seventeen* volvieron a enviarle otro cheque y resultó que la pérdida de la escuela fue una ganancia para la revista, porque el editor le ofreció un cargo como editora invitada. Nely aprovechó la oportunidad y su carrera despegó a partir de allí, solo que su posición en la revista no era remunerada —era más como una pasantía—. El problema era que Nely tenía que viajar en autobús de Nueva Jersey a Manhattan, es decir que, desempeñar su cargo, le estaba costando dinero. Entonces, decidió trabajar en Limited como vendedora en el turno de la noche y durante los fines de semana. Además, tenía un trabajo de niñera ¡Eran tres trabajos en total, a los quince años!

Nely supone que fue en ese entonces cuando su *persistencia* se activó, porque, para lograr todo esto, tuvo que comenzar a despertarse todos los días a las 5:00 am. —hábito con el que continúa hasta hoy—. Ahora, su alarma corporal está programada para levantarse antes que los demás. Para ella, comenzar el día desde temprano es esencial y prefiere aprovechar un par de horas adicionales para prepararse para su jornada diaria, pues ese tiempo extra le da una ventaja sobre quienes estén persiguiendo sus mismos objetivos.

HAZ QUE FUNCIONE

Su primera asignación en *Seventeen* fue organizar un desfile de moda con cinco modelos. Nely no tenía ni idea de dónde o cómo empezar, así que le preguntó a su jefe. Ella la miró y le dijo: "Si necesitas que te diga cómo hacerlo, tendré que despedirte. Averígualo por ti misma".

Así las cosas, Nely no tuvo otra opción que ingeniársela —eso es lo que hacen los empresarios y los visionarios—. Esa ha sido la clase de perseverancia que ella ha mostrado a lo largo de su carrera. Pero en este caso, su motivación era la desesperación, pues sabía que tenía que encontrar una manera de hacer que las cosas le funcionaran.

Nely mantuvo este implacable horario de trabajo durante dos años, hasta cuando se le presentó otra oportunidad— con una productora de televisión en Texas—. Un productor había estado leyendo sus artículos en *Seventeen* y quiso vincularla a una lista de reporteros al aire para un programa al estilo revista noticiosa en desarrollo dirigido a espectadores adolescentes y de veintitantos años de edad. Algo así como una versión juvenil de *60 Minutes*. El productor quería que Nely fuera la figura latina y ella se sintió lista para aprovechar la oportunidad. ¿Sus padres? No tanto. De hecho, al principio, su madre se negó a dejarla ir, pero una vez más, Nely se mantuvo firme y le dijo: "Si no me dejas ir, de todas formas me escaparé".

Aquel fue un punto de inflexión en su vida, recuerda Nely— le generó determinación y fe en que las cosas buenas les llegan a quienes se dispongan a aprovecharlas—. Al igual que la historia que compartí acerca de Catherine Zeta-Jones, la desilusión de sus padres le enseñó a Nely que debía estar siempre dispuesta a dejar de lado las expectativas de los demás cada vez que ella se lanzara en busca de sus sueños.

Dato importante: Según WalletHub, las madres que trabajan encuentran las mejores oportunidades de empleo en Vermont, Minnesota, Delaware, Nueva Jersey y Connecticut. *Estos Estados son los más altos en términos de equilibrio entre la vida laboral y personal y el cuidado de niños. A veces, es posible que tengas que trasladarte lejos de tu lugar de origen con el fin de que tanto tú como tu familia tengan mejores oportunidades de éxito. Porque, seamos sinceros, las madres trabajadoras son las mejores emprendedoras y ellas están dispuestas a ir a donde estén las oportunidades.*

Al final, Nely se dirigió a Austin —en contra de los deseos de sus padres— en un Chevette color naranja que había logrado comprar.

"Cuando voy por todo el país y hablo con mujeres de color, este hecho es significativo", afirma ella, "porque las mujeres jóvenes no se van de casa. El vínculo familiar es muy fuerte, sobre todo, entre las latinas y las mujeres de Asia e India. Culturalmente, no es bien visto salir de casa. Mi madre se puso a llorar cuando me fui y me dijo: "Nunca te perdonaré. Ni el día en que me muera". Ahora, por supuesto, ella dice: '¿Dónde estaríamos todos si no te hubieras ido aquel día?'. Pero en ese momento, fue un gran, gran problema".

Una vez en Texas, Nely se mantuvo en la misma rutina disciplinada que había desarrollado en la escuela secundaria y como joven empleada en *Seventeen*. Seguía levantándose cada mañana a las 5:00 am. en punto y, aunque su trabajo requería que estuviera en el estudio a las 9:00 am., ella solía estar allí a las 7:00 am., repasando sus notas, sumergiéndose en las historias que le habían asignado para cubrir. Esto demuestra que el éxito es lo que hagas antes y después de hacer todo lo que *se supone* que debes hacer —eso hacía Nely, vivir la esencia de esa frase— y ese es un hábito que ella ha mantenido a lo largo de los años: asegurarse de comenzar a trabajar desde mucho antes que empiece el día para estar preparada con antelación.

No siempre fue fácil levantarse a las 5:00 am., por supuesto, pero Nely puso en práctica ciertos consejos de uno de los libros de Tony Robins que le ayudaron a levantarse y esforzarse en esas mañanas en que se sentía exhausta. Uno de ellos consistía en comprar un despertador que oliera o sonara a algo que ella amara. "La idea", explica, "es estimular el cerebro de tal manera que, cuando te levantes, te alegres de levantarte. Tu cerebro es un órgano que puedes reconfigurar". Personalmente, me encanta esta idea. Estoy pensando en comprar un reloj despertador que huela a Baby Back Rib Burger de Carl's Jr. y Hardee's, hecho con Bubba's-Q Boneless, el plato preferido de Al y Brittani Baker, mis socios de *Shark Tank*. ¡Mmmmm... ese es un olor con el que no me importaría despertarme cada mañana! (¡Lo siento... no pude resistirlo!).

Y a pesar de su temprana hora de levantarse, Nely logró continuar con el buen hábito que había desarrollado en la escuela secundaria con respecto a sus ocho horas de sueño cada noche. Esta no era una costumbre tan importante cuando ella era una jovencita y vivía en casa de sus padres, pero ahora, que estaba sola y luchaba por mantener un fuerte ritmo de trabajo, era difícil encontrar el tiempo para lograr ese mismo descanso. Sin embargo, hacía lo posible por disfrutar de un sueño reparador que le ayudara a mantener su dura rutina —tal vez, porque su mente siempre estaba corriendo a un millón de millas por minuto.

Entonces ¿cómo hacía Nely para dormir bien a pesar de su loca agenda? Fácil. "No tenía vida personal", comenta ella sobre su tiempo en Texas. "Yo era una jovencita que vivía en Austin. Mi único objetivo era tener éxito en ese trabajo. Por eso, cuando los jóvenes me dicen: '¡Oh, Dios mío, me estoy muriendo de cansancio tratando de mantener tres empleos!', no siento pena por ellos. Por el contrario, qué aprovechen sus energías; cuando eres joven, no hay equilibrio en tu vida, ni debería haberlo. Más adelante, tendrás mucho tiempo para mantener el equilibrio".

PEQUEÑAS METAS

Su ética de trabajo duro explica cómo Nely salió de aquella revista de noticias de Austin hacia el Canal 47 en Nueva York para contribuir a convertirlo en la mejor estación independiente de habla hispana del país y después se dirigió a Telemundo—todo esto, antes de los 25 años de edad—. Y por si acaso no he sido claro, Nely siguió subiendo hasta la cima. Después de una exitosa etapa como Presidenta de Telemundo, produjo más de 700 episodios de televisión en inglés y español a través de su compañía, Galán Entertainment, incluido el exitoso reality show de Fox, *The Swan*. Y luego, después de haber logrado todo eso, regresó a la escuela para hacer su maestría y su doctorado en Sicología Clínica y Cultural. En cada escalón que ascendía, se tomaba el tiempo de conocer el terreno, hacer su tarea y sentirse cómoda. A veces, incluso contrataba a un tutor o consultor para que la guiara y la ayudara a atravesar los entresijos de algún aspecto nuevo del negocio por el simple hecho de que no quería que sus jefes, ni colegas supieran que ella no siempre estaba en condiciones de hacerlo todo bien.

Lo que estoy a punto de decirte quizá te sorprenda, sobre todo, viniendo de mi parte: Nely prefiere establecer pequeñas metas. Ahora, no quiero contradecir el mensaje de ¡Piensa en grande!" del cual hablé antes —el que recibí de mi madre cuando era un niño—. Al escoger el título de esta sección como ¨Pequeñas metas" no pretendo ir en contra de la enseñanza de mi madre, sino agregarle un poco más de sabiduría a su consejo, tal vez, incluso para marcar una diferencia. Recuerda que, así como no hay una sola manera correcta de persistir, tampoco hay una sola manera correcta de establecer metas. ¿Qué sentido tiene persistir y tener éxito alcanzando metas si no son las tuyas? Con el fin de alcanzar las suyas, Nely aprendió desde el comienzo a hacer buen uso de su tiempo y a ser meticulosa en su forma de manejarlo. Es a eso, a lo que ella le atribuye el éxito que ha tenido en el establecimiento de sus metas y asegura que esa es una técnica que la mantiene enfocada. Su método no podría ser más simple. Al comienzo de cada año, ella establece tres objetivos que espera lograr.

"Me concentro en esas tres grandes metas", dice ella. "No en 20, ni en 100, sino en tres y todos los domingos me siento y veo dónde estoy con respecto a ellas y qué debo hacer esa semana para avanzar en su cumplimiento; luego, planeo mis actividades con ese fin en mente".

Si uno de sus objetivos es, por ejemplo, perder peso, esa será su gran meta. Luego, establecerá muchos pequeños objetivos. Por ejemplo, para perder 30 libras en un año tendrá que perder alrededor de media libra cada semana, así que se pesará todos los domingos para ver cómo va. Luego, diseñará un plan de dieta y ejercicio que le ayude a alcanzar su objetivo y empezará a trabajar en él todos los días hasta lograrlo.

"Si te propones hacer grandes cosas cada semana, no harás nada", explica. "En cambio, si te propones dar pequeños pasos en corto tiempo hasta llegar a una gran meta, te sentirás bien contigo mismo, porque así tendrás mayores posibilidades de alcanzarla".

Hay mucho que aprender sobre su enfoque. Me gusta cómo ella organiza las cosas para sentirse bien consigo misma al terminar cada día. Me gusta su forma de simplificar todo y hacerlo simple —bueno, es mucho más fácil hacerles seguimiento a tres metas que a seis, a ocho o a diez.

Otro buen hábito que Nely ha estado practicando durante la mayor parte de su vida es la meditación —similar a Russell Simmons—, pero en su caso, ella se tomó el tiempo para estudiar meditación trascendental, así que hasta tiene su propio mantra. "Mi mantra me mantiene enfocada", dice ella. "Es: 'Si me alejo de esto, puedo volver a aquello'".

Al final del día, su rutina la mantiene con los pies sobre la tierra, la ayuda a mantener un control realista de su ajetreada vida y de la carrera que logró desarrollar a partir de su experiencia como inmigrante.

"A muchos niños en Estados Unidos se nos dice: 'Vayan tras su felicidad y el dinero llegará'. Para mí, esa es una forma de pensar que proviene del primer mundo y es bastante absurda. Si vives en Afganistán y quieres ser cantante, pero tu mamá se está muriendo de hambre, ¿lograrás ser cantante? Tal vez, no. Lo más probable es que tengas que trabajar en una fábrica. Para mí, todo es cuestión de metas, pero también de dinero. Es verdad que siempre debes cultivar lo que amas y te hace feliz, pero al mismo tiempo tienes que asegurarte de ganar dinero haciéndolo. Por eso es necesario mantenerte alerta y siempre estar cuidando de tu familia y tus negocios".

Luego, continúa diciendo: "Necesitas tomarte tiempo para resolver algunas cosas. No vas a arreglar todos los aspectos de tu vida a la vez. Por lo general, la gente se enoja mucho y dice: 'Mi vida es una total desgracia'. Bueno, tal vez lo sea. Sin embargo, yo opino que, si miro mi vida según mi tendencia a controlarlo todo, siendo tan introspectiva como soy, quizá concluya que, en el peor de los casos, solo el 20% de mi vida está mal. Y cuando miras las cosas desde esa perspectiva, empiezas a pensar que 'bueno, entonces no estoy tan mal' y, a partir de ahí, irás adquiriendo conciencia de los aspectos de tu vida que no funcionan, aunque no sea de inmediato. Somos como una tortuga. Damos pasos de bebé lentos y constantes".

Lista de verificación de la persistencia de Nely

- ✓ Establece grandes metas, pero ve paso a paso hasta llegar a donde te propones... no es cuestión de que *solo* le dispares a la luna, sino de que vayas de nube en nube hasta que logres llegar a ella...
- ✓ Reclama... Como muchos inmigrantes de primera generación, los padres de Nely se sentían como esposados por una especie de mentalidad de ciudadanos de segunda clase. No tengas miedo de reclamar lo que es tuyo... y recuerda que, cuando un camino parece bloqueado, casi siempre, hay una forma de encontrar otro...
- ✓ Aprovecha las oportunidades que se te presenten, incluso si no las estabas buscando...
- ✓ Sé fiel a ti mismo... Las oportunidades de Nely surgieron ante sus ojos porque ella tenía la certeza suficiente de serles fiel a sus sentimientos y formas de pensar...
- ✓ Ingéniatelas... Cuando la vida te da una oportunidad, esta no siempre viene con un folleto de instrucciones...
- ✓ Arriésgate... Verifica qué funciona y, si no estás seguro de los resultados, prueba un nuevo enfoque, otra manera de hacer que las cosas funcionen...
- ✓ Está bien ser tortuga... De manera lenta y constante también se gana la carrera...

[illegible]

[illegible]

[illegible]

[illegible]

[illegible]

[illegible]

[illegible]

[illegible]

[illegible]

[illegible]

CAPÍTULO 3

HACIENDO TIEMPO

ESTAS TRES PALABRAS, querido lector —persiste y triunfaras—, se han convertido en mi grito de guerra, en mi mantra, en mi propósito. Observa que no solo conté las dos palabras que indican acción —*persiste, triunfaras*—, pues necesito esa pequeña conjunción allí —*y*— para hacerlas funcionar en conjunto.

Ahora, antes de que empieces a pensar que me volví sofisticado usando una palabra tan didáctica como *conjunción*, déjame aclararte algo: la busqué. Lo siento, pero nunca fui un gran estudiante en la escuela media, ni en la secundaria, cuando uno aprende todo eso. Yo era disléxico ¡y sigo siéndolo! Esto significa que nunca fui demasiado lector, pero a través del uso de mi voluntad, esfuerzo y obstinada persistencia me fui convirtiendo en un estudiante constante a lo largo de los años y también en lector. (Y la última vez que me autoevalué, ¡vi que hasta me había convertido también en escritor!). Lo que ocurrió fue que, simplemente, me dediqué a leer y escribir a mi manera, a mi propio ritmo. **Hoy en día, lo que me impulsa es aprender lo más que puedo y tan eficientemente como puedo... sin importar qué obstáculos surjan en mi camino.**

Y así es como *persisto y triunfo* en mis objetivos. No siento que esté renunciando a nada, ni tampoco perdiendo, ni hay afán en mí. Tampoco lo hago solo cuando se trata de leer, ni cuando estoy gestionando mis negocios, ni con el fin de captar todos estos bits y bytes de información a los que hoy tenemos acceso. No, mi persistencia y deseos de triunfar son una constante a lo largo de mis días, en todo momento. Así es como vivo, trabajo y me muevo. Ese es quien yo soy y, si me sigues en las redes sociales, sabrás que a eso es a lo que trato de motivar a quienes me rodean.

¿Cómo llegué a ser de esta manera? ¿A dónde me llevará? A medida que sigas leyendo, espero que te queden claras las respuestas a estas preguntas, pero este no es un libro sobre mí, sino sobre ti, sobre lo que se necesita para lograr obtener lo que deseas. Ya sea que estés llegando a la cima de tu carrera, construyendo una empresa nueva o logrando grandes avances en tus objetivos, tus intereses, tus relaciones personales y profesionales, este libro trata sobre cómo hacerle frente a lo que sea que se te presente, ya que no hay una montaña que no puedas escalar, siempre y cuando te prepares para ello —incluso si tienes que escalarla sobre tu mismísima barriga, ¡como mi amigo Kyle Maynard!

Hablaremos mucho sobre los objetivos en las páginas siguientes —sobre cómo establecerlos, mantenerlos, redefinirlos—, pero el objetivo más importante en el que quiero que pienses al emprender este viaje en el cual vamos juntos es este: comienza. Eso es. No parece gran cosa, ¿verdad? De hecho, me recuerda la tonta canción *Put One Foot in Front of the Other del especial aquel de Santa Claus Is Coming to Town* que solíamos ver de niños. A veces, eso es todo lo que necesitamos para comenzar. Quizá, tus metas finales cambien a lo largo del camino, pero nunca lo sabrás, a menos que te pongas en marcha...

Y no te detengas.

APRENDE LO QUE NO SEPAS

En mi último libro, *The Power of Broke*, escribí sobre cómo los empresarios necesitamos mantenernos ávidos para obtener el éxito que buscamos y cómo debemos tener una cierta mentalidad que nos haga sentir en todo momento que estamos contra la pared; es indudable que, en ocasiones, necesitamos ese impulso adicional que nos obligue a usar cada recurso, cada músculo, cada instinto e intuición que tengamos disponibles con tal de encontrar una manera de aprovecharlos —porque, bueno, enfrentémoslo, cuando no hay a dónde ir, sino a las alturas, te lanzas a una velocidad más alta y logras tu objetivo—. E incluso después de que lo hayas logrado, debes seguir cavando, alcanzando, moviéndote por todas partes con una sensación de desesperación, como si no tuvieras nada que perder y mucho que ganar. Como si no existiera otra opción distinta a la de alcanzar tus objetivos, uno tras otro, porque el fracaso no es una opción.

(Recuerda: ¡Comienza... *y no te detengas!)*

Observa que, en esencia, lo que digo es que *el poder de la quiebra* es un estado de ánimo. En cambio, el poder de persistir y triunfar es un estado del ser. No es suficiente con que dejes que ese poder de la quiebra te guíe... también es crucial que sepas hacia dónde te diriges. Necesitas tener un mapa sobre el cual guiarte. Además, debes saber cuándo es el momento de volver a evaluar la ruta que llevas. **Imagina que tienes una pequeña aplicación Waze en tu cabeza que te dice que vayas al norte y no hacia el sur o a la izquierda en lugar de a la derecha debido a que la que antes podría haber sido la mejor ruta a tomar ahora está repleta de tráfico. O tal vez, ha habido un cierre en la carretera, un accidente u otro obstáculo que te está esperando para frenar tu marcha.**

Pero no es suficiente solo con saber hacia dónde vas. También tienes que progresar todos los días. Es por eso que siempre estoy aprendiendo y actualizando mi enfoque acerca de los negocios y la vida. Sí, quizá parezca que yo tengo definido todo lo que quiero lograr, pero esa idea siempre está transformándose y tomando nuevas perspectivas. Mis metas finales están cambiando en mí todo el tiempo. Mi aplicación interna de Waze está desviándome constantemente y redirigiéndome sin problemas. No siempre sé con exactitud hacia dónde me dirijo. **Al final del día, todo lo que sé es que hay muchas cosas que no sé** —así que trato de mantener la mente abierta y aumentar mi juego y mejorarlo cada vez que sé cómo.

Vive tu vida de esta manera y encontrarás el poder de lograr lo que quieras, de superar cualquier eventualidad, de convertirte en quien quieras ser. Así aprenderás que el éxito está de nuestra parte y que día a día nos levantamos para enfrentar nuestros desafíos y abrirnos camino *persistiendo* hasta llegar a la cima… o no. Sea lo que sea que hagas o no, la decisión es tuya.

Cada vez que te levantes por la mañana, cuando tus pies toquen el suelo y estés listo para comenzar la lucha, la decisión es tuya.

Cada vez que persistas tras tus metas, antes de que se acabe el día y caigas muerto de cansancio en tu cama al final de tu jornada, la decisión es tuya.

Cada vez que te fijes un objetivo, la decisión es tuya.

Cada vez que *revises* ese objetivo y veas que tendrás que pulsar el botón de reinicio porque al parecer estás perdiendo el rumbo, la decisión es tuya.

Cada vez que decidas hacer una serie adicional en el gimnasio o recorrer una milla adicional en tu carrera de la mañana, la decisión es tuya.

Cada vez que hagas una llamada de seguimiento a un socio o a un cliente potencial o estable, la decisión es tuya.

Cada resolución de Año Nuevo que establezcas y cumplas, la decisión es tuya.

Cada pelea que te dispongas a ganar, cada obstáculo que quieras sacar de tu camino, es, sobre todo, una decisión tuya.

Dato poderoso: Una encuesta realizada en *U.S. News & World Report* arrojó que el 80% de nuestras resoluciones fracasa a mediados de febrero... *Algo que debes tener en cuenta cuando hayas logrado mantenerlas habiendo pasado el Día de la Marmota —recuerda, cuando celebraste la víspera de Año Nuevo, tú resolviste no ser como todos los demás. Por lo tanto, hazlo. Sé diferente.*

Toda mi vida, he aprendido de las personas que me rodean. Me he ido apropiando de comportamientos que considero importantes modelar y he rechazado los que sé que debo evitar. Como ya mencioné, la primera vez que hice esto de manera estructurada y consciente fue cuando leí *Think and Grow Rich* de Napoleon Hill, uno de los libros más impactantes que han llegado a mis manos. Es tal su trascendencia, que hoy sigue siendo tan relevante y oportuno como lo fue en 1937, cuando se publicó por primera vez. Quizás, ese sea el motivo por el cual es uno de los libros más vendidos de todos los tiempos y la razón por la que la gente todavía se siente atraída por su contenido. ¿Por qué pensé en leerlo a los 14 años? Nunca lo sabré. ¿Cómo conseguí leerlo a pesar de mi dislexia? Tampoco tengo esa respuesta. El hecho es que escuchaba tanto a la gente hablar sobre él, que decidí leerlo… y lo hice. Me tomó mucho tiempo, como un par de semanas, pero lo logré. No sabría decir con seguridad qué tanto habrá sido lo que pude entender a cabalidad, pero lo que entendí, se quedó conmigo. Luego, un año después, volví y lo leí. Al año siguiente, lo volví a leer. Todavía lo estoy releyendo, después de todo este tiempo —tal vez, no año tras año, pero como mínimo, sí cada dos años. Muchas veces, lo llevo en mi bolsillo cuando viajo.

Cada vez que lo leo, no dejo de pensar en Andrew Carnegie, el gran magnate del acero del siglo XIX que inspiró a Napoleón Hill a escribir *Think and Grow Rich* y que le presentó a los Ford y a los Rockefellers del mundo. Hasta el día de hoy, Carnegie sigue siendo considerado uno de los estadounidenses más ricos de la Historia Americana. Todo en él era persistencia, pero también le interesaba la filantropía, el intercambio de conocimientos, enseñar y aprender. De hecho, es de Carnegie la famosa frase: "El ser humano puede nacer en la pobreza, pero no tiene porqué pasar su vida entera sumergido en ella" —una cita que, probablemente, debí haber usado en alguna parte de *The Power of Broke*, pero aquí estoy asegurándome de remediar ese error.

Y ya que menciono a Carnegie, quiero destacar su legado que, al final de su vida, consistió más que todo en compartir su riqueza de conocimientos con el mundo. Carnegie es conocido como el padre de nuestro moderno sistema de bibliotecas. También ayudó a crear oportunidades para los más vulnerables. Los libros lo fueron todo para él y esta es una de las razones por las que me enorgullezco de manera muy especial al plasmar mis pensamientos en un papel y compartir lo que sé y lo que he aprendido gracias a otros que buscan avanzar y seguir cumpliendo sueños.

De vuelta a Napoleón Hill: la tercera vez que leí *su* libro, comencé a escribir mis metas. Ese fue mi gran aprendizaje. ¿Y quieres saber algo? Aún sigo haciéndolo. **Todos los días, comienzo leyendo la lista de metas que prometo cumplir.** Las leo como si mi vida dependiera de eso, porque, seamos sinceros, ¡sí! Veo en qué punto estoy con respecto a cada una y dónde debo estar, y luego empiezo a pensar qué puedo hacer en *este mismo día para lograrlas*. Me levanto a trabajar duro y a persistir en lo que quiero lograr. La mayoría de los días, hago algún progreso y me levantaré al día siguiente a seguir avanzando. Y no solo leo mi lista de objetivos, sino que además los visualizo —otra cosa que he estado haciendo desde que era un niño. Cierro los ojos y me imagino lo que quiero que suceda, porque, oye, es imposible alcanzar un objetivo que no tengas claro.

Dato importante: Según *Inc.*, dejamos de realizar el 59% de las acciones que anotamos en nuestras listas de tareas pendientes... *Ese hecho nos lleva a acumular un montón de estrés y preocupaciones al final de cada día, hecho que, a su vez, tiende a generarnos muchas noches de insomnio. Por estas razones, los editores de Inc. sugieren en ese mismo estudio que registremos nuestras tareas importantes en el calendario y las cumplamos a medida que avanza el día y dejemos la lista de tareas pendientes para nuestra próxima ida a la tienda de abarrotes, a la ferretería, al centro comercial, según sea nuestra necesidad.*

También aprendí a mantener manejable mi lista diaria de objetivos. Esto no significa que sea facilista, ni que deje de hacer cosas. De ninguna manera. Mi objetivo es no tratar de cumplir al mismo tiempo todos y cada uno de los objetivos que vengan a mi mente. Eso sería contraproducente, ¿verdad? Por lo general, procuro escoger de ocho o diez objetivos en los cuales trabajar. Unos son metas a largo plazo y otros son metas a corto plazo. Unos son objetivos tipo lista de tareas pendientes y otros tienen que ver con proyectos en curso en los que estoy buscando avanzar sea como sea. Algunos de ellos son muy altos y otros son muy fáciles de alcanzar. Unos están relacionados con la salud —como querer perder unos cuantos kilos de más o mejorar mi capacidad de resistencia o evitar alimentos procesados—. Otros están relacionados con la familia —como querer pasar más tiempo con mis hijas, los amores de mi vida—. Hay otros que están relacionados con el negocio o con la filantropía o con las relaciones interpersonales. Algo que he observado es que, si acumulo demasiados objetivos en una sola área, como que dejo abandonadas las otras áreas y esto me genera descontrol, así que trato de mezclarlos.

Algunos de mis objetivos son súper específicos —como por ejemplo, quiero cobrar un cheque por $102.345.086.32 dólares para tal y tal fecha. Pensarás que es una locura visualizar un cheque con ese cifra, incluyendo hasta el último centavo, pero piensa en el poder de este enfoque. Necesitamos *verlo* si esperamos *creerlo*. ¡Así que me aseguro de ver esa cifra cada día! Esa es la esencia de la visualización y es por eso que me adhiero a esa cifra —aunque, para ser sincero, sería maravilloso si un buen día cobrara un cheque *por la mitad* de esa cantidad. ¡Solo digo!

En este punto, permíteme compartirte un par de mis objetivos actuales, palabra por palabra, con el fin de que observes el nivel de detalle que pongo en cada uno de ellos. ¡Siéntete libre de adoptar este sistema en tu propia vida! Verás, también me gusta incluir allí algunas motivaciones con el fin de mantenerme lleno de energía.

SALUD

Para el 1 de junio, habré bajado a 170 libras perdiendo 2 libras por semana, bebiendo 8 botellas de agua al día, consumiendo caldo de huesos, 1 fruta, 1 bebida verde al día, nada de alimentos fritos, ni grasas o carne roja.

Comeré todo lo que voy a comer durante el día antes de las 6 p.m. a menos que entrene o corra después de esa hora.

Solo comeré meriendas saludables, alimentos a la parrilla, verduras, pollo y pescado.

Solo beberé bebidas "verdes", té helado, batidos de proteínas y agua. Cualquier otra bebida es veneno para mi cuerpo.

¡Saco de mi cuerpo lo que pongo en él! Debo comer súper sano y controlar mi salud con chequeos regulares.

El cáncer y las enfermedades se alimentan de azúcar y carbohidratos. No daré lugar a que ninguna enfermedad viva en mí y acabe conmigo. Aboliré la ingesta de venenos y aumentaré mi ingesta alcalina. Cada comida que ingiera tendrá una proteína magra, verduras y grasa saludable.

¡Los alcalinos y el ejercicio son la clave de la vida!

— Caminaré 10.000 pasos al día.

— Haré cardio por la mañana, durante mi entrenamiento.

— Entrenaré con pesas por la noche.

— Haré 200 flexiones al día cuando esté de viaje, en incrementos de 20.

El mejoramiento constante de mi salud me permitirá permanecer en la vida de mi familia por más tiempo y me dará las herramientas para ser más productivo.

El punto es este: sea lo que sea lo que esté buscando, lo que sea que espero lograr… lo configuro para que siempre esté frente a mí y en el centro de mis prioridades. *¡Justo ahí!*

Como habrás notado, les puse una fecha de vencimiento a esos objetivos a largo plazo. La mayoría de ellos caduca en seis meses, todos en el mismo día, pues me parece que tener una fecha concreta me mantiene concentrado. Y la forma en que me funciona es que, por lo general, logro dos o tres de esos objetivos antes de la fecha, así que me mantengo por delante del juego. El resto, lo lograré en un 30%, en un 40% o tal vez en un 60% y, cuando los cumpla, vuelvo a comenzar con otra línea de tiempo de seis meses. Le digo esto a la gente y hay quienes me dicen que el hecho de incumplir continuamente mis metas de esa manera debe volverme loco. Piensan que vivo preparándome para fallar. Sin embargo, yo no lo veo de esa manera, pues me enfoco en el progreso incremental que he hecho. Pienso: *Está bien, he logrado el 60% de lo que me propuse hacer en esta área, lo cual significa que estoy a más de la mitad del camino.* Para mí, todo paso hacia adelante es una victoria.

Hay algo a tener en cuenta: al comenzar a establecer tus objetivos, evita establecerlos en negativo. No te sirve de nada anotar una larga lista de las cosas que *no harás* o que *no deberás* hacer. Mantente enfocado en lo que *harás* o *deberás hacer.*

Como todos sabemos, nuestro plan es tan bueno como nuestra capacidad para ejecutarlo. Uno de mis boxeadores favoritos, Mike Tyson, dijo una vez que todos tienen un plan hasta que reciben el primer golpe en la cara. Ahí es cuando paran todas las apuestas. Esto es verdad. La planificación es esencial. Establecer metas es crucial, pero necesitas tener un Plan B, un Plan C… a veces, hasta el Plan Z. Siempre es conveniente tener planes de respaldo antes de que los necesites. Es por eso que vivo restableciendo y recalibrando mis objetivos, porque lo que puede parecer una buena idea o un enfoque sólido cuando estoy empezando no siempre funciona de esa manera una vez que estoy en marcha. Por supuesto, concentrarte en tus objetivos a largo plazo todos los días tiende a ser difícil, especialmente, dada la interminable cantidad de distracciones —mensajes de texto, actualizaciones de estado de Facebook, correos electrónicos, etc.— que nos hacen *perder el tiempo*. Bueno, seré el primero en admitir que amo las redes sociales —Facebook, Twitter e Instagram, estoy en todas—. Esa es mi forma de conectarme con mis seguidores, pero el correo electrónico es una historia aparte. No voy a mentir, es casi un desafío mantenerme al día con el correo, sobre todo, porque mi dislexia hace que, para mí, los correos largos sean mucho más difíciles de procesar. Así que he desarrollado algunos trucos para mantenerme al día al tratar de gestionar la avalancha diaria de correos electrónicos que recibo:

1. Le he dicho a mi equipo que la mejor manera de contactarme si hay algo urgente es a través de un mensaje de texto en lugar de un correo electrónico.

2. No tengo tiempo para responder a todos y cada uno de los correos electrónicos de inmediato, pero tengo mi teléfono configurado para sonar o vibrar cada vez que recibo un mensaje de texto de un número importante.

He aprendido a no responder de inmediato a los correos electrónicos de grupo.

Sé que escribí en páginas anteriores que prefiero actuar tan pronto como recibo un correo electrónico, pero en estos casos, tal estrategia no funciona, porque en los correos de grupo suele haber mucho comentario innecesario, así que trato de dejar que la conversación se desarrolle antes de sopesar si participo o no. Muchas veces, alguien más dice lo mismo que yo iba a decir; o tal vez, otra persona hace una pregunta que yo iba a hacer, así que es conveniente quedarte quieto un rato y dejar que la conversación fluya.

3. Suelo reservar ciertas horas a lo largo del día para responder mis correos electrónicos.

No veo cómo la gente deja de hacer lo que está haciendo cada vez que hay un correo nuevo en su buzón de entrada. Por esa razón, me he acostumbrado a ingresar a mi correo en intervalos establecidos a lo largo del día o cada vez que tenga un respiro, pero me ocupo del asunto en el tiempo que he reservado para ello.

Básicamente, trato de pensar como mi amigo Chris Sacca cuando se trata de ordenar un montón de mensajes electrónicos. En el debate sobre cuánto tiempo pasar a la "ofensiva" durante la jornada laboral y cuánto tiempo a la "defensiva", Chris ve sus mensajes enviados como sus maniobras ofensivas y los que entran a su bandeja de entrada como maniobras defensivas. Ante su idea, yo también comencé a adoptar el mismo enfoque —estoy en modo de ataque con los mensajes que envío al mundo y a la defensiva con los que el mundo me devuelve y llaman mi atención—.

El objetivo de todo esto es compartir contigo mi forma de manejar estas cosas, pero sé que la mía no es la única forma de hacerlas. Mi trabajo es recopilar todos estos diferentes enfoques, todos estos diversos estados del ser y permitirles a los lectores ver si alguno de ellos les funciona mejor al momento de construir su propia rutina. Así que adelante, establece tus metas como mejor te funcione. No me ofenderé. Solo asegúrate de establecerlas. Recuerda que no importa si estás comenzando tu propio negocio, trabajando para otra persona bajo un horario específico, tratando de comer de manera más saludable o entrenándote para una maratón, el hecho es que no llegarás a ningún lado si no tienes un destino concreto en mente.

¿Qué dices? ¿Estás conmigo?

INSPÍRATE

Crea un carnaval

—Tyler, The Creator
Rapero, artista, "impresario"

TODOS CONOCEMOS el viejo dicho: hay dos tipos de personas en este mundo —las que esperan que las cosas sucedan y las que hacen que las cosas sucedan.

Y todos sabemos el viejo chiste que dice que hay un tercer tipo de personas —las que se sientan a preguntarse qué está pasando.

Bueno, Tyler, The Creator, el revolucionario rapero, productor musical, promotor de eventos y diseñador de ropa encaja perfecto en el segundo grupo. Apenas tiene 26 años de edad y ya se ha forjado un lugar en las industrias de la música, la moda y el entretenimiento. Impresionante, ¿verdad?

El contexto dentro del cual él creció fue clave —como suele ser el caso de muchas personas excepcionales—. Su vecindario le dio forma y sus circunstancias lo definieron. Tyler Gregory Okonma creció en los alrededores de Los Ángeles y fue criado por una madre soltera. Tiene una hermana menor, pero Tyler tenía ocho años cuando ella nació, así que él ya tenía establecida cierta rutina en cuanto a su manera de vivir. Muchos de sus intereses y costumbres eran típicos de un hijo único —similar a mi caso—. Pasaba mucho tiempo solo y aprendió a divertirse y a estar solo con sus pensamientos, pero al mismo tiempo, era muy consciente de la energía de su comunidad y de las cosas que ocurrían a su alrededor. Además, recorrió mucho, a tal punto, que había ido a 12 escuelas diferentes cuando se graduó de la secundaria. Ese tipo de infancia suele obligarte a mirar en tu interior y abrazar el espíritu creativo que la mayoría de la gente ni siquiera se toma el tiempo de identificar.

Tyler se sintió atraído por la música a una edad muy temprana. Cuando te sientes como si dependieras de ti mismo en la vida, la música puede ser una especie de refugio seguro —es una salida, un lugar en el cual depositar tus esperanzas y sueños—. Ten en cuenta que Tyler no solo escuchaba música, sino que *la estudió* y se hizo parte de ella al mismo tiempo que comenzó a seguir a ciertos artistas y a aprender sobre rimas y ritmos desde cuando tenía cuatro o cinco años. En aquellos días, ese aún era el territorio de *Barney y sus amigos* para la mayoría de los niños, pero él estaba allí, sumergido en la música desde entonces. A los siete años, estaba dibujando y diseñando sus propias portadas de álbumes —sacaba los CDs de los estuches y creaba un concepto completamente nuevo, con listas de canciones imaginarias y todo. No creas que alguna vez se le ocurrió que los otros niños no se entretenían de esa misma manera. Simplemente, ese era él, esa era su forma de ser.

En mi caso, también la música era mi pasión y estudié algo de ella, pero no tenía el talento musical de Tyler, ni tampoco su talento artístico, así que observaba la ropa que llevaban puesta mis artistas favoritos del hip-hop y averiguaba dónde estaban filmando su próximo video. Para mí, todo tenía que ver con el estilo y la cultura. Para Tyler, era un poco de todo. La cultura era un aspecto esencial, pero estaba mezclada con la música, el ambiente… la escena. Todos esos elementos le interesaban a la vez y supongo que eso explica la forma en que él ve hoy el mundo cultural.

Según Tyler, él era el tipo de niño extraño —no tenía muchos amigos, no jugaba con juguetes y veía mucha televisión, sobre todo, dibujos animados. Ah, y le encantaba el jarabe de arce. Le fascinaba. No sé por qué él me comparte este detalle, pero tal vez se deba al hecho de que eso era lo que le daba toda su energía, porque al recordarlo, parece que Tyler se las ingeniaba para amontonar unas 30 horas de actividad en el que sería un día normal para él —y todavía lo hace.

"A los siete años, ya estaba escribiendo raps", cuenta. "Y cuando comenzó Myspace, subía allí las composiciones que hacía; eran realmente malas, pero las publicaba en los foros y allí comenzaron a darse a conocer. Después de un tiempo, muchos de los sitios web de música ya no las publicaban, así que dije: 'Bueno, pues haré mi propio sitio web'. Eso era todo, yo buscaba una forma de dar a conocer mis cosas. Y a través de mi sitio web logré conocer al azar a todas estas personas de Los Ángeles que estaban involucradas en aquello que me interesaba y de lo cual yo quería ser parte, como por ejemplo, de esa pequeña colectividad de *Vice Magazine*, de la cual era un gran fan en ese momento. Así que pensé que de pronto habría forma de captar algo de todo eso. En cuanto a mis composiciones, todavía eran poco profesionales, pero comenzamos a rapearlas y nos gustó lo que estábamos haciendo y decidimos publicarlas. Mirando hacia atrás, eran muy malas, pero en ese momento, nos gustaron a todos".

Esto último es muy importante —y está relacionado directamente con la raíz del éxito de Tyler—, pues nos muestra cómo él se negó a renunciar a lo que amaba. A él no le importaba lo que el mercado dijera sobre su música. Solo le importaba darla a conocer al mundo. Justo en ese momento, no era cuestión de dinero, sino de ser feliz.

¿POR QUÉ NO?

Una de las cualidades que amo de este chico es su capacidad de tomar lo que está haciendo y darlo a conocer. No importa si no encaja en ningún molde. No importa si el 99% de la gente que conoce su música no se conecta con ella. Lo de Tyler es crear. ¡Por qué otra razón lo haría! Tyler no invierte su tiempo pensando en lo que otros piensen de sus creaciones. De esta manera, y en muchas otras, es como mi ídolo Prince —hace la música que más le gusta—. Nació para compartir su sentir más profundo con el mundo y sucedió que Internet lo hizo posible. De ahí nació su carrera —solo que todavía no era una carrera, al menos, no en el sentido de hacer dinero.

Con el tiempo, Tyler se reunió con un grupo de amigos que compartían su interés por la música, el arte, la fotografía y la moda… e incluso los autos. Sucedió de una manera irracionalmente orgánica. Tyler era un estudiante de último año de secundaria que trabajaba en el Starbucks local en un momento en que la industria de la música estaba implosionando. Los grandes sellos discográficos no sabían lo que estaban haciendo, ni lograban descubrir cómo harían para ganar dinero en esta nueva era de la música digital y, al mismo tiempo, los editores de revistas estaban cerrando sus ediciones impresas. Un chico como Tyler sentía como si todo su mundo se estuviera moviendo vía internet y él supo ajustarse a ese cambio. Él entendió el mundo online y lo hizo parte de su vida.

"Lo que ocurre conmigo", dice, **"es que nunca dejo que lo que otras personas están haciendo o dejando de hacer me dicte lo que yo planeo hacer.** No dejé que, aunque la trayectoria que estaban tomando las revistas en ese momento no pareciera tan buena, ese hecho me impidiera querer comenzar mi propia revista, ni que el hecho de que los sellos discográficos no estuvieran ganando dinero me cohibiera de hacer el tipo de música que yo estaba haciendo en ese momento. Mi sonido no era necesariamente un sonido popular, pero éramos un buen grupo y estábamos haciendo lo nuestro. Ninguno de aquellos sellos publicaría nuestra música, pero nosotros teníamos nuestro propio sitio web y la gente decidiría si entrar a él o no".

Mirando hacia atrás, en ese momento de su vida, Tyler no percibía que lo que estaba era trabajando en un objetivo a largo plazo. Solo estaba haciendo lo que amaba. Ahí es cuando trabajar duro no parece trabajo duro, ni en lo más mínimo, ni siquiera cuando ocupa todos tus pensamientos, porque no puedes imaginarte cómo sería llenar tus días haciendo algo distinto. La gente a su alrededor pensaba: "¿Por qué hace eso?". En cambio, Tyler no hacía nada diferente a pensar: "¿Por qué no?".

La música era el núcleo de todo lo que él hacía, pero no era lo único que hacía —de ninguna manera—. Sin embargo, pregúntale cuánto tiempo le dedicaba a su música y la respuesta que obtendrás es un gran ejemplo de la ininterrumpida persistencia que deberás poner en práctica si estás buscando darte a conocer en cualquier campo de la creatividad. "Siempre había música en mi cabeza", recuerda. "Siempre estaba arreglando canciones, escribiendo raps, tratando de descifrar notas. No podía apagarla". No había horario en su trabajo —aunque él nunca lo consideraba un trabajo—. La música, los diseños, las ideas que recorrían su mente… todo era una extensión de quién él era. Si lo intentaba, no podía apagar sus pensamientos. Las ideas seguían llegando y él trabajaba en ellas —sin importar qué hora del día fuera, ni la cantidad de trabajo que ya hubiera hecho ese mismo día. Sencillamente, cuando se sentía inspirado, se levantaba y trabajaba.

Dato importante: En los últimos 10 años, ha habido un aumento del 510% en la cantidad de músicos independientes que considera que la música es su trabajo de tiempo completo. Las barreras de entrada han ido cambiando en la industria de la música. ¿Qué se interpone en tu camino al éxito en tu campo de acción?

Ese trabajo de Starbucks no le duró mucho más allá de la escuela secundaria, pues Tyler pudo reconocerlo por lo que era: un trabajo. No es nada en contra de la gente buena y trabajadora que se gana un salario mínimo. Así es el primer trabajo para muchos de nosotros, pero en el caso de Tyler, su jefe se daba cuenta de que su corazón no estaba en su labor, que él quería pasar su tiempo componiendo y dando a conocer al mundo algo único y no marcando una tarjeta de entrada y salida de un empleo, ni hacer la misma labor que todos los demás. Y sin embargo, aquel era un trabajo decente y él necesitaba el dinero; por eso, no cree que hubiera renunciado si su jefe no hubiera tomado la decisión de despedirlo.

La situación en la que Tyler se encontraba me recordó una situación similar a la que yo me enfrenté cuando estaba empezando FUBU y aún trabajaba en Red Lobster. No creo mucho en la idea de que debes renunciar a tu trabajo diario cuando intentas iniciar un negocio. Si yo hubiera renunciado a mi trabajo para hacer el primer sombrero que cosí, hubiera dejado de ganar $150.000 dólares en salarios, porque, en total, eso fue lo que gané al quedarme en Red Lobster por otros cinco años, sin tener en cuenta la cobertura de salud y la comida gratis a la que tenía derecho, así que obtuve beneficios en varios aspectos. Mis horas eran flexibles. No me llevaba mi trabajo a casa conmigo. Me estaba dando a conocer y conociendo a excelentes personas en el restaurante y me pagaban por hacer *networking*. También estaba aprendiendo sobre ventas y sobre cómo administrar el dinero. Si lo miro de otra forma, habría tenido que vender más de $2 millones en equipos de FUBU solo para llevarme a casa esos mismos $150.000 dólares del salario que devengué en esos años. Por todo esto, estaba interesado por completo en mantener aquel trabajo durante el mayor tiempo posible.

Este debate surge todo el tiempo en los comentarios que escuchamos en *Shark Tank*. Sí, si estás buscando una inversión de $1 millón de dólares, o lo que sea el caso, será mejor que trabajes a tiempo completo. Sin embargo, cuando estás comenzando a echar a andar un negocio propio, la conclusión es que lo más probable es que tengas que hacerlo en tus horas libres, fuera del horario de tu trabajo. Yo llegaba a Red Lobster hacia las 4:00 pm. y salía de trabajar a la medianoche; me iba a casa y cosía sombreros hasta las 3:00 am.; me levantaba a las 6:00 am., revisaba el contestador automático, entregaba los pedidos de los sombreros que la gente me hubiera encargado y regresaba a seguir trabajando. Hice eso durante cinco años, ¡en eso consistía mi *persistencia*, mi querido amigo!

Sin embargo, la situación de Tyler fue un poco diferente, pues según él cuenta, tuvo que lamentar el hecho de haber perdido su trabajo de Starbucks antes de que él estuviera organizado y listo para dejarlo.

"En ese momento, fue lamentable que me despidieran", comenta, "pero mirando hacia atrás, me doy cuenta de que fue lo mejor que pudo haberme ocurrido, porque me permitió concentrarme en mi música, en mi sello y en todo lo demás que estaba haciendo".

Cuando Tyler dice *"todo lo demás"*, se está refiriendo a llevar a la práctica la más loca idea, pues tenía a su cargo la organización de un carnaval para todos estos amigos con los que se había conectado en la escena musical y artística de Los Ángeles —un carnaval que se convertiría en Camp Flog Gnaw, uno de los mejores festivales de las artes y la música—. Comenzó siendo como una especie de reunión de patio trasero —lo cual significa que Tyler solo quería organizar una pequeña fiesta—. Había sacado su primer mixtape y tenía mucho por celebrar.

"Había una calle en mi vecindario, Fairfax, y allí fue donde crecí. Por eso, era ahí donde quería organizar una fiesta para celebrar mi cumpleaños", recuerda. "Solo quería traer unos de esos juegos de carnaval, invitar un montón de gente, tocar música y obsequiar cosas, pero la ciudad dijo que no, que era una idea estúpida y que no nos dejarían hacer allí la reunión. Así que, en lugar de llorar al respecto, salimos y encontramos un lote vacío en el centro de Los Ángeles, al otro lado de la calle del Teatro Nokia, trajimos una noria, unos columpios, otras atracciones mecánicas y un montón de artistas para que hicieran sus presentaciones. Ese primer año, creo que reunimos unas 1.200 personas y el evento fue creciendo a partir de ahí".

El hecho es que se subestimó lo que ocurriría los siguientes años. El carnaval anual de Camp Flog Gnaw sigue creciendo y se vuelve más y más grande cada año. La gente vuela desde todo el mundo para participar en él y es sorprendente ver cómo fluye tanta energía en aquel lugar. El año pasado, por primera vez, el festival se llevó a cabo durante dos días y atrajo a más de 30.000 personas. ¡Es un evento enorme! Es un poderoso tributo a la visión de Tyler, pero al mismo tiempo, es mucho más grande que la visión que él tenía, ya que el carnaval ha cobrado vida propia.

Eso es lo que pasa con Tyler, The Creator —que él no se sienta a esperar a ver quién le da luz verde. No es así como le ocurre a la mayoría de las personas. Aunque para ser justos, a veces, no tienes más opción. Con nosotros, en FUBU, necesitábamos que los dueños de las tiendas nos hicieran pedidos de nuestra ropa. Muchos empresarios necesitan una industria, o al menos, un inversor que les ayude a comprar lo necesario para producir lo que están vendiendo. Tendemos a andar por ahí pensando que alguien más está sosteniendo las llaves que nos abren la puerta al éxito. No fue así en el caso de Tyler. Él va haciendo aquello con lo que se siente bien. Si funciona, funciona. Si no, podría seguir haciéndolo de todos modos, pues él no ve su música, ni su arte, ni su moda como un negocio. La gente se entusiasmará con lo que él está dando a conocer y ofreciendo, o tal vez, no, y de cualquier manera, él se siente bien con lo que hace y lo sigue haciendo. Él no ve su música, ni sus otros emprendimientos como una forma de conseguir dinero. Él hace lo que hace porque ama hacerlo.

Esto me hace pensar que la expresión *"no es personal; es tan solo negocio"*. Solo que creo que con Tyler es al revés: *"No es negocio; es tan solo personal"*. Si te has detenido a observar el imperio del entretenimiento que él ha logrado construir —y ahora, está trabajando para tener su propio sello discográfico, Odd Future, y para emprender una ambiciosa carrera como director de videos musicales—, verás que lo que todas sus actividades tienen en común es la alegría que él siente de hacer lo que hace. Tyler es uno de esos tipos de los que nunca antes has oído hablar… hasta que comienzas a oír hablar de él… y entonces, no recuerdas cómo eran tus días cuando no lo conocías. Su música está en todas partes. En poco tiempo, se ha convertido en uno de los artistas más escuchados y respetados en el negocio de la música. Y el asunto es que él lo haría todo gratis. Tengo que creer que sus fans perciben esto sobre él. Su música, su ropa, sus obras de arte. . . todo proviene de un lugar puro. Del fondo de su mente.

SIGUE JUGANDO

Una de las lecciones que extraigo de Tyler es la forma en que él rechaza la noción de fracaso. "No me gusta esa palabra", confiesa. "Me gusta aprender qué es aquello que no funciona, pero cuando algo no funciona, no lo veo como un fracaso, sino como una lección".

En otras palabras, nuestros fracasos son solo fracasos si dejas que te derriben.

"Mira", dice. "No puedo conseguir que una canción en la radio impacte a todo el mundo. Puede que no esté en la radio, pero estará en otra parte. Es lo mismo con mi línea de ropa, Golf Wang. No pudimos llevar nuestras prendas a las tiendas, entonces, ¿qué hicimos? Establecimos tiendas emergentes en cada ciudad que visitábamos durante nuestras giras y conectamos nuestra línea de ropa a la música convirtiendo así la ocasión en un evento. Es decir, encontramos la forma de hacer lo que queríamos".

Tyler aplica esa misma determinación, esa misma persistencia, a cómo pasa él sus días. Se levanta, alrededor de las 7:00 am., se viste de inmediato y se pone a trabajar. Lo primero que hace es conectarse a su teclado y comenzar a tocar algunos acordes nuevos que quizá vinieron a él durante la noche. Ese tiempo en el teclado le permite encontrar una nueva pieza musical o liberar su mente para vagar y alejarse y comenzar a pensar en muchas otras cosas que llaman su atención. Es decir que su teclado casi podría ser visto como una especie de herramienta generadora de productividad. Esa mentalidad meditativa y liberadora es la que produce la música que siempre parece llegar a él a través de las teclas.

Entonces, toca y toca.

En algún momento, en las últimas horas de la tarde, empieza a pensar que necesita salir de la casa, también para salir de sí mismo. Así que se pone de acuerdo con algunos amigos y asiste a una exhibición de arte o va al parque a patinar. En una ocasión, lo llamé y se había ido solo al parque a sentarse en la copa de un árbol por un par de horas —simplemente, ya sabes, a pensar—. Así es como está cableado este tipo; él crea espacios para sí mismo a lo largo del día, ya sea en su teclado o en un árbol, en busca de inspiración. Lo cierto es que consigue su propósito. Casi siempre, lo consigue.

Al igual que yo, él también establece metas —pero sin sacar ideas de algún libro, sino por su propia cuenta—. Además, son fluidas. Y si consigue su objetivo, eso es genial para él. Si falla, se dará otra oportunidad mañana. Fallar no parece molestarlo. En cambio, a mí me carcomería. "Mi objetivo es ir acercándome lentamente", dice. "Establecer metas es una manera de mantenerme enfocado, pero si no las logro mañana, sé que las lograré la próxima semana. Y si no es la próxima semana, será el próximo mes o el próximo año. Solo sé que tengo ese objetivo en mente y que, en determinado momento, llegaré a cumplirlo. Así es como funciona. Sigo en marcha hasta conseguir lo que quiero, bien sea un auto o que alguna canción tenga gran impacto o que el carnaval alcance cierta capacidad en un año determinado. Todo depende de lo que quiera".

Otra de las características que me impresiona acerca de Tyler es que él es de la vieja escuela en cuánto a mantenerse organizado. No usa una aplicación de notas para hacerles seguimiento a sus pensamientos o proyectos. Tampoco pone estos pequeños recordatorios en su teléfono inteligente. *Él prefiere escribir*. Yo hice mi versión de eso mismo al escribir pequeñas notas a lo largo del día para luego ponerlas en mis bolsillos y revisarlas cada noche justo antes de irme a la cama. Tyler guarda sus notas en un libro que lleva consigo en todo momento —y es un gran alivio oírselo decir—. Es un cuaderno de bocetos, de notas, un libro de citas, todo en uno y lo llena con dibujos, listas, rimas, notas para acordes, recordatorios importantes, lo que sea. Ah, y otra cosa: Tyler usa marcadores de diferentes colores para resaltar de diversas formas lo que está escribiendo y dibujando, así que, si hojeas sus páginas, todos estos colores brillantes y vibrantes te impactan. "Hay algo con respecto a todos estos colores y estructuras que hace que lo que estoy haciendo parezca real", comenta.

Además, sea cual sea el fuego que se encendió dentro de él cuando tenía siete años, mientras escribía sus primeras notas musicales, todavía sigue allí, ardiendo. Tyler tiene una teoría sobre esto: "No creo que la gente sepa lo que quiere en la vida. Hay quienes saben lo que quieren en aspectos como '¿Cuál es el automóvil de tus sueños?'. Hasta podrían llegar a conseguirlo y pensar que tienen éxito. Es como cuando escuchas a un rapero y dices: '¡Vaya, qué mal está eso!', y te preguntas qué le pasó. Ahí es cuando me pongo a pensar, 'bueno, sea lo que sea que este tipo estuviera pensando componer cuando recién estaba empezando, todavía no sabía cómo hacerlo'. Sin embargo, el tipo comienza a ganar dinero y al poco tiempo logra obtener el auto que quiere o a esa chica o esa joyería o lo que sea que quiera obtener, el hecho es que lo adquiere de manera tangible. Pero después, pierde esas ganas que tenía, porque ya no necesita nada más. Quiero decir, ahora ya tiene eso que tanto anhelaba, así que ya no hay razón para esforzarse. Eso le pasa a mucha gente. ¡Tocan la cima y ya! Yo, personalmente, no creo que vaya a alcanzar esa cima, porque no he logrado todo lo que quiero, pues es intangible. Siempre estoy deseando hacer más ropa o producir música realmente maravillosa o encontrar estas progresiones de acordes que hagan que mi corazón se derrita o cosas así".

No, eso no es nada tangible que puedas tocar con tus manos, pero Tyler, The Creator, lo sigue intentando, él sigue alcanzando metas, sigue creando.

"Mira", dice resumiendo, "simplemente, no puedes estar satisfecho contigo mismo. Obtienes eso tangible que siempre has deseado y miras hacia arriba y te das cuenta de que ya no sientes tanta satisfacción de tenerlo. Ahí es cuando la situación tiende a ponerse muy oscura y empiezas a beber o a consumir drogas y todo lo que lograste se va cuesta abajo, porque estás perdido. No sabes lo que quieres. Cuando estás perdido, estás en modo *roaming.* Y cuando estás en modo *roaming,* tus cuentas suben. *Y eso no es bueno".*

No, no lo es.

Lista de verificación de la persistencia de Tyler

- ✓ Escucha la música en tu mente —lo que te motiva...
- ✓ Trépate a un árbol... Cuando yo era niño, no tenía muchas oportunidades para treparme a un árbol de buen tamaño, pero en el caso de Tyler, él encuentra la paz y la tranquilidad que necesita en la copa un árbol, mirando el mundo desde allí. Eso me parece bastante emocionante...
- ✓ Si te encantan los carnavales, decídete y forma un carnaval, o en otras palabras, persigue los objetivos que sean importantes para ti sin preocuparte de si estos te generan o no dinero o si avanzas o no en tu carrera... Claro que deberías preocuparte *un poco* por esos aspectos, pero sin dejar que esas preocupaciones te impidan hacer lo que te motiva...
- ✓ Ama lo que haces... cuando hay alegría en tu *trabajo*, no lo ves como trabajo, ¿verdad?
- ✓ Aprende a ver tus fracasos como lecciones encubiertas...
- ✓ Encuentra un grupo de personas que compartan la misma pasión que tú y busquen maneras de motivarse mutuamente en su viaje...

- ✓ Entiende que no siempre no significa no, a veces, simplemente, significa aún no…
- ✓ Pon tu modelo de negocio en segundo lugar —no siempre funciona para muchos de nosotros, pero funcionó como magia para Tyler porque le dio la libertad de hacer **lo suyo**, incluso si lo suyo no prometía retorno alguno sobre su inversión…
- ✓ Escribe… Vivimos en un mundo digital, pero hay poder en el simple acto de tomar pluma (o lápiz) y papel y consignar allí nuestros pensamientos, nuestras metas, nuestras perspectivas… es decir, la música que habita dentro de todos nosotros…

MANTENTE
EN LA JUGADA
Celebra tus diferencias

—Lola Álvarez
Mamá, abogada, receptora de atención

ESTA ES UNA HISTORIA que no tiene nada que ver con ganarse la vida en los negocios, sino todo que ver con el *negocio de la vida.*

Comienza con un punto de conexión: trabajo mucho con una organización increíble llamada Understood la cual les proporciona recursos gratuitos en línea a padres de niños con problemas de aprendizaje y atención. Comencé a trabajar con ellos hace un par de años, cuando decidí hablar en público sobre cómo es crecer con dislexia. Ha sido una gran victoria conectarme con otras personas que enfrentan algo similar. Es un regalo, de verdad —un regalo que va en doble vía, porque las historias de todas las familias con las que me encuentro me motivan, al igual que espero que la mía las motive a ellas.

Bueno, mi historia es muy diferente a las historias de la mayoría de los jóvenes que conozco a través de este grupo. En mi época, casi no había recursos disponibles en el entorno escolar para los niños como yo, así que me tocó ingeniármelas y resolver mi situación por mí mismo. Eso le sucedió también a Lola Álvarez, una de las jóvenes madres motivadas y desinteresadas que conocí a través de Understood, quien creció en Ciudad de México teniendo que enfrentar circunstancias similares. Su madre también era disléxica, pero nunca fue diagnosticada, ni atendida. Para la madre de Lola, la lectura era una tarea difícil que no valía la pena hacer, motivo por el cual ni siquiera se molestó en aprender a leer. Así las cosas, abandonó la escuela cuando era adolescente. Para Lola, leer era igual de difícil, pero no estaba dispuesta a renunciar a la idea de lograrlo y, a pesar de su voluntad férrea, esa fue una etapa difícil en su vida. Hacia el primer grado o algo así, Lola comenzó a ver a los otros niños aferrarse a la lectura y a algunos de los otros conceptos que se enseñan a ese nivel. A ella le pareció —al igual que a sus maestros— que se estaba quedando atrás. Y lo estaba, pero nadie creyó que este fuera un hecho importante. Se suponía que Lola no estaba destinada a ser estudiante —ya sabes, qué se podía esperar.

Cuando Lola me contó cómo fueron las cosas para ella a medida que crecía, me recordó cómo fueron mis días en la escuela, cuando mis maestras pensaban que era un perezoso o que les estaba causando problemas cuando lo que en realidad yo estaba haciendo era preocuparme sobre por qué las tareas de lectura eran tan fáciles para todos los demás niños, menos para mí, y sobre por qué yo sentía que tenía que trabajar el doble para aprender apenas la mitad.

Dato importante: Al llegar a cuarto grado, muchos estudiantes afroamericanos y latinos ya están hasta tres años atrasados de sus homólogos blancos en cuanto a preparación académica y rendimiento... *Esa es una estadística que proviene de la entidad My Brother's Keeper, apoyada por el Presidente Obama, en la que tuve el honor de participar, y muestra que tenemos que trabajar más para garantizar que todos nuestros jóvenes, en especial, los varones y los jóvenes de color, tengan todas las oportunidades para mejorar su vida y superar las barreras que les impidan alcanzar el éxito.*

Resultó que Lola tuvo que repetir el segundo grado y la idea era que, dado que ya había visto la mayor parte del material de estudios, le sería más fácil entender, pero eso no fue exactamente lo que ocurrió. Lola continuó luchando. Los maestros no sabían qué hacer con una niña como ella. Su CI era muy superior al promedio, incluso un poco más alto. Así las cosas, los adultos a su alrededor comenzaron a pensar que ella era descuidada o perezosa.

"Esas eran las dos etiquetas que me ponían", recuerda Lola, "porque veían que yo era inteligente y que, aun así, no estaba al nivel de los otros niños". Cuando era pequeña, solía preguntarme todo el tiempo: "¿Por qué Dios me hizo tan tonta?".

Lamentablemente, así es como se nos hacía sentir a muchos niños que enfrentábamos este tipo de desafíos en aquel tiempo. Nos pusieron en esta situación frustrante que nos dejó cuestionándonos nuestra propia valía, sintiéndonos inferiores y *menos que*... Y en el caso de Lola, estos desafíos eran solo una parte de su historia, pues la situación en casa era difícil. Sus padres se divorciaron, y aquí nuevamente fue denigrada con otra etiqueta, la de ser hija de un hogar destrozado. Así que, como era natural, los maestros y administradores de su escuela decidieron que su bajo rendimiento en el aula era solo su forma de actuar, de llamar la atención como una especie de refugio ante toda esa incertidumbre y confusión que ella vivía en el hogar.

Por un corto tiempo, mientras sus padres se separaban, Lola vivió con su abuela, al lado de una amable y paciente mujer llamada Olga, una maestra jubilada. "No sé qué habría hecho si no hubiera tenido a Olga para que me enseñara a leer", recuerda Lola. "Y a escribir. Y a memorizar las tablas de multiplicar".

Eso es lo que nos sucede a muchos de nosotros: **dependemos de la amabilidad de las personas que se encuentran fuera del sistema para que nos ayuden a descubrir el sistema.** Y muchas veces, esa amabilidad también proviene de alguien que no es de nuestra propia familia. Esa es una de las cosas que he llegado a apreciar a través del trabajo de organizaciones como Understood —el enorme valor de aprovechar *todos* los recursos disponibles y de uno *ser* de esos recursos para niños y familias con este tipo de necesidad.

A veces, necesitamos una bendición que nos ayude a salir de la encrucijada.

SIGUE EL CAMINO QUE TENGAS QUE TOMAR

Pero esta no es una historia sobre cómo Lola Álvarez superó sus propias discapacidades de aprendizaje o "diferencias de aprendizaje", como también suelen verse. Tampoco es una historia sobre la amabilidad de la maestra retirada que le ayudó. Quiero decir, lo es y no lo es, porque las experiencias de Lola cuando era niña juegan un papel importante con respecto a lo que en realidad quiero compartir sobre ella. Son cruciales, ya que ella llegó a tener sus propios hijos, que también lucharon con las diferencias de aprendizaje. Y ahí es donde su *persistencia* y su capacidad de *triunfar* empezaron a funcionar en grande.

Esa es la historia que quiero contar aquí, porque la forma en que Lola pudo preparar a sus tres hijos para que triunfaran cuando les hubiera sido fácil fracasar... Bueno, me pareció heroica. Me pareció que esa es la máxima manifestación de persistencia, jugar esta mano tan dura, en particular, de una manera tan ganadora —no solo para uno de sus hijos, sino para los tres, todos a la vez.

Dato importante: De acuerdo con WebMD, el 25% de las personas con dislexia también muestra signos de trastorno por déficit de atención / hiperactividad o TDAH... *Cuando llueve, hasta perros y gatos caen del cielo, ¿verdad? Solo que, en este caso, muchos padres se enfrentan a una tormenta total de luchas con sus hijos con "capacidades diferentes", así que, si tú enfrentas este problema, prepárate para enfrentar algunos más.*

Lola notó por primera vez que Esteban, su hijo mayor, tenía dificultades desde segundo grado de primaria. Al mirar hacia atrás, ella cree que pudo haber pasado por alto algunas señales y ahora siente enojo consigo misma cuando piensa en todo el tiempo que perdió al no darse cuenta de lo que ocurría justo frente a sus ojos, pero para ser justos, los padres no siempre vemos a nuestros hijos con toda la claridad que podríamos.

(Me avergüenza admitirlo, pero yo cometí el mismo error con mi propia hija al verla luchando con algunos de estos mismos problemas, aunque debí haberlos identificado mejor y más pronto que cualquier otra persona).

"Nos habíamos trasladado 11 veces de una vivienda a otra", explica ella acerca de ese momento en la vida de su joven familia, "así que deduje que Esteban no se sentía estable y que era un poco menos maduro que algunos de los otros niños; entonces, hice que repitiera su preescolar pensando que él nunca se daría cuenta de eso".

Sin embargo, después de que Lola y su familia se trasladaron a Nueva Jersey, era difícil ignorar las dificultades que Esteban estaba teniendo en la escuela; por fin, Lola se vio reflejada en él y logró reconocer sus síntomas por lo que eran. "Comencé a darme cuenta de que éramos iguales", dice ella, "y comprendí que a Pablo, su hermano menor, también le estaba ocurriendo lo mismo".

Fue en ese momento en que Lola puso verdaderamente en marcha su persistencia. Noche tras noche, pasaba horas enseñándoles a sus dos hijos lo que ellos deberían haber aprendido en la escuela ese día, reforzándoles las lecciones de sus profesores y leyendo y releyendo pacientemente con los dos hasta que las palabras comenzaran a tener sentido para ellos. Algunas noches, sentía que estaba empezando desde cero, como si los chicos no hubieran ido a la escuela ese día. En pocas palabras, después de lavar los platos de la cena, las actividades hogareñas se interrumpían y la casa se convertía en una escuela. Todo se enfocaba en trabajar con Esteban y Pablo para que ellos pudieran salir adelante; eso era justo lo que Lola necesitaba hacer para evitar que sus hijos se atrasaran en sus estudios. Cada mañana, se levantaba temprano, por lo general, antes que el sol saliera, para asegurarse de que sus hijos tuvieran todo lo necesario para no tener que enfrentar otro día difícil en la escuela. **A veces, parecía que no había tiempo para nada más, así de desequilibrado e insoportable era mantener a sus hijos bien encaminados.**

Al mismo tiempo, sus días estaban copados de intentos por abogar y discutir con el fin de concientizar a los funcionarios de la escuela para que les brindaran a sus hijos los servicios y la atención adicional que ellos tanto necesitaban —como mi madre tenía que hacer por mí cuando intentaba convencer a mis maestros de que lo mío no solo era ir a la escuela a molestar.

"La situación llegó a un punto crítico cuando Esteban estaba en quinto grado y Pablo en tercero", recuerda Lola. "Ahí fue cuando supe que, definitivamente, estaba sucediendo algo con ellos que no tenía nada que ver con toda esa cantidad de veces que nos habíamos mudado, ni con que tal vez ellos fueran un poco menos maduros que los niños de su edad o lo que fuera. Así que fui a la escuela y exigí que les hicieran una prueba de TDAH. Cuando yo era niña, no había un nombre específico para ese trastorno, pero ahora, ya le habían puesto nombre y la maestra que tenía mi hijo Pablo en ese momento, quien ya había sido maestra de Esteban en tercer grado, me dijo: "Sra. Álvarez, es sencillo: usted tendrá que enfrentarse al hecho de que Dios le dio dos chicos perezosos".

Ahí surgió esa etiqueta otra vez: *perezosos*. Era la misma etiqueta que había perseguido a Lola cuando niña. Era la misma sensación de que ella estaba siendo relegada, dejada de lado. Lola escuchó esa palabra y fue como un estallido en su mente y en su corazón. En ese momento, comprendió que ella y su esposo tendrían que hacer un cambio. Era la mitad del año escolar, pero sacaron a los niños de la escuela pública sin detenerse a mirar atrás en ningún momento.

"Tuvimos suerte. Mi esposo tenía un buen trabajo, así que yo no tendría que trabajar y podríamos pagar una escuela mejor, una que era parte de nuestra parroquia, en la que conocíamos al sacerdote, a la comunidad y a los chicos", comenta Lola.

"De inmediato, comenzamos a ver un cambio en nuestros hijos. Ambos empezaron a recibir atención personalizada, pues las escuelas católicas son muy pequeñas y contaba con los recursos que nosotros necesitábamos para tener éxito; así que esa fue otra forma en que tuvimos suerte. Esteban incluso tuvo una profesora de matemáticas que le dijo que él era peculiar e inteligente como Albert Einstein, ¡también disléxico! Y hasta colocó un póster de Einstein en su salón de clases para recordarle a Esteban lo especial que era y para que nunca dejara que nadie le dijera algo diferente".

Fuera de eso, Lola reconoció que el ambiente de apoyo que encontró para sus hijos en este nuevo entorno escolar era solo una pieza del rompecabezas. También necesitaba implementar sistemas y rutinas en casa para reforzar los buenos hábitos que ellos por fin estaban adoptando en la nueva escuela. Por ejemplo, manejaba su hogar con un sistema de códigos de colores para que cada niño supiera de inmediato qué mochila era la suya, qué escritorio era el suyo, qué cubeta de almuerzo era la suya: Esteban era azul; Pablo era verde y José, el menor, era rojo.

"Les enseñé a ser muy organizados", dice Lola. "Todo tenía su lugar. **Mi esposo solía bromear diciendo que nuestra casa era como un museo. Se reía porque incluso mis especias estaban en orden alfabético, pero tienes que estar así de organizado si quieres lograr los mejores resultados.** Es como un mecanismo de afrontamiento".

Lola inculcó su ética de trabajo feroz en sus hijos, incluido un estricto sentido del orden y la rutina. Con un poco de ayuda de la gente de Understood, logró mantener a sus hijos en un horario muy bien planeado. Usaba la alarma de su reloj para establecer recordatorios para sí misma a lo largo del día y, a medida que los niños se hacían mayores y la tecnología se ajustaba a sus necesidades, comenzó a programar su teléfono inteligente para que hiciera lo mismo. Una de las tareas que tenía que hacer con mucha exactitud era estar pendiente de la medicación de José: además de su conjunto de diferencias de aprendizaje, José es epiléptico, motivo por el cual la familia entera necesitaba tener todos estos pequeños recordatorios conectados a sus agendas diarias con el fin de estar atentos a sacar adelante aquella tarea específica. Había un tiempo y un lugar para todo.

Hoy en día, los chicos mayores ya están en la escuela secundaria y han hecho tan buen trabajo cuidándose a sí mismos, que

Lola ha podido volver a trabajar como paraprofesional, ayudando a estudiantes con autismo en su propio distrito escolar —la misma escuela a la que su hijo José asiste—, lo que significa que puede llevar a su hijo de un lado a otro cada día y pasar un poco de tiempo adicional con él, reforzándole los buenos hábitos que aprendió por sí misma y que ayudaron a poner en marcha a sus hermanos mayores—. Y así, a pesar de que sus hijos crecen y obtienen un cierto nivel de independencia, la *persistencia* continúa en casa —lo mismo que en mi caso cuando terminé la escuela secundaria.

Para mí, es sorprendente ver que una persona que dedicó gran parte de su vida adulta al cuidado y la enseñanza de sus tres hijos con TDAH haya aprovechado la primera oportunidad que tuvo para trabajar fuera de su hogar con otros niños necesitados... pero para Lola, ese era el paso siguiente y le parecía obvio y necesario hacerlo. Al fin de cuentas, esta es la labor en la que ella es una experta. Esto es lo que *ella* sabe. Y ahora que sus hijos eran un poco más grandes, un poco más autónomos, Lola tomaría lo que había aprendido como su madre y lo usaría en beneficio de los demás.

Una de las lecciones más desgarradoras que aprendí de Lola es que hay un tipo de estigma asociado con el TDAH, la dislexia y otras diferencias de aprendizaje en la comunidad hispana. Supongo que lo sabía, ya que crecí en Queens, pero me sorprendió ver que esto sigue ocurriendo aun hoy. "Si un miembro de la familia tiene problemas de este tipo, es algo que se maneja muy en silencio", afirma ella. Ni siquiera les dio a conocer a su familia en México el diagnóstico de epilepsia del pequeño José. ¿Por qué? Porque cualquier enfermedad o trastorno es visto como un signo de debilidad —y casi como un motivo de vergüenza, incluso en esta era supuestamente avanzada.

Por fortuna, hay personas como Lola, decididas a hacer algo al respecto. "Ese es básicamente mi sueño", comenta ella, "ayudar a cambiar la educación y la cultura de mi país y defender esta causa. Aquí en los Estados Unidos, estamos mucho más avanzados en este tema que en México, pero culturalmente, la comunidad hispana aún tiene mucho trabajo que hacer a este respecto". Esta es solo la opinión de Lola, por supuesto, pero ella se ha ganado el derecho a decir lo que piensa, así que escucha: "Como padres de estos niños, depende de nosotros ver lo positivo, porque hay muchas personas que no han sido bendecidas como yo lo he sido. Le agradezco a Dios por los hijos que tengo. Nadie es perfecto. **Todos hemos sido dotados con algún tipo de talento y, de la misma manera, se nos ha dado algún tipo de dificultad.** En mi caso, cuando era niña, siempre me hacía esa pregunta de la que te hablé. Una y otra vez, me preguntaba: '¿Por qué Dios me hizo tan tonta?'. No era tonta, ahora lo sé, pero tuve que tener hijos para comprender la respuesta de por qué yo soy así. No es que Dios me hubiera hecho tonta. Es que Él me estaba haciendo más fuerte, porque sabía lo que me enviaría. Él ya conocía a los niños que me enviaría y me estaba preparando para pelear las batallas necesarias para criar a tres jóvenes exitosos".

Lista de verificación de la persistencia de Lola

- ✓ Encuentra una manera de priorizar tu tiempo para que estés 100% disponible para satisfacer las necesidades de tu familia...
- ✓ Observa qué recursos tienes a tu alrededor y asegúrate de estarlos utilizando de manera plena y efectiva...
- ✓ Recuerda las dificultades que tuviste durante tu infancia y tómalas como lecciones que recibiste para que estuvieras capacitado para ayudarles a tus hijos a luchar un poco menos con esas mismas dificultades...

- ✓ Levántate antes que tus hijos (o que tu equipo de trabajo) para preparar tu casa (o tu lugar de trabajo) con el fin de cumplir con las demandas del día…
- ✓ Habla, es decir, no tengas miedo de pedir lo que necesitas, ni de abogar por las necesidades de los demás…

CAPÍTULO 4

MIS COMIENZOS

HE CONTADO DIFERENTES partes de mi historia un montón de veces y de un montón de maneras diferentes. Pero también hay muchas cosas de mi vida de las que no he hablado, al menos, no en público. Cada vez que me dispongo a escribir un nuevo libro o discurso o voy a una entrevista, trato de adaptar mi historia a los temas a tratar. Y como estamos hablando de administración del tiempo, estrategias motivacionales y del desarrollo de una ética de trabajo duro, mantendré el enfoque en todo esto —y, mientras lo hago, le echaremos un vistazo a analizar cómo todos desarrollamos nuestras propias rutinas y a nuestra propia forma.

El primer ejemplo mediante el que aprendí la relación entre el tiempo y el dinero fue cuando mi madre hipotecó nuestra casa. Lo hizo porque yo estaba iniciando la escuela secundaria, teniendo diferentes problemas (y *más agudos*) y sabía que, si no encontraba la forma de pasar un poco más de tiempo en casa vigilándome, yo tomaría un camino equivocado. Así las cosas, mi madre pidió prestados $80.000 dólares —el dinero suficiente como para ganar tiempo y dejar uno o dos de sus trabajos—. Fue una lección poderosa, porque hasta ese momento, nunca entendí realmente que todos tenemos opciones cuando se trata de dinero. Todo lo que sabía era que había que trabajar duro para ganártelo, y ahora, mediante ese ejemplo, estaba aprendiendo que también puedes tomar algo por lo cual ya has trabajado y hacer que funcione para *tu* propio beneficio.

Aun así, aquella lección no cambió mi día a día. Fue más que todo un aprendizaje para poner en práctica más adelante en la vida. Sin embargo, sí cambió mi forma de andar por el vecindario. Me hizo más responsable ante mi madre en cuanto a mi manera de invertir mi tiempo; me llevó a apreciar más los sacrificios que ella hacía por mí para mantenerme por buen camino y me inspiró a apurarme como nunca antes para seguir su ejemplo y llegar al punto en que mi dinero me produjera más dinero.

En ese entonces, no cabía en mi mente la posibilidad de llegar a ese nivel tan rápido como me habría gustado.

Mi persistencia en la escuela secundaria fue total, tanto en el horario escolar como después de salir de la escuela. **Me propuse a avanzar rápido, como si estuviera en una carrera y tuve que esforzarme para hacer todo lo que pudiera lo más pronto posible, pues terminaría de estudiar y tendría que valerme por mí mismo y durante largo tiempo.** ¿Y esos $80.000 dólares que mi madre consiguió con la hipoteca de la casa? Yo sabía que, dentro de poco, ya habríamos gastado *ese* dinero —así que creo que también estaba luchando para estar listo desde mucho antes que llegara ese día.

Tuve muchos trabajos no formales y también empleos formales. Para mí, mi calidad de vida y mis esperanzas para mi futuro estaban sujetas a lograr ese equilibrio. Los trabajos no formales eran oportunidades que me rebuscaba para ganar algún dinero, como cuando paleaba nieve o arreglaba bicicletas para poder revenderlas. Luego, logré comprar y adaptar una furgoneta para transportar a los pasajeros del vecindario y para que a la vez me sirviera para transportar pedidos de Super Soakers o para ir a comprar un par de docenas de cajas de camisetas que solía conseguir con muy buenos descuentos en Delancey Street; luego, me iba a los mercados de pulgas o a salas de conciertos, las vendía y obtenía buenas ganancias. Con respecto a mis trabajos formales, el más largo que tuve fue ese que mantuve durante años en Red Lobster. Tan pronto como la secundaria terminó, comencé a despertarme a las 6:00 am. a ocuparme de mis ingresos adicionales; luego, me dirigía al restaurante y permanecía allí, algunas noches, hasta el último turno.

Una vez que me gradué de la escuela secundaria, quise tomarme un año libre antes de ir a la universidad. Al menos, ese era el plan. Tuve muchas dificultades como estudiante y pensé que sería bueno aprovechar ese año para ahorrar algo de dinero y también para desestresarme de todo ese esfuerzo que había hecho para sacar adelante mis estudios; tal vez, para madurar un poco y estar en una mejor posición para tener éxito en el entorno académico. Un año me pareció bien. Honestamente, no me sentía listo para ir a la universidad —era algo abrumador, sobre todo, por la forma en que luchaba con mi dislexia—. Así que, en lugar de eso, preferí inventarme formas de trabajar y correr como loco de un lugar a otro de la ciudad tratando de ganar dinero en una cosa y otra. Estaba interesado en todo tipo de cosas. Cuando le cuento a la gente cómo comencé mi negocio, la comparación que siempre hago es con Ralph Kramden, de *The Honeymooners*. ¿Recuerdas ese programa de televisión? Ralph siempre tenía algún tipo de negocio en marcha, siempre estaba en busca de alguna oportunidad que lo sacara de ese pequeño apartamento de mierda, de su trabajo como conductor de autobús y que le brindara una buena vida. Ese era yo con todas estas prisas de diversa índole. **Mi pensamiento era seguir lanzándome en todas estas diferentes direcciones y esperar que un par de ellas me resultara:** camisetas, sombreros, Super Soakers, servicios a domicilio. Hacía cada cosa de estas pensando que ese sería mi boleto hacia arriba y hacia adelante, soñando con que, de alguna manera, pasaría de ser un tipo como Ralph Kramden a un hombre de negocios muy exitoso. Si se trataba de algo que tenía sentido, si podía ajustarlo a mis horarios, si tenía en mi billetera lo que se necesitara para hacer alguna inversión inicial... yo lo haría. Por un tiempo, incluso tuve un negocio de autos chocados. Compraba un cacharro destartalado por $5.000 dólares o menos, le invertía un par de miles y luego lo vendía por $10.000. No sabía hacer ese trabajo por mí mismo, pero tenía un taller con el que trabajé mucho y los tipos allí me colaboraban.

Un negocio siempre conducía al siguiente, así que, por un lado, las cosas iban bien. Había dinero entrando, mi tiempo era mío, podía ir a Manhattan por la noche y festejar como si la ciudad fuera mía y aun así salir de la cama muy de mañana y comenzar de nuevo con mi rutina. El verdadero problema fue que esa intención inicial de tomarme un año para desentenderme de la escuela pronto se convirtió en un segundo año; luego, vino un tercero y todavía no había logrado hacer mayores cambios en lo que respectaba a mi cuenta bancaria. Era como si estuviera atrapado. Así que, en eso se convirtió todo. Estaba ganando dinero, pero no estaba progresando; y cuando comencé a darme cuenta de esta realidad, empezó a pesar sobre mí. No sucedió de una vez, pero llegó el momento en que comprendí que había perdido parte del equilibrio que tenía cuando recién salí de la escuela secundaria. Entonces, comencé a sentirme como un perdedor, pues era innegable que, en realidad, no tenía nada en marcha. Supongo que me estaba dando cuenta cada vez más de que todos estos negocios y rebusques, todas estas jugadas tan desgastantes, no eran sostenibles. Ganaba dinero en algunas ocasiones, lo perdía en otras y vivía y esperaba y soñaba en los tiempos intermedios. Y todo el tiempo seguía en Red Lobster, pero no me veía a mí mismo trabajando en algo así durante el resto de mi vida, no porque mi trabajo desmereciera, sino porque quería hacer mucho más con mi vida.

Mientras tanto, mis amigos del barrio iban en diversos rumbos. Muchos de ellos estaban en la cárcel; otros estaban a medio camino de sus estudios universitarios; otros no estaban en nada. Me vi al espejo y comprendí que yo encajaba en esta última categoría. Siendo sincero conmigo mismo, la verdad era que no había avanzado desde mi graduación. Estaba pisando sobre agua, dando vueltas en un mismo lugar… o lo que fuera. Además, vivía de fiesta más que nunca, gastando más dinero que nunca. No me malinterpretes, fue un gran momento, muy bueno, pero ya era demasiado de "un gran momento, muy bueno". Como dijo mi amigo Tyler, "cuando estás en modo roaming, estás vagando y tus deudas aumentan". Ese era yo en esos días. No tenía fin, no había final. Me sentía como si no tuviera ningún impulso, ningún plan.

¿Y ese montón de dinero en efectivo que había estado construyendo? Me puse a hacer cuentas un día y concluí que se había reducido a nada. Todo lo que tenía, aparte de mi salario constante de Red Lobster, era lo que consiguiera en mi siguiente negocio.

Dato importante: Una encuesta reciente de Gallup muestra que ocho de cada diez niños encuestados están determinados a ser su propio jefe... *Los niños quieren tomar sus propias decisiones, ¿verdad? Sé que yo lo hice y aquí vemos que los niños de hoy son más emprendedores que nunca antes —la misma encuesta informó que cuatro* *de cada diez niños quieren comenzar su propio negocio. ¡Los futuros tiburones se unen!*

Si lo pensaras y trataras de encontrar alguna estructura para mis días, para mis rutinas de ese entonces, saldrías con las manos vacías. Si tenía que levantarme temprano para encontrarme con alguien o a recoger algo, ponía la alarma. Si podía dormir, dormía. El reloj de mi cuerpo estaba configurado para desperdiciar el tiempo, lo que significa que no era lo suficientemente disciplinado, ni lo suficientemente inteligente como para saber que tenía que prepararme para el éxito. Pensaba que podría ir tras él. En esencia, me las ingeniaba a medida que avanzaba, trabajando en todos estos diferentes estilos de trabajo, en todas estas formas diferentes de hacer negocios y, después de un tiempo, llegué a sentir como que bateaba y eran más las veces en que estaba dejando pasar la bola que las que hacía contacto con ella.

El punto más bajo fue quizá cuando creí que podría ser una especie de promotor de eventos. Esa fue otra de mis ideas sobre cómo hacerse rico a gran velocidad, solo que esta terminó siendo demasiado costosa. Se me ocurrió alquilar un barco, contratar a un DJ y dirigir un crucero de fiesta de verano desde uno de los muelles del bajo Manhattan. Sabes, Circle Line siempre había sido popular entre los turistas y los excursionistas, así que pensé que era cuestión de añadir un poco de alcohol y algo de música y luego venderles boletos a todos mis amigos y a todos sus amigos. Tenía signos $$$ en mis ojos, así que tomé prestados $10.000 dólares para alquilar el barco y otro par de miles para contratar a un DJ llamado Kid Capri. (*¡Todavía* es el mejor!). Luego, saqué algunos anuncios en la radio, repartí unos cuantos folletos y, sin saberlo, todo eso me llevó más al fondo del precipicio en el que ya me encontraba. Después de eso, me senté y esperé a que todas estas personas aparecieran, pero nunca llegaron.

¿Qué buenos planes, verdad? Solo que, en ese momento, pensaba que estaban en marcha, pero lo que en realidad se avecinaba era mi ejecución. La verdad es que no sabía cómo se hacía la promoción, ni el mercadeo de una fiesta como esa; tampoco sabía nada sobre cómo minimizar riesgos, ni cómo ponerles precio a mis boletos, ni sabía nada sobre nada. Fuera de eso, pagué la mayor parte de los costos con una tarjeta de crédito, así que quedé hasta el cuello con semejantes pagos incluyendo unos intereses exorbitantes y ahí sí que menos pude salir del hoyo en el que ya me encontraba.

Tal vez, debí haber seguido mi propio consejo y practicado lo que propongo en *The Power of Broke* —sopesar bien *todas* las cosas antes de gastar el dinero que no tenía en un plan sin sentido alguno.

SI NO QUIERES DISPONERTE A TRABAJAR, HAZ QUE TUS BIENES TRABAJEN PARA TI

Fue en esta época cuando comencé el primero de mis negocios en FUBU. Mucha gente piensa que el éxito que tuvimos surgió de la noche a la mañana, pero la verdad es que nos tomó un par de intentos lograrlo. Cuando por fin lo alcanzamos en grande, la prensa nos dio a conocer como si fuéramos estos cuatro chicos conocedores de la moda y vanguardistas de Hollis, Queens, que irrumpieron en la escena por casualidad. No podíamos hacer otra cosa que ir de acuerdo con esa imagen —así que nos dijimos a nosotros mismos (¡y a todos los que nos escuchaban!) que esa imagen, aunque fuera impuesta, era buena para el negocio y para nuestra marca. Lo cierto era que, desde el comienzo, FUBU era más un pasatiempo que un negocio. Para hacer corta una larga historia: compraba una camisa por $10 dólares, le invertía $20 en un trabajo personalizado y luego la vendía por $30 o $35 —no era exactamente un modelo de negocio ganador, pero me servía para avivar la llama—. Esa era una manera de conocer chicas y viajar con mis amigos en el circuito de hip-hop, así que era claro para todos nosotros que esta no era una empresa para hacer dinero, pero nos encantaba cómo justificaba y subsidiaba los buenos tiempos que estábamos pasando.

Como es apenas obvio, hoy en día, analizo diferentes factores cuando estoy trabajando en un nuevo emprendimiento. Ahora, mis metas son mucho más importantes que antes, pero también tienen que ver con capacitar a mi personal, con crear entornos donde mi equipo de trabajo se sienta a gusto para trabajar y pueda enfocarse en desarrollar buenas ideas que redunden en magníficos resultados para el mundo. Pero cuando recién estás comenzando, buscas tu motivación donde puedas encontrarla —y en este aspecto, me descuidé.

¿Recuerdas que escribí en páginas anteriores que la mayoría de las personas exitosas que he conocido a lo largo de la vida aprendieron a fracasar desde muy temprano? Bueno, pues en mi caso, fue un poco así. No era que estuviera afrontando un gran fracaso, pero tampoco estaba avanzando hacia mis metas. Las primeras dos veces, no fue cuestión de haber perdido dinero, sino que estaba llevando a cuestas mi carga y aprendiendo de mis errores.

Durante tres años, fui hundiéndome cada vez más en mis tristezas y sintiendo más y más como si estuviera atrapado en el mismo punto de partida… y en determinado momento, ese sentimiento de derrota fue lo que me ayudó a recuperar la *persistencia* que tenía en la escuela secundaria. Logré entender que había llegado tan abajo, que ya no quedaba lugar sino para comenzar a subir —así que empecé a escalar—. Tenía 20 años, tal vez 21; fue entonces cuando empezó a parecerme que los 30 estaban a la vuelta de la esquina. Tener 30 años era como llegar a un punto gigante en el camino de la vida —era así como lo veía en ese momento—. Si no lograba estabilizarme, no estaría listo para llegar a los 30 como quería. Bueno, en ese entonces, pensaba que nunca saldría de aquella depresión en la que había vivido los últimos dos años.

Aquí fue donde el único activo que mi madre y yo teníamos —nuestra casa— cambió mi perspectiva por segunda vez. Mi madre decidió que quería vivir en Manhattan, pero también quería que yo me quedara en la casa y me hiciera cargo de los pagos —como una forma de hacerme reaccionar o como una estrategia para motivarme—. Me dijo: "Daymond, has estado ayudando a pagar las cuentas en esta casa desde que tenías 12 años. Estarás bien".

Y supuse que lo estaría —pero debo admitir que pasé un par de semanas en que no lograba ver cuál era camino a seguir para volver a estar *bien*—. Tenía toda esa deuda de la tarjeta de crédito sobre mí y, a este punto, la universidad me parecía un sueño imposible de alcanzar. Al igual que muchos otros chicos con antecedentes similares, **cuanto más me alejaba de ese único año que se suponía que dejaría de estudiar, menos probable era que regresaría.** Así que, analicé todas las opciones que tenía ante mí y decidí poner a trabajar la casa de una manera completamente nueva. Ya teníamos esa hipoteca, así que no quería sacar más dinero prestado y tener que pagar una deuda más. Así las cosas, decidí convertir el lugar en un pequeño hotel. Recuerda, esto fue antes a Airbnb, lo cual significaba que no había mucha gente que alquilara habitaciones individuales a corto plazo. Sabía que hay ordenanzas locales que estipulan que este tipo de cosas está en contra de la ley, pero estaba volando bajo el radar. Los jóvenes en mi vecindario no siempre les prestamos atención a ese tipo de cosas. Mi pensamiento era que, si estaba infringiendo la ley, alguien vendría y me lo diría, pero hasta entonces, rentaría las habitaciones a $75 dólares por semana una buena cantidad de veces y, por lo menos, cubriría los pagos de la hipoteca. Para mi propia tranquilidad (y en beneficio propio), les alquilaría un par de habitaciones a mis amigos y ese dinero también sería para cubrir la hipoteca. Todos me pagaban en efectivo; por lo tanto, si la ciudad se daba cuenta de lo que estábamos haciendo, tendría cómo decir que mis inquilinos eran mis amigos y que el dinero que reuníamos entre todos nosotros era para nuestros gastos de sostenimiento.

Dato importante: Con el surgimiento de los servicios de reserva de hospedajes por corto tiempo como Airbnb, VRBO y Research and Markets, se espera que esta modalidad de hospedaje represente $190 mil millones en reservas anuales para el año 2019. *En aquel tiempo, lo que yo hacía era algo similar, pero hoy, es aún más fácil examinar a los posibles arrendatarios y cobrar las rentas.*

Fue entonces cuando decidí sacar un anuncio en *Village Voice* y poner un montón de volantes en el vecindario; así, logré que la gente me llamara. (Supongo que esa fue mi versión de una campaña temprana de Kickstarter, ¿cierto?). En $75 dólares por semana, el alquiler era atractivo incluso en 1989 y en esos años, y la habitación tenía derecho a la cocina y al uso completo de las áreas comunes de toda la casa. La idea funcionó muy bien y había dinero entrando para cubrir mis necesidades, pero la situación se volvió un poco descontrolada después de un tiempo. Mejor dicho, se volvió una *locura*. Llegó al punto en que la casa comenzó a parecer y a oler como una casa de fraternidad. En realidad, parecía como un escenario de *Animal House*. La gente iba y venía todo el tiempo y, por lo general, había una o dos personas adicionales que se acomodaban en los sillones; algunas noches era imposible encontrar un rincón tranquilo en el cual sentarme y relajarme.

Mirando hacia atrás, creo que mi experiencia con el alquiler de esas habitaciones fue clave en el desarrollo de mi propio estilo de administración. Me enseñó cómo tratar con las personas —*y* cómo manejar mis expectativas con respecto a ellas—. Si un inquilino se demoraba en pagar el alquiler, yo tenía que escucharlo y decidir si dejarlo hospedarse por un par de días más o pedirle que se fuera; si perdía su trabajo, me correspondía decidir si valía la pena darle un poco de espera o exigirle que me pagara cumplidamente a pesar de su situación; si no se llevaba bien con otro inquilino, mi función era intervenir y negociar una especie de tregua... o no.

Además, el alquiler de esas habitaciones me dio una gran idea de cómo hacen otras personas para *persistir* y *triunfar,* dado que la mayoría de la gente que vivía en la casa tenía su propio negocio. Tenían empleos, clases, rutinas que querían seguir. Mis amigos de FUBU también vivían allí conmigo: Keith tomó la habitación de abajo, Carl estaba en una habitación y Jay en otra. Luego, durante mucho tiempo, tuvimos a nuestro amigo Skeeter metido en otra habitación. Keith estaba administrando un edificio de apartamentos en la zona alta de Manhattan y su horario de trabajo era casi siempre de 9:00 am. a 5:00 pm. Y el de su cerebro, también. Eso significaba que se iba a trabajar muy duro y que, cuando llegaba a casa, lo único que quería hacer era relajarse. Yo no lo llamaría exactamente un vago, pero su cabeza estaba en otro lugar —y él era el primero en admitirlo—. Esa era su manera de vivir. Carl estaba trabajando en una fábrica, así que su esfuerzo coincidía con su horario de trabajo —pero aun así, había espacio en sus días (y en su mente) para dedicárselo a nuestro pequeño negocio de ropa. Y Jay acababa de regresar de una gira de servicio militar en la Operación Tormenta del Desierto e iba a la escuela en el Fashion Institute of Technology (FIT), motivo por el cual su tiempo era el más flexible que el de todos nosotros y gracias a su disciplina militar siempre estaba atento a emplearlo de manera significativa. Entre todas nuestras idas y venidas, nos reuníamos todos en la casa y trabajábamos en la venta de nuestras camisetas y sombreros.

En esa época en que me di cuenta de que mi vida no llevaba un rumbo positivo, ni específico, decidí tomarme en serio lo que habíamos estado haciendo con FUBU. Comencé a levantarme con el sol cada mañana, dispuesto a coser y etiquetar por mí mismo un montón de sombreros. Despachaba de un día para otro cualquier pedido que recibiera. Los otros muchachos le dedicaban tiempo al negocio cuando salían a trabajar, pero yo permanecía allí casi todas las mañanas hasta eso del mediodía. Luego, me iba a Red Lobster y trabajaba hasta la medianoche y, cuando volvía a casa, todos nos sentábamos por un par de horas más a seguir haciendo sombreros y a organizar los pedidos. Esta rutina se prolongó durante casi tres años seguidos y, después de un descanso, la retomamos durante un par de años más, así que yo no era el único que estaba trabajando en el negocio. Carl y Jay también estaban allí conmigo, dedicándole tiempo entre turnos y clases. Incluso Keith, una vez que vio que teníamos una buena causa en marcha —que teníamos la oportunidad de establecer un buen negocio—, también estuvo allí, trabajando con el resto de nosotros. **No importaba a qué hora regresáramos a casa, ni a qué hora tuviéramos que irnos por la mañana, siempre había algo que hacer.** Nos las arreglábamos para que todos pudiéramos trabajar de acuerdo a nuestras fuerzas: el que era bueno en diseño, se encargaba de hacerlo y lo mismo ocurría con el que sabía coser, el que manejaba el marketing y así sucesivamente.

DIME CON QUIÉN ANDAS Y TE DIRÉ QUIÉN ERES

Cuando podía encontrar un momento libre para mí mismo (casi siempre, en el subway), y cuando no estaba ocupado releyendo el libro de Napoleón Hill, buscaba motivación a través de otras fuentes… libros, videos, cintas de audio. Supongo que esta fue mi versión de universidad. El fin de la década de 1980 y el principio de la década de 1990 fueron un gran momento para hallar inspiración, debido a que, al igual que muchas personas, intentaba mejorar mi vida sintonizando a todos estos gurús de la autoayuda. En ese momento, acababa de publicarse *The 7 Habits of Highly Effective People*, de Stephen Covey, y mucha gente todavía se sentía avivada por el trabajo de líderes como Jim Rohn y Dale Carnegie. En mi caso, me gustaron algunas de las ideas que encontré en los libros que Tony Robbins estaba publicando, especialmente, en *Unlimited Power*. Algo de lo que él siempre habló fue sobre cómo reflejamos el comportamiento de quienes nos rodean. Sabes, si pasas mucho tiempo con un grupo de perdedores, también empezarás a pensar y actuar como un perdedor. **Si pasa más tiempo con ganadores, desarrollarás una mentalidad ganadora.**

Tiene sentido, ¿verdad? En mi opinión, lo tenía, pero me tardé en darme cuenta de la forma en que mis inquilinos se comportaban y, como consecuencia, este mensaje de Robins no caló en mí tan rápido como me hubiera gustado. Si bien era cierto que mis amigos de FUBU eran una buena compañía, pues nos ayudábamos los unos a los otros y nos empujamos unos a otros a ir hacia adelante, también era cierto que algunos de mis inquilinos, algunos de los chicos al margen de nuestro grupo, observando las cosas desde el exterior hacia adentro... bueno, no siempre me era claro que podía confiar en que ellos hacían lo correcto. Durante un tiempo, tuve a un inquilino que estaba en el negocio de las bolsas de aire —decir que era un negocio es solo una forma de hacer que parezca que él hacía algo que no estaba violando la ley cada vez que hacía una "adquisición" o un "negocio"—. Lo que este tipo hacía era controlar el vecindario permaneciendo en busca de autos estacionados que estuvieran equipados con bolsas de aire. Cuando localizaba uno, irrumpiría en el volante y le quitaba la bolsa sin arrancarla, porque, por supuesto, una vez esta se desplegara, ya no servía.

Dato importante: Larry Page y Sergey Brin, de Google, se conocieron en un recorrido por el campus de Stanford, antes de siquiera haberse inscrito como estudiantes de esta alma mater. *La historia cuenta que, al principio, ellos no se llevaban muy bien que digamos, pero que, en esta única oportunidad, formaron una conexión que hizo que el mundo girara en un eje completamente nuevo, transformando las formas en que accedemos a la información en línea. ¿La lección? En las buenas compañías hay buenas oportunidades.*

Ahora, el tipo no se estaba adueñando de esas bolsas de aire solo por buscarse problemas. Las vendía en un mercado de artículos de segunda bastante fuerte. Los talleres de autos le pagaban un promedio de $100 dólares por cada bolsa de aire, la cual ellos venderían después por $200 o $300 dólares. Esto significaba que, si mi inquilino encontraba automóviles con bolsas de aire para el conductor, el pasajero y los dos paneles laterales, se ganaría $400 haciendo un trabajo en el que se demoraba, aproximadamente, cinco minutos.

Zafar esas bolsas de aire era todo un arte. Él nos mostraba cómo hacerlo y trató de reclutarnos para su operación, pero eso no era lo mío. No era así como mis amigos y yo nos apoyábamos, así que este tipo no se quedó entre nosotros mucho tiempo —no era nada divertido estar con él—. Y aunque hubo un tiempo, justo después de terminar la secundaria, en el que yo hubiera encontrado algo que admirar en ese traqueteo, en ese momento de mi vida, ya no estaba dispuesto a tomar esa clase de atajos. Ya tenía suficientes problemas tratando de poner en marcha a FUBU y no necesitaba problemas adicionales encima de *ese*.

Tony Robbins tenía razón: eres como la gente con la que andas y todavía pongo en práctica esa lección. Es por eso que todavía me relaciono con mis amigos de aquellos tiempos, pero también con multimillonarios, ejecutivos de *Fortune 500*, *millennials* expertos en tecnología y propietarios de pequeñas empresas que no conocen el significado de la palabra pensionarse. **Hoy en día, me relaciono con toda esta clase de personas, pero donde sea que esté, con quien sea que me encuentre, siempre hay algo que aprender.** Se me pegan los buenos hábitos de la gente a mi alrededor, sus rutinas positivas se vuelven mías, de la misma forma en que me gusta pensar que mis buenos hábitos y mis rutinas positivas también son contagiosos.

Algo que he notado es que parece haber una división generacional en la forma en que las personas exitosas invierten sus días. Por ejemplo, los ejecutivos más tradicionales de mi círculo siguen estando ligados al concepto de jornada laboral. Todo parece indicar que ellos piensan que entre más hayan logrado, entre más riqueza e influencia hayan acumulado a lo largo de su jornada diaria, más probabilidades habrá de que sientan que el final de su día laboral ya terminó. Para la mayoría de ellos, hay horas de trabajo y hay horas después del trabajo. Eso no significa que ellos dejen de pensar en cómo seguir conduciendo sus negocios hacia el éxito, pero es un hecho que ellos sí desconectan sus celulares cuando se dirigen a casa para pasar un tiempo con sus familias. En cambio, los empresarios más jóvenes no le prestan atención al reloj. Trabajan cuando pueden, cuando deben, cuando les da la gana —y en muchos casos, eso es, prácticamente, todo el tiempo—. Al igual que sus contrapartes de la vieja escuela, nunca dejan de pensar en qué más hacer para avanzar con su negocio, pero incluso cuando salen de la "oficina" se mantienen conectados, a menudo, de forma 100% activa.

Y hablando de estas diferencias generacionales, permíteme decir que una de las características que he notado con respecto a la gente más joven es que está cada vez más conectada a la idea de hacer el bien. Antes, el enfoque solía ser: "¿Qué has hecho tú por mí?". En cambio, hoy en día, el nuevo enfoque es "¿Qué has hecho tú a favor del planeta?". Entonces, aunque sus teléfonos estén siempre encendidos y ellos estén conectados de todas las formas posibles, la nueva generación de empresarios y líderes parece tener su mente y su corazón en lo correcto.

Otro rasgo que observo en gente que hace parte de mi vida y que se encarga de encender el fuego en otros —personas como Tim Ferriss y Jay Abraham, a quienes describí en mi último libro; también en Gary Vaynerchuk, a quien describo en este—, es una autenticidad que va más allá del trabajo en sí. Se trata de gente genuina y apasionada por su trabajo y, **cuando te apasiona tu trabajo, cuando realmente te parece que estás en la misión de mejorar la vida de quienes tienes a tu alrededor, tu labor es fácil.** No estás mirando el reloj, ni te preocupas más de la cuenta por cómo y cuándo te irán a pagar. Todo eso desaparece y tu único enfoque, tu única motivación, se convierte en una especie de pararrayos para nuevas ideas y estrategias —asimilas todo lo que puedas, tan rápido como te sea posible para luego compartirlo con el mundo.

Lo mismo es cierto con respecto a los empresarios que realmente creen en su producto. Se ven a sí mismos en una misión que servirá para cambiar el mundo, para mejorar la calidad de vida de las personas, para mantener a sus empleados trabajando... cualquiera que sea el caso. El hecho es que, también para ellos, lo esencial no es ir en busca de resultados, sino tener una empresa integrada. Están tan envueltos en la totalidad de la operación —desde la concepción hasta la ejecución, desde la venta hasta el cumplimiento—, que el hecho de ganar dinero se les vuelve secundario. Lo que los motiva es mantener empleadas a todas aquellas personas que trabajan para ellos, contribuir al mundo con lo que sea que están vendiendo, hacer crecer sus negocios; de esa manera, la *persistencia* que invierten al ir tras sus propósitos jamás les parece persistencia.

Últimamente, me gusta pedirles a las personas que trabajan para mí que se describan a sí mismas o a sus metas en dos, máximo, en cinco palabras. Hasta hace poco, mi respuesta a esta pregunta era: "Estoy en una búsqueda" —porque, bueno, eso es lo que me impulsaba y sigue siendo lo que me impulsa—. Sin embargo, desde hace poco, comencé a decirle a la gente que estoy "construyendo algo masivo". En el pasado, habría dado una respuesta diferente. Algo como "¡Muéstrame el dinero!" O "¡Conmigo no cuenten!".

El caso es que no cuesta trabajo hacer lo que amas, ni brindarle al mundo cosas buenas, ni crear oportunidades para otros. Eso es algo que no siempre pude ver durante mi escuela secundaria, ni tampoco después. Esa fue una conclusión a la que tuve que llegar con el paso del tiempo —y ahora que lo entiendo, es un mensaje que trato de transmitir cada vez que puedo—. No siempre es un mensaje fácil de asimilar, cuando estás esforzándote por obtener y mantener una ventaja, pero trato de recordarle a la gente el poder de la visión a largo plazo.

¡La pasión gana! Y si resulta que tu pasión también puede lograr un cambio significativo y convertirse en un negocio sostenible… bueno, entonces ya tienes con qué y cómo comenzar.

ARTÍCULO, ETIQUETA, MARCA, ESTILO DE VIDA

En mi segundo libro, *The Brand Within*, escribí sobre las cuatro etapas del desarrollo de la marca —*artículo, etiqueta, marca, estilo de vida*— y señaló que todos los diseñadores, minoristas y fabricantes buscan pasar por estas etapas a medida que hacen crecer su producto, su servicio, su empresa. No todas las empresas pasan por las cuatro, pero las exitosas logran atravesarlas todas. Omite una o comienza a buscar atajos y, en el largo plazo, tendrás que volver a ella. También compartí una lección similar en mi academia virtual en línea, "Daymond on Demand". El punto es que hay un ciclo de vida en cada carrera exitosa en los negocios. Lo que está de moda en una temporada no es tan popular en la próxima y es función de nuestros visionarios de vanguardia seguir revitalizando la marca para que las cosas sigan teniendo éxito. Lo mismo es válido para nuestra marca personal y para nuestra carrera individual. Todos tenemos algún tipo de fecha de caducidad a cuestas. Vuela demasiado cerca del sol durante demasiado tiempo y es seguro que te quemarás; vuela por debajo del radar durante demasiado tiempo y pasarás desapercibido; por lo tanto, encuentra el equilibrio adecuado entre volar lo suficientemente alto y a la velocidad correcta, y podrás quedarte allí para siempre.

Nuestra *persistencia* también tiene un ciclo de vida, porque muchas veces, cuando cambiamos de marcha y pasamos a una nueva fase en nuestras carreras, nuestra persistencia también cambia. Encaminamos nuestros días y nuestras rutinas a las nuevas demandas en nuestro nuevo entorno y cambiamos nuestros hábitos como una forma de prevenir las demandas que hayan de venir.

Verás, yo he tenido que redireccionar mi rumbo para seguir el ritmo de los cambios que han ido surgiendo a lo largo de mi carrera, ya que fui pasando de ser aquel chico inexperto que trataba de encontrar cada trabajo extraño con tal de sobrevivir, a vivir esa etapa veinteañera, con un puñado de sueños, de querer hacer algo grande en el mundo de la moda, coser camisetas y sombreros con mis amigos en cada minuto libre que tuviéramos para luego convertirme en este diseñador de moda urbano que habla de manera directa y que es real para los clientes de FUBU y después en el "tiburón de la gente", en este ejecutivo de la moda y empresario que sigue siendo real y apuesta por sus socios potenciales y que invierte en sus productos o servicios. Y, por cierto, no es que haya abandonado mi negocio principal, el que me ayudó a comenzar. Sigo siendo parte de FUBU, de la misma manera que Under Armour sigue haciendo prendas de atletismo y Amazon sigue vendiendo libros.

Entonces, sí, mi marca ha evolucionado y, junto con ella, también mi persistencia. **En muchos sentidos, estoy trabajando más duro ahora que nunca.** Mi *persistencia* se ha convertido en parte de mi marca, de mi estilo de vida. Es quien soy. Y no soy el único tiburón que se siente así. Mi gran amiga Barbara Corcoran me dice que no recuerda algún momento de su vida en el que haya trabajado tan duro como ahora, ni siquiera cuando estaba lanzando el negocio de bienes raíces que le dio tanta reputación y fortuna.

Dato importante: Según Global Business Travel Association, los estadounidenses realizan alrededor de 488 millones de viajes de negocios cada año, *Últimamente, ha estado comenzando a parecer que yo soy el responsable de, por lo menos, la mitad de esos viajes —todo ese es el tiempo que he estado pasando fuera de casa, lejos de mis zonas de confort y de mis rutinas.*

Sin lugar a duda, he trabajado mucho en el pasado, pero nada se compara con el ritmo de trabajo que tengo en este momento, pues vivo viajando un par de cientos de días por año. Voy a Las Vegas, Sídney, Hong Kong, París, Cincinnati… es decir, donde sea que haya un negocio o un grupo que quiera invitarme a hablar sobre emprendimiento u oportunidades de pequeños negocios, allá estoy. Y como te diría cualquiera que viaja por negocios, la carretera se las arregla para poner a prueba tu persistencia.

Sí, estoy trabajando *fuerte*, pero he ganado algo de dinero en el camino, así que puedo darme el gusto de viajar con estilo. La primera vez que mis hijas y yo fuimos a Las Vegas a ver el MAGIC Show —una feria comercial que es clave en la industria de la moda y durante la cual recibimos nuestros primeros pedidos importantes para FUBU—, tuve que luchar tratando de encontrar cupo entre un montón de vuelos en espera. (¡Hasta le pedí ayuda a mi madre, que trabajaba en American Airlines en ese momento!). Para ahorrar dinero, nos instalábamos en una pequeña habitación de hotel que también se convertía en nuestra sala de exposición. Por fortuna, esos días ya pasaron y ahora me estoy quedando en bonitas habitaciones de hotel o en las casas de estilo de Airbnb en la playa, pero aún sigue siendo agotador estar lejos de casa y vivir con una maleta para un lado y otro por largo tiempo. La diferencia en cuanto a cómo son las cosas para mí hoy en día es que la mayoría de las veces puedo programar mis viajes de acuerdo con lo que sea que esté sucediendo. Lo que quiero decir con esto es que, por ejemplo, ahora tengo la ventaja de poder estar en casa para el cumpleaños de mi hija eligiendo un vuelo que me permita pasar un par de horas con ella antes de que se vaya a dormir y yo tenga que salir de viaje o sino tomo un vuelo para estar en casa cuando ella se despierte por la mañana.

He llegado al punto en que mi horario me pertenece y no yo a él —una diferencia esencial de la cual disfruto solo desde que tengo éxito—. En realidad, me he esforzado mucho y creo que ya pasaron aquellos días en que la mayor parte de mi tiempo la pasaba en los aeropuertos haciendo varias conexiones con tal de ahorrar un par de dólares en los vuelos o buscando el motel más económico que estuviera disponible en las afueras de la ciudad.

Pero es por eso que *persisto* **y continúo persistiendo —presionando cada vez más para avanzar cada vez con más tenacidad hasta conseguir llegar a tal nivel que me permita suavizar un poco la marcha, lo cual haría que fuera un poco más fácil seguir avanzando**—. Así que, a medida que escribo estos pensamientos, recuerdo dónde estaba cuando apenas comenzaba y trato de tener esa perspectiva en mente a la vez que analizo dónde estoy hoy y hacia dónde me dirijo.

SOPESA TUS TEMORES

Quítate el peso de la preocupación

—Gary Vaynerchuk
Emprendedor en serie, experto en marketing, influencer, símbolo de dinamismo

UNO DE LOS GRANDES beneficios secundarios de estar en un programa como *Shark Tank* es la forma en que este escenario me abrió la puerta para reunirme con algunas mentes líderes en tecnología e innovación. Fue a través de esa puerta abierta que conocí a mi amigo Gary Vaynerchuk, una de las personas más inteligentes que he tenido la suerte de conocer.

Gary tiene sus ojos puestos en casi todo. En primer lugar, es uno de los influencers más perspicaces y reconocidos de las redes sociales, con casi cinco millones de seguidores en Facebook, Twitter e Instagram combinados. Pero no es solo la *cantidad* de personas que se conectan a lo que dice Gary en línea; es la *cali-*

dad, porque sus seguidores también tienden a ser influyentes, lo cual hace que el nivel de su compromiso sobrepase el techo. En esencia, lo que eso significa es que, cuando Gary publica algo, muchos de sus contactos detienen lo que están haciendo en ese preciso momento para enterarse de su contenido y pensar en ello de manera significativa —y, por lo general, ese pensamiento los conduce a algún tipo de acción relevante que a su vez conlleva a alguna *reacción* también significativa—. De eso se trata la capacidad de influenciar, ¿no es así?

Sin embargo, la influencia de Gary no termina en las redes sociales. También es un autor generador de megaventas. ¡Quizás, hayas leído *Crush It!* o *Jab, Jab, Jab, Right Hook*, dos de mis libros de negocios favoritos de todos los tiempos. Tal vez, lo hayas visto hablar en alguna conferencia tecnológica global o te hayas registrado en su vlog diario para conocer sus ideas y estrategias. Quizá, también lo hayas visto en el reality show *Planet of the Apps*, de Apple TV, con Jessica Alba, Gwyneth Paltrow y will.i.am —una especie de *Shark Tank* para desarrolladores de aplicaciones.

A través de su compañía, VaynerMedia, Gary asesora a decenas de compañías de *Fortune 500* sobre estrategias digitales y de los medios sociales, por lo cual tiene sus huellas digitales impresas en casi todos los rincones de internet, en casi todas las plataformas y en casi todas las industrias —ya sea que las veas o no—. Sus notorias sesiones de "improvisación" en el evento South by Southwest de cada año son destacadas —ahí es cuando se pone su sombrero de empresario y hace estas increíbles sesiones con altos ejecutivos de empresas de vanguardia y todos ellos se sientan a su alrededor a recibir estas fantásticas nociones sobre las próximas innovaciones en tecnología y comercio y sobre las tendencias en las redes sociales—. Realmente, su alcance es increíble —y además, se mueve como a un millón de millas por minuto.

La historia de fondo de Gary es tan sorprendente como la historia central que sus millones de lectores y seguidores tanto admiran. Nació en la Unión Soviética y emigró a los Estados Unidos con su familia cuando tenía solo dos o tres años de edad. Al principio, toda la familia se vio atrapada en un apartaestudio en Queens, ¡nueve personas en total! Y, a partir de esos humildes comienzos, de alguna manera, él desarrolló la ética de trabajo duro que aún impulsa sus días. Un par de años más tarde, cuando su familia se mudó a los suburbios de Nueva Jersey, Gary comenzó su primer negocio: un puesto de limonadas. (¡Ese es el Sueño Americano, querido lector!). Sin embargo, para Gary, ese no era solo un pequeño negocio. No, él le ponía todo el entusiasmo del caso y además cuidaba muy bien sus ganancias. Eso era esencial para él. Cuando hacía buen tiempo, no paraba de trabajar hasta que hubiera ahorrado un par de cientos de dólares; luego, comenzó a ganar aún más dinero vendiendo tarjetas de béisbol — porque… bueno, ¿por qué no? —. Cuando tenía 14 años, trabajó en el negocio minorista de vinos de su familia —un negocio al cual le cambió de marca y lo reinventó cuando salió de la universidad.

Fue entonces cuando Gary se dio a conocer e hizo nombre en la industria del vino, después de transformar la compañía, ahora llamada Wine Library, en una empresa de $60 millones, principalmente, al aprovechar el poder emergente del comercio electrónico. Dejaré a un lado los detalles de su asombroso ascenso para convertirse en uno de los principales inversores ángeles de la tecnología y en una voz innovadora en el marketing digital, pues esa es su historia. Lo que yo quiero es contar una historia diferente, una que realmente narre sobre cuál es la esencia de lo que lo mantiene esforzándose y persistiendo con tal de triunfar.

Si permanecieras el tiempo suficiente en compañía de Gary, te aseguro que llegarías a un punto en el que nada de lo que este tipo haga o diga o ponga en movimiento te sorprendería. Gary habla de manera directa, dice lo que se necesita decir en lugar de lo que la gente podría querer escuchar y es uno de esos tipos que cree que todo es posible. Entonces, cuando él comienza con un tema, ya sabes que debes esperar lo inesperado. Y sin embargo, cuando nos sentamos a hablar sobre las ideas de este libro, sus respuestas me impactaron.

La pregunta sería: ¿qué motiva a un motivador de clase mundial como Gary Vaynerchuk? Bueno, a él no le gusta hablar de eso, pero se sinceró conmigo en uno de mis charlas de salón en Blueprint + Co, el nuevo espacio de trabajo conjunto que abrí en Manhattan en febrero de 2017. Gary resultó ser el primerísimo personaje al que invité y le pedí que hablara muy específicamente sobre la forma en que él organiza sus días —sabiendo que los 200 empresarios apasionados y motivados en la audiencia estarían pendientes de cada una de sus palabras.

Comencé de la forma más básica posible: "Cuéntame qué hiciste esta mañana cuando te levantaste".

Lo interesante de este ejercicio es que Gary quiso decírmelo con toda franqueza, dado que se trataba de darle respuesta a una simple pregunta sobre sus rutinas diarias. La mayoría de las personas, cuando les preguntan cómo comienzan su día, te informarán sobre su entrenamiento matutino o te describirán lo que les gusta desayunar. Tal vez, mencionen todos los blogs y periódicos que leen y a las personas con las que se comunican en las redes sociales. Pero no Gary. A partir de esta pregunta abierta de tipo softbol, él me dio una de las respuestas más personales y valientes que he escuchado de alguien en un entorno público. Podría haber ofrecido una respuesta fácil, extraña, porque estoy seguro de que le habrán hecho infinidad de veces diversas versiones de esta misma pregunta y sé que también habrá habido sabiduría en sus respuestas, además de experiencia y hasta un comentario jocoso o dos. Pero en cambio, él se fue por otro lado.

Me parece que aquí debería hacer una advertencia: su respuesta fue bastante oscura, lo que me sorprendió un poco, porque él emite una energía muy positiva, pero la gente en la sala estaba tan conmovida con lo que dijo, que quiero compartirlo contigo.

"DE GRATITUD Y PERSPECTIVA —¡DE ESO SE TRATA, DAYMOND!"

"La única rutina en mi vida", comentó, "es que todavía tengo pesadillas. Solía tenerlas cuando era niño, pero había una pesadilla recurrente: que mi familia y yo volábamos de regreso a Bielorrusia y el avión se estrellaba. En cada una, sobrevivían distintos miembros de mi familia, casi siempre, entre uno y tres. Estaba muy oscuro, muy inquietante. Los padres de hoy en día, si detectan que su hijo está teniendo esta misma pesadilla de manera recurrente, buscan ayuda profesional para ver qué le pasa. Debo haber tenido ese sueño unas 50 veces, desde que estaba en segundo grado de primaria hasta que empecé la secundaria. Todo era muy claro para mí en aquel sueño. Éramos uno o dos o tres de nosotros los que sobrevivíamos a este horrible accidente y caminábamos por entre la nieve. Era algo muy, muy raro".

Y prosigue: "Nunca había hablado de esto antes, pero me hiciste esta pregunta de una manera muy interesante. **Quieres saber cómo empiezo mi día y también querrás saber cómo lo termino. La respuesta es la misma: perspectiva y gratitud.** Es así desde que empecé a tener estos sueños en mi niñez y hasta el día de hoy. Perspectiva y gratitud, eso es lo que me impulsa. De eso se trata. Cuando me despierto a iniciar el día, me obligo a pensar como solía hacerlo después de todas y cada una de estas pesadillas. Mañana tras mañana, simulo que mi madre o mi esposa o uno de mis hijos han muerto. Lo hago todos los días. Lo hice justo hoy. Dejo que mi mente vaya a este oscuro lugar y experimento lo que sentiría si esto sucediera. Por la noche, cuando me voy a dormir, hago lo mismo. Y no es una imagen que solo pasa por mi mente y se difumina, sino que permanece en mi pensamiento. Es decir, no solo se registra y luego desaparece. No, llena todo mi cuerpo. ¿Cómo sería si mi hijo de cuatro años fuera atropellado por un automóvil al cruzar la calle? Me obligo a pensar de esta manera, a sentirme así. Pero estoy muy en sintonía conmigo mismo cuando hago esto. Y te garantizo, si estás en contacto con tus sentimientos, y si eres capaz de autoengañarte para llegar a sentirte de esta manera, realmente duele. Me conmuevo hasta las lágrimas por el simple hecho de hablarte de eso ahora, pero si te permites ir allí, llegas al lugar donde nada más importa, pues esa experiencia hace que todo lo que veas en perspectiva sea vital en tu vida".

¡Guau! Me emocioné mucho cuando escuché ese relato, porque nada importa en este mundo si no recordamos lo que es importante para cada uno de nosotros, ni de dónde venimos; nada importa si no encontramos una manera de dar gracias por las bendiciones que recibimos.

Déjame decirte que Gary no fue el único que se quebrantó cuando dijo esto. Yo estaba sentado a su lado en el escenario e intentaba no llorar frente al auditorio, pero podía ver a la gente en la audiencia limpiándose los ojos, tratando de procesar lo que escuchaba.

Una experiencia bastante significativa, ¿no crees? Es decir, ¿quién hace *eso*? ¿Quién se pone por voluntad propia en ese tipo de actitud para comenzar cada día? ¿Quién piensa en convocar a sus miedos más profundos y oscuros, mirarlos y enfrentarlos de una manera tan determinada? Un rato después, y sin quererlo, estaba tratando de imaginar esa misma pesadilla con mi propia familia y no logré hacerlo. Justo allí, en el escenario, mientras Gary compartía este desgarrador ejercicio mental y emocional, traté de evocar estas imágenes horribles y, al instante, las arranqué de mi cabeza. Era demasiado doloroso pensarlo, demasiado deprimente... demasiado escalofriante... demasiado... tú me entiendes.

Pero Gary Vaynerchuk no opina lo mismo. Cada día, él va a este lugar oscuro como una manera de mantenerse centrado y enfocado, para aprovechar esos sentimientos de gratitud y perspectiva que brotan de su experiencia. **Más que cualquier otra cosa, esta práctica que le ayuda a mantener presente la realidad de la mortalidad humana es el aliciente que le genera persistencia, que lo mueve, lo define y lo impulsa.**

"Creo que necesitas saber cómo respirar", explica. "Y esto me ayuda a respirar. Mi familia me hace respirar. La salud de mi familia, eso es grande para mí. La verdad es que tres de mis cuatro abuelos murieron antes o justo después de que yo naciera. Nunca los conocí. Tenemos una familia pequeña, así que no he tenido que enfrentar una gran cantidad de muertes, no de personas cercanas a mí y creo que tengo curiosidad por saber cómo voy a reaccionar cuando eso empiece a suceder. Tal vez, esta sea mi manera de hacerlo, experimentando ese dolor y lidiando con esa realidad".

Dato importante: ¿Sabías que, a sus tres años de edad, Pablo Picasso sobrevivió a un devastador terremoto en Málaga, España, y se mudó con una familia a una cueva cercana mientras la comunidad se recuperaba? *Su hermana menor nació en esa zona y menciono este hecho como un recordatorio de que, a veces, un trauma infantil puede ofrecerle toda una vida de inspiración a un sobreviviente y, en casos excepcionales, puede hasta generar una fuente de genio o creatividad.*

Luego, durante un rato, después de que hablamos, traje a mi mente esta idea de encender una luz frente a nuestros miedos más profundos y oscuros para ver lo que hay allí en ese instante. Intenté someterme a ese ejercicio un par de veces, solo para ver de qué se trata y qué es lo que motiva a Gary y lo mantiene esforzándose, pero no tuve el estómago, ni el corazón para hacerlo. Oh, se me rompía todo por dentro de solo pensar de esta manera.

Bueno, no *todas* las estrategias funcionan para *todas* las personas, ¿verdad? Eso es lo que nos hace individuos —cada uno tenemos nuestra propia manera de funcionar—. Sin embargo, a pesar de que el enfoque de Gary no fue para mí, creo que entiendo qué es lo que contienen estos pensamientos oscuros que pueden empujar a una persona hacia adelante. Tal vez, con alguien como Gary V., se reduce a la sensación de estar en control. Él siempre está diciéndome que el aspecto comercial ya no es un problema en su vida. "Soy un león en los negocios", opina. "Siempre tendré éxito en ellos". De eso no hay duda. Sin embargo, lo que lo *desvela* algunas noches, lo que le quita el sueño, es la parte de su vida que él no *puede* controlar —y que ninguno de nosotros puede— y es la que tiene que ver con la salud y el bienestar de su familia y de las personas cercanas a él. Supongo que esta es solo su forma de enfrentar la situación, porque si bien es cierto que no tiene el poder de evitar una tragedia o un desastre horrible, lo que sí puede es prepararse para cualquier tristeza que se le presente. La angustia que, inevitablemente, nos golpea a todos, esa es la gran incógnita —así que, cuando él pasa unos momentos pensando de esta manera cada mañana al despertar y cada noche antes de dormir, se está preparando para lo peor y se reconecta con la idea de que es capaz de manejar cualquier cosa que se le presente… *cualquier cosa.*

ENTENDIENDO LA ECUACIÓN

Para mí, **lo que hay por aprender en este caso es que hay un lado positivo de las emociones que consideramos puramente**

negativas —como el miedo, la preocupación o la tristeza—. *El peso de la preocupación* al cual me refiero en el título de esta sección es el peso que Gary se obliga a cargar cada día mediante estos pasos difíciles que él da al comienzo y al final de sus días. Esa es una preocupación que lo fortalece, afirma él, y que continúa fortaleciéndolo a medida que él sigue trabajando ese mismo músculo. Es allí donde alguien como Gary se siente vivo y respira, cuando está frente a esos momentos fatídicos. Ahí es donde él sobrevive y prospera, recordándose a sí mismo de esta manera tan esencial para él que nada puede herirlo si es capaz de aprovechar la gratitud que siente por el amor y las bendiciones de su familia, así como la perspectiva que obtiene al comprender lo pequeño que se vuelve todo lo demás en comparación a eso que le da la vida.

La otra cara, el lado positivo, es un paseo para alguien como Gary Vaynerchuk. Para él, todo consiste en mantenerse enfocado en lo fundamental.

"¿Sabes quiénes me hablan sobre la prisa y de cómo encontrar el equilibrio adecuado en sus vidas?", me pregunta. "La gente que no es feliz, la gente que hace las cosas demasiado complicadas. Aquellos que quieren que su negocio sea más grande o ganar más dinero, pero luego se quejan de que no están dedicándoles el tiempo suficiente a sus familias. ¿Mi respuesta a eso? 'Pasa más tiempo con tu familia'. Me dicen que quieren que su negocio crezca. ¿Mi respuesta a eso? 'Trabajo duro. Invierte tiempo en esa meta'. Esta es una cuestión binaria y también básica".

Aquí, una vez más, el mensaje central está enfocado en la perspectiva. "Yo tiendo a irme a los extremos", explica Gary. "La gente habla todo el tiempo sobre encontrar un equilibrio entre la vida laboral y familiar, pero ese equilibrio no es el mismo para todos y es diferente en las diversas etapas de tu vida".

Lo que él quiere decir con eso, creo, es que no hay una fórmula establecida. Más bien, **es fluida e individual**. Pero sea cual sea el balance, es útil si eres alguien como Gary, que se las ingenia para realizar el trabajo de una semana en un solo día. Ese tipo de actitud es el que te ayuda a ver la vida en definición ultra alta y a moverte a un millón de millas por hora, con el volumen al máximo, como lo hace él. Gary es un líder que anima a quienes trabajan para él y junto a él a escuchar música durante el día... con el volumen en *alto*. Esa es una forma de aumentar la energía y mantener las cosas andando. Y si vas a cualquiera de los lugares donde él tiene sus negocios, al principio, pensarás que estás en un club. Encontrarás sonido y furia —una mezcla salvaje—. Bueno, están pasando muchas cosas nuevas en las oficinas de Shark Group, donde ahora permanezco la mayor parte del tiempo cuando estoy en Nueva York. También allí hay música, pero no estamos ni cerca del nivel al que a Gary le gustar operar.

Otro ejemplo: él es un genio de las multitareas. Quizá, hasta ni siquiera las considera multitareas, porque se las ingenia para integrarlo todo. No le ve problema alguno al hecho de volar atravesando el país para asistir a una sola reunión, pues usará ese tiempo de vuelo para leer, escribir y ponerse al día con sus comentarios en las redes sociales.

El punto es que Gary sabe cómo *persistir*. Y tal vez, es debido a su ética de trabajo incansable que no siente mucho amor que digamos por las personas que piensan que este o aquel trabajo es poca cosa para ellas. Recuerda, este es un chico que salió y promocionó su vino imprimiendo sus propios volantes y recorriendo el Short Hills Mall de Nueva Jersey colocándolos debajo de todos los limpiaparabrisas de los autos estacionados allí.

"La gente de hoy es demasiado vanidosa", me dice. "Mírate en el espejo. Si tienes ambiciones y ganas de triunfar, eres un tipo con aspiraciones. Pero si crees que eres tan grande y tan importante como para hacer determinados trabajos, entonces, eres un vanidoso. Si ves que necesitas hacer algo y se lo asignas a otra persona en lugar de hacerlo tú mismo, eso es ser vanidoso. Así que esa es otra cosa que les digo a las personas que no necesariamente quieren escuchar. Dejen de ser tan vanidosas".

Luego, continúa: **"Y deja de ir de un lado a otro diciéndole al mundo lo duro que trabajas y qué tan eficiente eres, porque te veo. Te *vemos.* Hay fotos tuyas en Instagram jugando ping-pong a las 4:30 pm., así que no me cuentes sobre lo duro que es tu ajetreo.** La gente no entiende qué es un verdadero ajetreo. En mi caso, yo me tomé un descanso a mis 20 años. Uno para toda la década. Y no estoy diciendo eso para jactarme, ni para dar a entender que debí haber tomado uno o dos todos los años. Eso lo sé, pero no vengas a impresionarme con lo que para ti es 'ajetreo'".

Suficiente, Gary. ¡Suficiente!

Lista de verificación de la persistencia de Gary

- ✓ Tómate un tiempo cada día para apreciar lo que tienes y de dónde vienes…
- ✓ Enfrenta tus miedos. Ese truco mental que Gary juega consigo mismo todas las mañanas es quizá demasiado oscuro, demasiado doloroso para que muchos de ustedes lo intenten en casa, pero podrías ajustarlo un poco y obligarte a pensar en cuál sería el peor de los escenarios que te esperan en tu carrera o en tu negocio…
- ✓ ¡Practica el malabarismo! Básicamente, lo que esto significa es que debemos aprender a caminar y a masticar chicle al mismo tiempo, pues no hay suficientes horas al día para hacer todo lo que quisiéramos si intentamos hacerlas una por una…
- ✓ Delega bajo tu propio riesgo. Si deseas conectarte de una manera genuina con tu audiencia o tus clientes, no deberías cederle tu trabajo a otra persona, ya que la gente ve a través de ti…

✓ El equilibrio entre la vida laboral y personal es una cuestión de perspectiva. No es el mismo para todos... todos nos movemos a diferentes ritmos, vivimos a diferentes velocidades, ponemos nuestra música a diferente volumen...

✓ No te digas a ti mismo que un trabajo o una tarea está por debajo de tu nivel...

✓ Recuerda contar siempre tus bendiciones, pero teniendo en cuenta que no siempre puede contar con ellas...

PAGA
TUS DEUDAS

—Brian Lee

Emprendedor en serie, pionero "honesto"

ME DIRIJO A PERSONAS como yo, que crecieron con la mentalidad de vivir de cheque a cheque. Sin importar si esta forma de pensar les fue transmitida por sus padres y abuelos, ni si ellos llegaron a ese punto por su cuenta... lo cierto es que los encasillados del mundo con respecto a su trabajo son el tipo de personas con el que me encanta trabajar. No tengo nada en contra de todas esas buenas personas que nacieron en medio de comodidades, dinero, privilegios y diversidad de oportunidades, pero ellas parecen estar hechas de un material diferente al de nosotros, los que venimos de comienzos más modestos. ¡Solo digo! Incluso si fuéramos capaces de conectarnos a la hora de hacer un negocio o de encontrar un terreno en común en un entorno social, siempre hay una desconexión cuando se trata de cómo empezamos.

La cuestión es esta: cuando la gente sale de ese tipo de trasfondo difícil, tiende a no tener ese impulso que se requiere para alcanzar el éxito, incluso después de haberlo conseguido más allá de sus sueños más salvajes.

En mi último libro, *The Power of Broke*, pasé mucho tiempo observando las diversas formas en que nos esforzamos para triunfar cuando no tenemos otra opción que esa —en el poder que encontramos en la desesperación—. Me da la sensación de que necesitamos estar acorralados contra el muro, sin para dónde ir, para descubrir la voluntad y los medios que se requieren para salir al otro lado y obtener el tan añorado éxito. Eso no significa que no puedas encontrarlos si provienes de un trasfondo que te brindó comodidades y ventajas; solo significa que la desventaja no es, necesariamente, un factor decisivo —pues si juegas tus cartas bien y con inteligencia, encontrarás una manera de convertir tus dificultades en bienes y activos.

Al fin de cuentas, lo que no te mata, te hace más fuerte, ¿verdad?

Todo esto me lleva a mi amigo Brian Lee, un empresario tremendamente exitoso del que tal vez nunca habrás oído hablar, aunque te apuesto que sí conoces las compañías en las cuales él comenzó. Brian es el visionario detrás de LegalZoom y ShoeDazzle, y junto con la actriz Jessica Alba lanzó The Honest Company, una línea muy exitosa de productos para el hogar que está basada en el concepto de consumismo ético —que significa que solo te venden productos holísticos y naturales que sean buenos para ti.

Más adelante, te contaré sobre todo eso, pero por ahora, echémosle un vistazo a la historia de fondo de Brian, pues es ahí donde creo que están nuestros verdaderos puntos de conexión. Cuando Brian era solo un niño, sus padres vinieron a este país desde Corea del Sur. Llegaron con dos niños, dos maletas y $500 dólares, decididos a comenzar una nueva vida para su familia— la versión clásica del Sueño Americano.

"Mi padre comenzó verdaderamente desde cero", cuenta Brian. "Comenzó trabajando en una fábrica de muebles durante el día y recogía naranjas por la noche. Era una rutina muy pesada. El hecho es que, durante toda mi infancia, vi a mi padre levantarse a trabajar y a esforzarse por nosotros. Su ejemplo me impactó".

Brian cree que el anhelo empresarial de su padre lo motivó, así como su inquebrantable ética de trabajo. Él observó a su padre esforzarse y sudar para lograr darle una mejor vida a su familia y lo vio pasar de esa mentalidad de cheque a cheque a, finalmente, establecerse y construir un negocio. Además, aprendió de su ejemplo algunas de las cualidades que él necesitaría para hacer lo mismo y, con el paso del tiempo, a medida que crecía, lo iba poniendo en práctica; al principio, al estilo de los niños pequeños, como en Halloween, cuando llegaba a casa después de recoger dulces; los amontonaba de a cuatro en una bolsa Ziploc y, al día siguiente, se los revendía a los niños en la escuela por $0,25 centavos.

"Con ese dinero solía comprar tarjetas de *Star Wars*", recuerda. "Siempre intentaba poner en práctica alguna idea que me sirviera para ganar algo de dinero y buscaba la forma de crear algo de la nada".

SALTE DE TU CÓDIGO POSTAL PERSONAL

Venderles dulces a los niños el día después de Halloween es un poco como venderles hielo a los esquimales, pero Brian encontró una manera de hacer que su idea le funcionara —y así se encaminó hacia una racha empresarial que lo llevó directo a una carrera ganadora—. Sin embargo, le tomó tiempo y fue entonces cuando comenzó a pensar que nunca igualaría el éxito de su padre. Verás, cuando Brian se graduó de la escuela secundaria, su padre dirigía una de las fábricas de acero inoxidable más grandes del mundo y se imaginó que Brian lo seguiría en ese negocio, pero Brian tenía un pensamiento 100% diferente: quería ser rapero.

Tengo que ser sincero. Cuando Brian me compartió este pequeño detalle, casi me deja sin aliento. Estoy seguro de que tenía algunas habilidades, aunque quizá no se le notaban, lo cual solo sirve para mostrarnos que no podemos juzgar un libro por su portada. **Quizás, estés destinado a hacer algo o hayas sido llamado a un cierto tipo de trabajo que, a primera vista, parecería estar 100% fuera de tu código postal personal, pero eso es lo que hace que este país sea genial,** que tienes la oportunidad de lograr cualquier cosa, soñar cualquier cosa, *convertirte* en cualquier cosa… incluso en un rapero asiático. No eran muchos los raperos asiáticos en la década de 1980, pero Brian se inspiró en Kool Moe Dee y en mi amigo LL Cool J, y esta vida que ahora lleva es la que él se imaginó para sí mismo y por eso la buscó. No puedo hacer nada distinto a respetar su sueño, junto con el hecho de que Brian no se detuvo en el color, ni en la raza cuando se trató de hacer música. Él no podía entender por qué debía tener en cuenta estas cosas desde antes de siquiera intentar darse una oportunidad en el medio musical.

Lo único es que las cosas no le funcionaron exactamente como él las había planeado. "Les dije a mis padres que no quería ir a la universidad y esa fue una época de grandes problemas", afirma. "Cuando les dije que me iba a mudar a Nueva York para convertirme en rapero, mi padre me dijo que nadie iba a escuchar a un rapero asiático".

Su padre tenía razón, por supuesto, pero a Brian le tomó un tiempo concedérsela —seis meses, de hecho—. Ese fue el tiempo durante el cual él y un amigo trataron de darse a conocer en Nueva York. Llegaron tan lejos como para hacer su propio *mixtape* y situarse frente a todos los edificios de la industria musical que pudieron identificar en Midtown con el fin de poner su grabación en las manos de todas las personas que entraran y salieran de esos edificios durante el día entero. Aquella no fue exactamente una estrategia ganadora, pero ellos se mantuvieron firmes —y aun así, no consiguieron su propósito de darse a conocer de esa forma.

Mirando hacia atrás, Brian ve este viaje a Nueva York como una experiencia formativa, pues aprendió a fracasar desde el comienzo —una de las lecciones que trato de enseñar cuando hablo con aspirantes a empresarios—. **Solo eres tan fuerte como las formas mediante las cuales te has fortalecido.** Y en el caso de Brian, resultó que las cosas *no le funcionaron*. Sin embargo, él era lo suficientemente joven como para reinventarse y volver a empezar. Hacer esto no es gran cosa cuando tienes poco más de 20 años y apenas estás empezando, pero tal vez es difícil de hacer cuando ya eres mayor, tienes una hipoteca que pagar, bocas que alimentar y tratamientos de ortodoncia de tus hijos por cubrir.

Seis meses más tarde, Brian estaba de regreso en California, dispuesto a cumplir con los planes que sus padres tenían para él con respecto a ir a UCLA. Estudió economía empresarial y, a medida que se acercaba su graduación, decidió ingresar a la escuela de derecho, no porque quería ser abogado, sino porque pensó que otros tres años de universidad le darían tiempo para descubrir qué era lo que en verdad anhelaba hacer. Además, la época universitaria había sido tan divertida, que supuso que la escuela de leyes postergaría su fiesta.

"Esto va a sonar terrible", confiesa, "pero nunca tuve una fuerte ética de trabajo mientras estuve en la escuela. La tengo hoy, ya fuera de ella y es bastante fuerte. La cuestión era que no me sentía tan interesado en el contenido de las materias. Había algunas que me encantaban, pero eran muy pocas. Más me interesaba lo que estaba sucediendo fuera de la escuela".

(Ya sabes, paso gran parte de mi tiempo hablando en los campus universitarios y me parece sorprendente la cantidad de veces que escucho lo mismo de los estudiantes de hoy. Por eso es que siempre pienso que deberíamos hacer un mejor trabajo para adaptar los currículos a lo que los estudiantes realmente quieren hacer cuando salgan de la escuela.)

Brian no se inscribió a muchas escuelas de derecho, eso sí. Solo a una —a UCLA, donde conocía el terreno—. Felizmente, ingresó y, tres años más tarde, cuando todos sus amigos de la facultad de derecho se estaban vinculando a trabajos bien remunerados como asociados de primer año, él pensó que también lo intentaría. Así que se inscribió en un bufete de abogados importante y, como él mismo dice, "casi me pego un tiro en la cabeza".

Dato importante: The Small Business Association considera que cualquier compañía con menos de 500 empleados es una empresa "pequeña". *Por esa razón, más del 99% de las empresas estadounidenses se encuentra en esta categoría —un porcentaje bastante alto, pero es un recordatorio de que la gran mayoría de nuestras empresas sigue siendo ágil y capaz de adaptarse a los cambios en el mercado.*

Brian recuerda que sus colegas eran increíblemente inteligentes y talentosos, pero él no lograba encontrar ninguna alegría en su trabajo. Me da la impresión de que más bien se sentía como si estuviera allá en el campo, recogiendo naranjas como su padre, tan solo para ganarse el sustento diario. Para él, ese era un trabajo duro —una simple *rutina*, pero sin ninguna alegría—. Aun así, permaneció allí durante un par de años, pues le costaba trabajo desistir de un salario decente, pero durante todo ese tiempo, estuvo pensando en una estrategia de salida, en otra cosa que pudiera hacer y que lo hiciera sentirse satisfecho, lleno de energía y propósito a medida que se establecía.

Aquí es donde la historia de Brian se vuelve un poco confusa, así que te pido que prestes mucha atención. Uno de sus mejores amigos de la escuela de derecho estaba trabajando en el centro de Los Ángeles. Su nombre era Brian Liu — ¿Entiendes a qué me refiero con eso de que su historia se vuelve confusa?—. Los dos Brians se reunían casi todos los días para almorzar y planear maneras de escapar del mundo del derecho corporativo, — ¡un ejemplo clásico de dos aspirantes a empresarios que toman las cosas a la ofensiva!

"Cada vez que nos juntábamos, coincidíamos en que tenía que haber algo más que pudiéramos hacer", comenta Brian. "La primera idea que se nos ocurrió fue un emprendimiento al que llamamos LawGarden.com. Seríamos un grupo de abogados que se quedarían en casa y estarían disponibles para responder preguntas en línea a $0,99 centavos por minuto. Esa era la idea, solo que nunca tuvo éxito porque había muchas barreras legales en términos de poder ofrecer asesoramiento legal en los 50 Estados. Simplemente, no era una idea viable, pero nos llevó a empezar a pensar que esas barreras no existirían si solo nos dedicábamos a crear documentos legales".

Ese fue el comienzo de LegalZoom. Lo que él y el otro Brian habían descubierto era el poder y el alcance del fenómeno conocido como World Wide Web. Habían encontrado una forma de hacer testamentos, fideicomisos y otros documentos legales estándar disponibles en esta nueva cosa llamada Internet. Recuerda, esto sucedió a fines de la década de 1990, cuando las personas todavía estaban renuentes a compartir información personal en una computadora, cuando no existía tal cosa como la banca en línea, cuando casi nadie estaba pensando en el cifrado, ni en los firewalls, ni en los problemas de robo de identidad.

Uno de los mayores desafíos a los que se enfrentan los innovadores como Brian es al de lograr que sus posibles clientes entiendan su producto o servicio, pero antes de que ellos puedan si quiera *comprender* lo que intentas venderles, tú ya debes tenerlos en tu radar, bajo la mira. Ese fue el gran obstáculo que enfrentamos cuando lanzamos FUBU —podíamos tener los diseños más modernos, pero si la gente no sabía de la existencia de nuestra ropa, no lograríamos mayor cosa—. En nuestro caso, logramos contactar a LL Cool J, quien también era de Hollis, Queens, y ya era una superestrella. Una vez que LL comenzó a usar nuestras prendas, la gente empezó a conocernos. Así que Brian sabía que si él y el otro Brian querían darle a conocer su servicio a la gente, necesitaban un portavoz famoso.

El problema era que no tenían dinero para contratar uno.

"Esto fue justo después del juicio de O. J. Simpson", recuerda Brian, "y Robert Shapiro se hizo famoso en el mundo entero. Todos conocían su rostro y él era alguien en quien la gente confiaba, así que me puse en contacto con él. Obtuve su número en información y lo llamé a eso de las 9:00 o 10:00 pm., pensando que nadie estaría en su oficina. Tenía mi mensaje de voz planeado, todo escrito, pero ocurrió que él mismo me contestó el teléfono diciendo: 'Hola, habla Robert Shapiro, ¿cómo puedo ayudarlo?'. Lo primero que le dije fue: '¿Robert Shapiro, el abogado?'. Obviamente, esa no fue la mejor manera de comenzar la conversación. Él me respondió: 'Sí', y yo le dije: 'Bueno, soy Brian Lee y tengo una idea de negocio que me gustaría presentarte'.

'Por supuesto', me dijo, 'pero no estoy interesado', que es lo que cualquier persona en su posición hubiera dicho. Yo sabía que él estaba a punto de colgarme, así que grité: '¡Espera! ¿Cómo sabes que no estás interesado si no me escuchas?'. Lo único que yo estaba tratando de hacer era mantenerlo en la línea. Entonces, me dijo: 'De acuerdo, tienes dos minutos', y en esos dos minutos, le conté toda la idea de LegalZoom. Al final, me dijo: 'Sabes, a diario escucho unas 100 ideas, pero esta realmente me gusta'".

Algo que me encanta de esta historia es que Brian tenía escrito todo su discurso. De vez en cuando, a lo largo de los años, yo también he hecho eso y debo admitir que, a veces, me he sentido un poco tonto al escribir un guion completo para mí mismo, pero he visto que sí suele dar resultados. Te obliga a pensar en lo que podrías decir en este o aquel escenario, casi como una de esas historias de *Choose Your Own Adventure* que solíamos leer de niños. Pero aun así, por mucho que quieras prepararte antes de una llamada telefónica importante como esta, también es crucial ser lo suficientemente ágil en tu forma de pensar de acuerdo a lo que te dicte la situación en la que te encuentres —como en este caso de la llamada nocturna—, así que prepárate para improvisar.

Por supuesto, Brian nunca esperó que Robert Shapiro en persona le *respondiera* el teléfono y, cuando lo hizo, Brian ya se había tomado el tiempo de anotar los puntos clave de su propuesta, así que logró causarle cierta impresión. Aun así, a pesar de que tenía un guion que quería seguir, este no fue pensado como parte de una conversación, sino como una especie de mensaje redactado con el mayor de los cuidados. Había tenido tiempo para pensar en lo que quería decir y lo interiorizó de tal manera que fue capaz de expresarlo en un tono decente —tal vez, no de la manera más pulida, pero logró su cometido.

VISUALIZA LOS RESULTADOS QUE QUIERAS Y CONVIÉRTETE EN ELLOS

Le tomó un par de meses, incluso a un abogado tan experimentado como Robert Shapiro, hacer su debida diligencia y firmar en la línea punteada, y justo en ese momento, los mercados financieros se hundieron. Preciso el día en que los dos Brians y su tercer socio —Eddie Hartman, quien manejaba la parte tecnológica— tenían su primera reunión con un inversionista de capital de riesgo, NASDAQ colapsó. La explosión de las empresas punto-com casi explotó en sus caras, pero de todos modos, ellos se dirigieron a la reunión. Cuando llegaron allí, el inversionista les abrió la puerta y les dijo: "¿Ustedes qué están haciendo aquí?".

Brian le respondió: "Teníamos una reunión con usted y estamos aquí para presentarle nuestra propuesta".

El tipo les respondió: "¿Acaso no saben lo que está pasando en el mercado?".

Brian le dijo: "Sí, las acciones de internet sufrieron un pequeño aumento, pero aun así, nosotros creemos en nuestro negocio".

El inversionista no estuvo de acuerdo con Brian, pero se tomó el tiempo para sentarse con él y sus socios y trató de convencerlos para que recuperaran sus empleos en sus respectivos bufetes de abogados. Esto asustó a Brian. Sin embargo, estaba decidido a continuar con su plan de negocios.

Al final, pudieron financiar su plan con $50.000 dólares que recibieron en préstamos que sus padres les hicieron y fue ahí cuando la persistencia de Brian se puso en marcha por primera vez. Claro que él había trabajado duro antes —no pasas por la escuela de leyes y consigues un trabajo en una de las mejores firmas sin ser un tipo dedicado—. Sin embargo, no recuerda un momento en el que hubiera trabajado *tan* duro y durante *tanto* tiempo como en esa época.

"Trabajaba todo el tiempo, porque la oficina estaba en mi apartamento", cuenta. "No tenía tiempo para pensar en lo que haría ese fin de semana. Tampoco pensaba en tomar vacaciones. Mi vida era solo trabajo, trabajo, trabajo. Fue así por tres años.

Ni siquiera podía permitirme el lujo de llevar a una chica a cenar".

Este es, precisamente, uno de los dilemas más fuertes al cual se enfrentan los empresarios que están empezando a poner en marcha un negocio ya que, cuando trabajas fuera de casa y no tienes suficientes horas en el día para completar tu lista de tareas pendientes, ni cuentas con el dinero necesario para contratar personal adicional, corres el riesgo de agotarte. Eso es lo que mis chicos y yo tuvimos que enfrentar al comienzo de FUBU, cuando lo único que podíamos hacer era vivir, respirar, comer y dormir pensando en el negocio, ¡pasaban días enteros en los que ni siquiera salíamos de casa! No importa qué tan *esforzado* seas, el hecho es que no hay manera de avanzar en un proyecto sin dar un paso atrás de vez en cuando. Con el tiempo, Brian logró resolver la situación, pero esos primeros tres años fueron un camino que pareció no tener fin. El ritmo de trabajo era insostenible, pero ahora que él ha alcanzado cierto nivel de éxito, ya está en condiciones de estructurar sus días de una manera más manejable.

Por ejemplo, una de sus reglas sagradas es nunca programar reuniones o llamadas telefónicas durante el fin de semana —hoy en día, ese es el tiempo que él dedica a estar con su familia—. Es sagrado. Tampoco se pierde de ninguna de las funciones escolares de su hijo —eso también es sagrado—. **"Apago mi teléfono cuando llego a casa"**, afirma. "Eso ha sido de gran ayuda para mí. Lo enciendo de nuevo para revisar el correo electrónico antes de irme a dormir, pero esas tres o cuatro horas son tiempo familiar y eso es increíblemente importante".

Pero eso es hoy. Cuando recién empezó, Brian no podía darse el lujo de alejarse de su escritorio. Quiero decir, él y sus socios lo estaban invirtiendo todo en esta puesta en marcha de LegalZoom. Robert Shapiro se mantenía hablando con los medios de comunicación, promoviendo el servicio, pero durante los primeros días en que el sitio entró en funcionamiento, no obtuvieron ni un solo pedido. Brian y sus socios estaban sudando balas todo el tiempo, pensando que tal vez hubieran interpretado mal el mercado. Pero luego, a mitad del tercer día, recibieron un pedido de un tipo en Miami que quería comprar un testamento.

Brian recuerda el momento como si fuera ayer. "El tipo nos preguntó cuándo podía esperar recibir el documento y nosotros le dijimos: 'Lo recibirá de inmediato, señor'. Es decir, esa era la idea, y verla validada a través de esta única venta… sinceramente, fueron los mejores $59 dólares que me he ganado en mi vida. Lo único que sabíamos era que nuestro sistema funcionaba y que ya teníamos un cliente real fuera de mi mamá, mi papá y mi hermana. Aquella fue una verdadera prueba de concepto".

Bueno, como todos sabemos, LegalZoom pasó de allí a convertirse en un gran éxito y, después de un tiempo, Brian sintió ganas de comenzar algo nuevo; esta vez, se inspiró en su esposa, a quien le encantaba comprar zapatos. Él no podía creer cuántos pares de zapatos tenía ella, ni todo lo que le costaban. Y como tenía amigos en el negocio del calzado, junto con una idea básica sobre el costo de los productos y sabía reconocer un margen de ganancia cuando lo veía, comenzó a pensar en algún tipo de negocio de calzado en línea. En ese momento, Brian y sus socios habían contratado a un CEO de tiempo completo para dirigir LegalZoom, motivo por el cual contaba con el tiempo disponible para ver otros proyectos. Con respecto al lanzamiento de ShoeDazzle, aplicó la misma fórmula una vez más: encontrar a la celebridad adecuada para dar a conocer la marca (Kim Kardashian, en este caso), trabajar como loco y exponerle su idea al mundo entero. Solo que, esta vez, podía desconectarse al final de cada día y durante los fines de semana para disfrutar de ese tiempo de calidad tan importante con su familia.

Sin embargo, muy pronto comenzó a sentir aquella picazón empresarial que se le volvió tan habitual y terminó conectándose con Jessica Alba para hablarle sobre su idea de crear una compañía centrada exclusivamente en productos seguros y efectivos que generaran un estilo de vida saludable. Al principio, la idea no tuvo mucha acogida, pero al final, tomó forma y vida. Una vez más, Brian se inspiró en su esposa, quien se inclinaba cada vez más por productos del hogar que fueran más seguros, más saludables y mejores para el medio ambiente. Él se dio cuenta de esto y se dejó guiar por sus instintos —como lo hizo cuando tomó la decisión de emprender sus dos primeras compañías.

"Me gustaría poder decir que revisé una gran cantidad de datos antes de tomar estas decisiones", dice, "pero al final del día, ha sido una cuestión de instinto. Todo se reduce a tus instintos".

Al igual que ocurrió con LegalZoom y ShoeDazzle, The Honest Company fue un gran éxito y hoy Brian está por fin en una posición apta para dirigir sus negocios en formas que se centran en la eficiencia y que le permiten apartar tiempo de calidad, pues su prioridad es disfrutar de la vida junto con su familia.

Las siguientes son algunas de las estrategias que Brian ha implementado para mantener su vida bajo control y que, con el paso del tiempo, él ha visto que funcionan:

- Hacer reuniones estructuradas, en horarios fijos.

  "Me reúno con mi personal todos los lunes por la mañana", comenta Brian. "Además, me reúno con el líder del equipo en cada departamento una vez al mes".

- Leer el periódico desde muy temprano.

  "Leo *The Wall Street Journal* y el periódico local. Necesito saber qué está pasando en el mundo".

- Encontrar tiempo para hacerles el desayuno a los niños.

  "Todas las mañanas, ese es mi momento feliz y lo aprovecho para ir pensando en el día que voy a enfrentar. Cocinar es muy relajante para mí y cuando estoy así, en la cocina con mi familia, puedo desconectarme de todo y pensar en las cosas que tengo que hacer ese día".

- Contratar una administración sólida y dejar que haga su trabajo.

  "Eres tan bueno como lo sea tu equipo, ¿verdad? Es demasiado importante tener esa segunda capa de administración apoyándote de tal manera que los ejecutivos hagan su trabajo. En un mundo ideal, solo los problemas más drásticos llegarán a tus oídos. En una empresa grande, la mayor parte de ellos no debería llegar a tus manos, a menos que se trate de un problema real".

- Buscar mentores.

  "Tengo un montón de personas con las que hablo de forma regular, gente con la que estoy en contacto todo el tiempo, que no solo ha estado allí y conoce del tema que me interesa, sino que lo ha experimentado en carne propia".

Brian encuentra motivación en todos lados. "Hay tantas cosas que me inspiran todos los días", dice. "Trabajar, probar algo nuevo, marcar la diferencia. Ya sea en las organizaciones benéficas en las que estoy involucrado, en la escuela de mis hijos o de mis empleados en el trabajo, si mantienes tus ojos abiertos, hay inspiración por todos lados. Yo trato de encontrarla todos los días en este tipo de cosas".

Algo que me sorprendió cuando hablé con Brian sobre esto fue lo mucho que a él le encanta el trabajo duro, así como el ajetreo que representa el hecho de comenzar un negocio. Igual siento yo. Cualquiera pensaría que alguien que ha fundado tres empresas a base de ideas locas y exitosas podría inclinarse a descansar y relajarse, pero su emoción parece aumentar ante la posibilidad de iniciar otro emprendimiento más.

"Siempre estoy buscando nuevas oportunidades", dice, una perspectiva que marca una diferencia definitiva entre los triunfadores que llegan a la cima y quienes no. "Al final del día, eso es lo que me impulsa. ¿Cuál es la próxima cosa genial que voy a hacer? ¿Hacia dónde me lleva el futuro? A donde sea que vayamos, pase lo que pase, quiero ser parte de eso y quiero causar impacto".

Lista de verificación de la persistencia de Brian

✓ No tengas miedo de perseguir tus sueños, incluso si son un poco locos y quienes te conocen te dicen que te enloqueciste…

✓ Si encuentras la manera de fallar *antes*, es decir, antes de tener hijos y una hipoteca por cubrir o los enormes costos operativos y la nómina de unos empleados bajo tu responsabilidad, adelante, hazlo…

✓ Separa un poco de tiempo familiar ininterrumpido, lejos de la oficina y hazlo de manera disciplinada —sigue el ejemplo de Brian y, si es necesario… apaga tu teléfono…

✓ Tómate el tiempo necesario para anotar lo que tengas que decir desde antes de encontrarte en la posición inesperada de tener que decirlo…

✓ Ten en cuenta que, si le haces una llamada en frío a alguien y se te ocurre que lo único que vas a hacer es dejarle un mensaje, quizá te sorprendas cuando la persona a la que estás queriendo contactar sea la misma que te conteste el teléfono…

✓ Confía en los instintos de las personas que te rodean; en otras palabras, si a tu esposa le encanta comprar zapatos o usar productos orgánicos, mantente abierto a oportunidades que confirmen lo que ella está tratando de decirte…

- ✓ Prepárate para pagar tus deudas… Trabaja duro (pero no demasiado) cuando comiences un negocio y luego concédete permiso para disminuir la velocidad (pero no vayas demasiado lento) una vez hayas alcanzado cierto nivel de éxito…

VE
AL PUNTO

Nunca se sabe dónde surge un gran invento

—Kristina Guerrero

Le encantan los exteriores, expiloto de la Fuerza Aérea y socia de **Shark Tank**

¿ALGUNA VEZ has buscado un producto o servicio creyendo que ya existía?

¿Alguna vez se te ha ocurrido una idea que te parece tan básica y obvia que te sorprende descubrir que nadie más ha pensado en llevarla a cabo?

Algo así fue lo que le sucedió a mi increíble socia comercial, Kristina Guerrero, quien, sin darse cuenta realmente, sin querer hacerlo, se las ha arreglado para tomar una buena tajada del ponqué de la industria de alimentos para mascotas cuyo valor se acerca a los $60 mil millones de dólares. Por ahora, esa es solo una pequeña porción, pero apuesto a que eso está por cambiar. Lo que sucedió fue que ella estaba esquiando con su perro Dunkan en la cima de la montaña cuando se dio cuenta de que su compañero canino estaba un poco hambriento —y en ese momento, cuando la necesidad se encontró con la inspiración, surgió la semilla de un negocio.

"Dunkan era una especie de pastor", explica ella, "y no comió antes de salir, así que estábamos a unas seis millas de la casa y no tenía nada de comida para darle". Al menos, no el tipo de comida *apropiado* para él. No es que estuviera a punto de pasar hambre, pero cuando estábamos en casa me aseguraba de que siempre comiera saludable. El caso es que terminé dándole un burrito y yo me comí una barra energética; fue ahí cuando me di cuenta de que debía encontrar una barra de comida para perros que pudiera llevar conmigo a todas partes para casos como ese en el que me encontraba".

Hay un par de cosas que deberías saber antes de continuar con la historia de Kristina. Una, que soy un amante de los perros, así que, tan pronto como me enteré de su idea, me encantó. Es un gran concepto, una de esas ideas que te enciende el bombillo y empiezas a pensar cómo es que no se te ocurrió a ti. Y dos, pertenezco a la junta directiva de Petco Fundation, la cual realiza un trabajo increíble en el área del bienestar animal, motivo por el cual siempre estoy mirando una y otra vez los productos e iniciativas que buscan hacer una diferencia y marcar un mejor estándar en la vida de nuestras mascotas.

Bien, volvamos a Kristina y Dunkan…

A Dunkan le fue bien con el burrito, pero Kristina seguía pensando que tenía que haber alguna compañía por ahí que vendiera el equivalente para perros de un Clif Bar o un PowerBar, algo que pudieras llevar contigo cuando salgas con tu mejor amigo y no tengas la opción de cargar con un tazón de su comida. En todo caso, Kristina buscó online, probó todas las formas de búsqueda que se le ocurrieron y no obtuvo nada. Preguntó en las tiendas de mascotas locales y entre sus amigos amantes de los perros… y seguía sin encontrar nada. No podía creer que algo tan simple como una barra de comida saludable para perros activos empacada en porciones individuales no existiera ya.

Ahora, debo mencionar aquí que *Kristina no estaba buscando comenzar un negocio —ella solo quería una manera conveniente de alimentar a su perro cuando fueran por el camino—*. También debo mencionar que Kristina, como todos los demás que has conocido en este libro, no hace las cosas a medias. Cuando ella se involucra en algo, lo hace a fondo. Y cuando eres el tipo de persona que ve una necesidad y busca satisfacerla, como Kristina, las cosas comienzan a suceder. Kristina maneja un enfoque directo y agresivo hacia la resolución de problemas y es dueña de una implacable ética de trabajo —rasgos innatos en ella, pero se agudizaron y refinaron mediante su experiencia militar—. Verás, a los 15 años de edad, Kristina se dio cuenta de que quería ir a la Academia de la Fuerza Aérea de los EE. UU. y logró que así sucediera —de la misma manera en que hace que la mayoría de las cosas sucedan en su vida.

EN LA LÍNEA DEL DEBER

Durante su etapa de crecimiento, Kristina no se sentía feliz en casa, no siempre se llevaba bien con su padre y vivía en busca de hallar un camino que le permitiera independizarse. La Fuerza Aérea era un sueño que, en su caso, estaba al alcance de su mano y resultó que ella se adaptaba muy bien a la disciplina y los exigentes requisitos de la academia. Después de graduarse, se convirtió en piloto de C-130 y completó tres recorridos de combate, incluidos los despliegues en la Operación Libertad

Duradera, en Afganistán, y en la Operación Libertad Iraquí. Y no solo hacía las cosas por hacerlas, ni se limitaba a cumplir un horario detrás de un escritorio: ella estaba volando y haciendo parte de misiones, luchando por dar la buena batalla y en todos los lugares a los que iba se daba a sí misma una charla —ya sabes, una de esas charlas tipo mantra de las que hablamos al principio del libro con respecto a que "lo que no te mata, te hace más fuerte".

Fue así como Kristina encontró su pasión —o tal vez, su pasión la encontró a ella— cuando comenzó en la Academia de la Fuerza Aérea, ubicada en Colorado Springs, Colorado. "Configuré mi mente para que, en cualquier momento de extrema dificultad en que me encontrara, bien fuera física o mental, me dijera a mí misma que las ganancias que obtendría a largo plazo serían infinitas", recuerda ella. **"Sabía que al mantenerme en el juego, haría algo grandioso con mi vida y tendría la libertad de elegir mi propio camino".** Eso era cierto en la academia, y era cierto en el cumplimiento del deber".

Ese fue el camino que anduvo Kristina hasta cumplir sus 30 años, momento en que decidió abandonar el servicio y obtener su maestría en terapia ocupacional. "Mi idea era pasar al campo del servicio en el hogar", explica ella sobre su decisión de iniciar el siguiente capítulo bueno y noble de su vida y su carrera. Así que, allí estaba ella, en Colorado, con toda esta rica experiencia y todos estos golpes duros; entonces, decidió volver a poner en marcha esa mentalidad valiente por medio de la cual había conseguido participar en los exteriores de la Fuerza Aérea. Era magnífica en todo lo que se refería al esquí de fondo, senderismo, ciclismo... a todo lo referente a la experiencia de aventura en las Montañas Rocosas. Eso fue lo que trajo alegría a sus días, la forma en que se descomprimió de las presiones de la escuela y el trabajo. Pero aquí está la cosa: ese día, en la cima de esa montaña, cuando se le encendió la bombilla en su mente sobre una comida de viaje de un solo paquete para perros, Kristina no pensó en llevarla a cabo. Y no es que ella no pensara que *podría* convertir la idea en un negocio; es solo que nunca se le ocurrió intentarlo. No era lo suyo. Después de todo, había obtenido ese título de maestría que había estado persiguiendo, así que su carrera era su primer y principal enfoque. Sin embargo, esta era una idea que ella no lograba dejar pasar y que seguía dando vueltas en su cabeza. Al principio, trató de interesar a algunos de sus amigos en la escuela de negocios —a personas que ella pensaba que podrían estar mejor equipadas o mejor posicionadas para convertirla en realidad—. Pero esos esfuerzos nunca fueron a ninguna parte, porque la mayoría de sus amigos ladraba, no mordía nada —ya sabes, empresarios principiantes que hablaban mucho, pero que no parecían tener el impulso, ni las persistencia necesarios para comenzar una puesta en marcha.

Por fin, después de unos meses, esa primera ocurrencia trajo consigo otra. Así es como sucede, ¿verdad? Frotas dos chispas y lo siguiente que sabes es que estás en llamas. Fue entonces cuando Kristina decidió hacer todo lo posible por desarrollar la idea con la ayuda de su novio (pronto sería su esposo), quien era un científico de alimentos. (Nota para los lectores: si estás buscando crear un producto alimenticio, ¡es una buena idea casarte con un científico especializado en alimentos!). Kristina pensó en un nombre y un eslogan para su producto: TurboPUP —Complete K9, la barra de comidas—. Luego, lo registró y comenzó a jugar con fórmulas y recetas, y muy pronto, el negocio despegó.

ERES LO QUE COMES (PARA EL CASO: TU PERRO ES LO QUE TU PERRO COME)

Mirando hacia atrás, Kristina reconoce los beneficios de su entrenamiento militar mediante la forma en que abordó su nuevo negocio. “La Fuerza Aérea no te dice exactamente: ‘Muy bien, vas a lograr este objetivo haciendo A, B y C’”, comenta. “No, la Fuerza Aérea te dice: 'Aquí está la meta, aquí está tu equipo, arréglatelas'. Así que, para mí, la meta estaba clara. Sabía lo que tenía y sabía lo que quería, así que tenía que ingeniármelas, eso era todo. No tenía ningún tipo de experiencia culinaria, pero tenía a mi novio en ese momento, así que ese era mi equipo. Tampoco tenía ningún tipo de experiencia comercial, por lo tanto, me uní a grupos de emprendedores para veteranos y eso para mí fue de gran ayuda. El simple hecho de tener la oportunidad de aprender de todos estos otros veteranos y de compartir lo que habíamos hecho hasta el momento, lo que estábamos haciendo y lo que esperábamos hacer, fue un gran catalizador".

Todo lo que Kristina había hecho en esta etapa temprana podría o no haber sido un concepto ganador —aún tenía que desarrollar el producto y convertirlo en un verdadero éxito. Para eso, se apoyó en gran medida en su científico especializado en alimentos—. A esas alturas, ella y su futuro esposo se habían mudado a Oregón, donde vivían en un pequeño apartaestudio. Sin embargo, de alguna manera, lograron convertir toda el área de su cocina en laboratorio de trabajo. No era exactamente el laboratorio de preparación de alimentos industrializado que se necesitaba para comenzar un proyecto como este, pero Kristina había aprendido de su tiempo en el servicio militar a hacer lo que tenía que hacer. Aquí tenemos una especie de historia sobre *el poder de la quiebra* en acción y de *persistencia y ganas de triunfar,* pues ella se dedicó a trabajar de lleno para sacar adelante su proyecto. Todo el tiempo libre que tenía se lo dedicaba al negocio experimentando cientos de recetas y conceptos.

Una de las primeras barras que ideó su novio no coincidió del todo con su cliente objetivo. "Nuestro perro no se la comía", recuerda Kristina. "Simplemente, no se la comía. Entonces, por supuesto, teníamos que idear algo que en realidad les gustara a los perros, ¿verdad? De lo contrario, ¿qué estábamos haciendo?".

Al comienzo, Kristina pensó que les llevaría unos pocos meses desarrollar la receta ideal, pero les tomó casi dos años. Sin embargo, no se sentía frustrada por los retrasos, sino fascinada por todo lo que había que aprender. Durante ese tiempo, se sumergió en todos los estándares y requisitos y estudió las tendencias en la industria de alimentos para mascotas. Su principal objetivo era idear un producto que fuera saludable y que estuviera hecho con ingredientes de calidad humana naturales. Sería elaborado 100% con productos americanos, 100% sin grano y 100% natural. Leía en el mercado que los dueños de perros activos les prestan especial atención a los productos con los que alimentan a sus mascotas, de la misma manera en que les prestan gran atención a la alimentación que ellos consumen, así que ella no estaba tan preocupada por mantener bajo el costo de su producto y en cambio sí se enfocaba más en su alta calidad.

Pronto, con una receta finalmente en la mano (¡una que Dunkan si se comía!), Kristina logró comenzar a sacar sus barras fuera de su cocina con el fin de comercializarlas, manejando la mayor parte de los envíos por sí misma con tal de darles cumplimiento. Su marca TurboPUP estaba muy lejos de ser un negocio escalable, pero al menos, estaba en el mercado, obteniendo una gran respuesta de los clientes y posicionándose con dirección hacia algún tipo de distribución masiva.

"La verdad es que nunca vi esto como un negocio familiar", comenta. "Estoy 100% a favor de las personas que hacen eso y que lo hacen bien. Me alegro por ellas. *Genial* para ellas, pero lo mío era ganarme la vida con esto y lograrlo rápidamente, y no pensé que pudiéramos lograrlo vendiendo puerta a puerta".

Cuando sus amigos y contactos se enteraban de TurboPUP, intentaban convencerla de presentarlo en *Shark Tank*, pues el programa se había convertido muy rápidamente en una especie de oportunidad a nivel del Santo Grial para los propietarios de pequeñas empresas. Kristina estaba familiarizada con él, pero no estaba buscando ese tipo de asistencia, ni de exposición. Sin embargo, el show siguió al aire y resultó que buscaba presentar en un futuro capítulo a los veteranos. Kristina se enteró de ello a través de Syracuse University's Institute for Veteran and Military Families, donde ella había estado recibiendo valiosa orientación comercial.

Dato importante: Cada año, más de 30.000 compañías se presentan a *Shark Tank*... pero *solo 200 solicitantes son invitados a grabar un segmento y más de 100 de esos segmentos lo hacen al aire —pero bueno, uno nunca sabe lo que podría pasar.*

"Tengo esta extraña y retorcida convicción de que, si te dan tres codazos para que hagas lo mismo, debe ser por algo", afirma ella. "Mi lema es: si una puerta está abierta, pasaré por ella". Y aquí estaba esta puerta, que aún no se había abierto por completo, pues solo se abrió un poco, pero había todas estas personas en su vida a las cuales admiraba y en quienes confiaba diciéndole que se abriera paso a través de ella.

Así lo hizo —o intentó hacerlo, de todos modos.

Efectivamente, los productores de *Shark Tank* se interesaron en su historia. Por un lado, su negocio era único y perfecto para la televisión. Los amantes de los perros estarían por todas partes. Por otro lado, encontraron su historial militar convincente y perfecto para el show cuya temática sería acerca de los veteranos. Kristina no estaba buscando la publicidad que ofrece el programa, ni tampoco un socio inversionista, pero ella sabía lo suficiente como para reconocer una oportunidad, así que la buscó —sin esperar que nada saliera de ella y sabiendo que no tenía nada que perder y sí mucho por ganar.

Bueno, lo cierto es que esa resultó ser una gran oportunidad para ella. Cuando te invitan al programa, la forma en que este funciona es que no hay garantías de nada. Eso está claro desde el principio y a lo largo del proceso. Olvídate de que quizá no obtengas el trato que quieres de mí o de cualquiera de mis compañeros tiburones, es todo lo contrario, pero es posible que el segmento en el que participaste ni siquiera llegue al aire. E incluso si sale, las participaciones se editan más o menos hasta unos diez minutos antes de la emisión final y los concursantes pueden durar una hora o dos en el estudio, a veces, incluso más.

Lo que Kristina tenía a su favor, aparte del maravilloso concepto que ella ya manejaba sobre su producto, y de una historia inspiradora, era que ella no contaba con un trato con el programa, ni lo esperaba. Digo esto porque muchos participantes vienen al programa y están nerviosos porque sus expectativas son muy altas y su falta de confianza se manifiesta en su apariencia en general. O tal vez están desesperados y eso también se nota. Pero Kristina, ella estaba fresca, tranquila, serena. Actuaba como si no *necesitara* estar ahí, sino que estaba de paseo.

"Alguien me dio un gran consejo cuando me estaba preparando para ir al programa", comenta ella. "Me dijeron: 'Solo procura obtener el mejor resultado posible'. Así que oré al poder superior y me dije a mí misma que iba a tener fe en que el mejor resultado posible sucediera cuando estuviera haciendo mi presentación al aire, aunque, en el momento, no tenía ni idea de cuál podría ser el mejor resultado posible. Ya fuera que se tratara de obtener una inversión o no, de salir al aire o no, me repetí a mí misma que ocurriría lo mejor".

INVIERTE EN TI MISMO

Kristina llegó a *Shark Tank* con su otro perro, Odin, el compañero de carrera de Dunkan, buscando $100.000 dólares a cambio de una participación del 20% en su compañía y le dio a su negocio una valoración de $500.000 dólares. Mis compañeros tiburones opinaron que la cifra era alta, basándose en las ventas en ese momento de TurboPUP —y yo también, francamente.

Aun así, le eché un vistazo a Odin y me convenció —y de inmediato, me puse el gorro de la Fundación Petco y comencé a pensar en cómo este simple producto podría ser de gran ayuda para la salud y el bienestar de los perros activos. Pero también me gustó la *persistencia* de esta mujer. La miré y le dije: "Obviamente, no duermes, igual que yo". Me gustó el potencial de su negocio y marca, así que le ofrecí el dinero por una participación del 40%. Una de las cosas que ella dijo que me llamó la atención en su presentación fue el hecho de que sus amigas bromeaban diciendo que se le había ocurrido ese nombre de su producto porque ella solo conoce dos velocidades: *turbo* o *apagada*.

Además, me convenció su formación militar. Mi pensamiento fue: una mujer que ha realizado tres giras por nuestro país no se va a dormir con esto. Ella estaba allí para ganar... y ahora, yo también. Al final, hicimos un trato por $100.000 dólares al 35% y ambos estábamos encantados —Kristina, por la inversión y ante la oportunidad de aprender lo que fuera que yo tuviera para enseñarle sobre cómo tener éxito en su negocio; y yo, por la oportunidad de ayudar a llevar a esta poderosa mujer a un nuevo nivel; y además, porque tal vez, ganaría un poco de dinero.

Y ahora, aquí estamos, han pasado un par de años desde que nos asociamos y resultó que yo también tengo mucho que aprender de Kristina. Recientemente, ella se convirtió en madre y yo en un padre nuevo y mejorado —su hija, Madeline, nació solo un par de meses antes que mi hija menor, Minka—. Tengo que decir que estoy asombrado de cómo Kristina se las ingenia para equilibrar el trabajo con la crianza de su hija. Sé lo difícil que es hacer tiempo en mi agenda para estar con Minka y sin embargo veo a Kristina haciendo malabares para hacer crecer su negocio (¡*nuestro* negocio!) al mismo tiempo que sigue siendo la encargada principal del cuidado de su pequeña Madeline —muy inspiradora.

Si tuviera que decir una palabra para describir la historia de Kristina y su ética de trabajo, diría que ella es eficiente. Realmente, *eficiente.* Esta mujer no desperdicia ni siquiera un poco de energía. Eso es algo que aprendió en la Academia de la Fuerza Aérea, la capacidad de ver sus objetivos en línea recta y caminar hacia ellos en esa línea, sin importar qué. Kristina siempre está buscando maneras de sacar el máximo provecho de su tiempo y la mejor inversión por su dinero. Cuando comenzó el negocio, por ejemplo, solía ir a muchas ferias comerciales, pero después de un tiempo, pensó que la "venta a mano" que se estaba produciendo en estas ferias era mucho menos efectiva que conectarse online con los clientes. También se dio cuenta de que podía movilizar más productos siendo la cara pública de la marca, haciendo apariciones en televisión o dando entrevistas en los periódicos, así que comenzó a buscar medios de comunicación que le dieran cobertura.

Dato importante: El 76% de las llamadas "madres empresarias" usó sus ahorros personales como fuente primaria de fondos... *Lo que destaco de esta estadística es que, a menudo, las mujeres sienten pasión por sus nuevos negocios y están dispuestas a apostar por sí mismas.*

Hoy en día, Kristina continúa administrando el negocio desde su casa con el fin de controlar los costos, pero también para estar siempre a disposición de Madeline y hacer su labor de mamá. ¿Y esa libertad para elegir su propio camino de la cual hablamos antes? Bueno, surgió en un gran momento. Después de concebir el negocio y asociarse conmigo, Kristina se mudó con su esposo a Oregón, pero comenzaron a darse cuenta de que su estilo de vida era insostenible en el noroeste del Pacífico, de modo que, cuando Kristina quedó embarazada, comenzaron a mirar hacia otras partes del país y, finalmente, se establecieron en Vermont. "Tendríamos problemas si nos quedábamos en Oregón", dice Kristina. "Desde el punto de vista financiero, no tenía sentido quedarnos allí y nos dimos cuenta de que había muchas empresas en Vermont que necesitaban los servicios de un científico especializado en alimentos, así que empacamos todo lo que cupo en nuestros dos autos y condujimos por todo el país cuando yo tenía nueve meses de embarazo".

Cuando Kristina estaba luchando ante la decisión de tener que mudarse, me dijo que tenía una visión de su vida a futuro que era tanto clara como incierta a la vez. Ahora, ella mira hacia atrás y comprende que esa visión fue un momento auténtico y definitivo. "Sabía lo que pasaría si nos quedábamos en Oregón", afirma. "Estábamos en mala situación. No había duda al respecto, estábamos jodidos. Y también sabía que, si nos mudábamos a Vermont, había un 50% de probabilidades de que las cosas salieran bien. Así que, en lo único que pensamos fue en ir en busca de mejores oportunidades".

ENCUENTRA ORDEN EN MEDIO DEL CAOS

Una de las maneras en que ella logró mantenerse y a la vez equilibrar los muchos aspectos del negocio de TurboPUP, junto con la crianza de su hija, fue estableciendo ciertas rutinas en ciertos días de la semana —un enfoque sencillo y dinámico en cuanto a la administración de tareas.

"Trato de no hacer citas los lunes", comparte, "porque los lunes tengo que cumplir con todos los pedidos que recibo los fines de semana". Además, la casa es como un tornado después del fin de semana, hay ropa por todas partes para echar a la lavadora y ese es el día en que tengo que ponerme al día con todo eso".

Los martes, se enfoca en la planificación a largo plazo y también hace tiempo para ver y montar a su caballo. (Ah, sí, olvidé mencionar que tiene un caballo.) Los miércoles, continúa dándoles cumplimiento a sus tareas de los lunes. Los jueves, trabaja en el desarrollo de nuevos productos. Los viernes, vuelve al establo y saca tiempo para trabajar en marketing o promoción.

Esa es una manera inteligente de compartimentar las múltiples facetas de una pequeña empresa y de mantener las cosas bajo control. "Mis rutinas no están escritas en piedra a tal punto que, si no las hago dentro de este horario diario, será el fin del mundo o algo así", admite. "Sin embargo, a menos que surja algo intempestivo que tenga que hacer, trato de seguirlas".

Otro de los secretos de Kristina para encontrar orden en medio del caos es haciendo ejercicio, pues le ayuda a mantenerse centrada y al tanto de todo. Sus entrenamientos no son una broma: solía hacer mucho levantamiento de pesas, pero cuando quedó embarazada cambió de rutina y comenzó a hacer más que todo trabajo cardiovascular mezclado con natación, carrera, esquí de fondo, raquetas de nieve. Otros días, hace StairMaster, elíptica, esquí de fondo o escalada de montaña.

Me gusta hacer múltiples tareas cuando hago ejercicio, tal vez, devolver un par de llamadas telefónicas cuando estoy en la cinta, contestar algunos correos electrónicos, pero Kristina no hace eso. Ella opina: **"Mi tiempo en el gimnasio es 'mío'. No quiero que nada interfiera con *mi* tiempo. Ese es el regalo que me hago a mí misma".**

Kristina también compartimenta sus redes sociales y profesionales. Tiene un grupo de amigos y contactos que provienen de su antigua vida empresarial. También pertenece a un grupo de amantes de las mascotas, a uno de madres jóvenes, a otro de amigos de la vida militar. El hecho es que aprendió a apoyarse en uno u otro grupo, dependiendo de lo que esté sucediendo en su vida.

"Esa ha sido una de mis claves", afirma, "tener toda esta diversidad de personas en las que puedo apoyarme para diferentes cosas. Sin ofender, pero nunca llamaría a uno de mis amigos que no tiene hijos para pedirle consejos sobre la crianza de los hijos. Y no le pediría a nadie que no esté en el negocio un consejo sobre mi negocio. De igual manera, conocí a mi mejor amiga en todo el mundo en la Academia de la Fuerza Aérea y, por mucho que confíe en ella, no le pediría un consejo en nada de lo que se refiera a TurboPUP".

¿Y esa vida de servicio que Kristina se propuso vivir en casa? Pues bien, ya ha ayudado a crear una categoría de productos completamente nueva que facilita que los perros y sus dueños se mantengan en forma, saludables y activos y les asigna un porcentaje determinado de sus ingresos a varias organizaciones no lucrativas, muy a menudo, para apoyar grupos de veteranos. Y a pesar de que nunca se propuso iniciar un negocio, hoy, está decidida a convertir a TurboPUP en una marca reconocida y confiable.

Estoy seguro de que lo logrará de la misma manera que estoy seguro de que esta joven decidida logrará todo lo que se proponga. Porque, bueno, cuando persistes tanto como ella, cualquier cosa (¡y todo!) es posible.

Lista de verificación de la persistencia de Kristina

- ✓ Ponte en la actitud de recibir nuevas ideas —eso no significa que tengas que subir a la cima de una montaña para alcanzar el cielo, sino que estés atento a ideas que tengan el potencial de cambiar tu vida…
- ✓ Establece fundamentos sólidos. No encuentro un mejor ejemplo de esto que el trasfondo militar de Kristina, pero incluso nosotros, los civiles, también tenemos la capacidad de desarrollar hábitos buenos y útiles y de aprender a movernos con precisión tipo militar…

- ✓ Reconoce que la fortaleza conduce a más fortaleza. Dicho en otras palabras, si abordas tus días con una pasión implacable, si atacas tus objetivos con una precisión implacable, estás obligado a obtener resultados sólidos…
- ✓ No renuncies. Piense en lo fácil que habría sido para Kristina olvidarse de su proyecto después de que su perro rechazó sus primeras recetas, pero ella siguió adelante con su propósito porque creía en sí misma…
- ✓ Si estás buscando desarrollar una fórmula o receta para un nuevo producto alimenticio, es útil estar casado con un científico especializado en alimentos…
- ✓ Si estás planeando formar una familia, busca oportunidades de negocios que te permitan trabajar desde tu casa o mantener un horario flexible. Es más fácil decirlo que hacerlo, lo sé, pero si tienes en cuenta ese propósito al comenzar tu carrera o al lanzar un nuevo negocio, sabrás tomar ciertas decisiones en el camino que te ayuden a hacer espacio para las demandas de la paternidad en medio de tu apretada agenda…

CAPÍTULO 5

UN DÍA EN LA VIDA DE UN TIBURÓN

ESTOY VIAJANDO TANTO en estos días, que me temo que podría perder mi ritmo, mi sentido de la rutina... mi mojo.

Sin embargo, sé que no solo soy yo en esta misma situación —mucha gente está trabajando fuera de casa—. Si bien es cierto que es fácil salirte de tu rutina cuando estás viajando, también lo es el hecho de que nunca hay un mejor momento para volver a enfocarte o volver a configurar tus rutinas que cuando estás de viaje. Y si tuvieras que buscar una evidencia de lo duro que trabajas, de cuán dedicado vives con respecto a los objetivos que estás persiguiendo y de que permaneces con tu mente puesta en busca de oportunidades… no es sino que revises tus gastos de viaje al final de cada año.

Bueno, existe una gran probabilidad de que estés viajando mientras lees esto. Sé que, en mi caso, tiendo a actualizarme en la mayor parte de mi lecturas (y audiolibros) cuando me alejo de mi día a día — ¡y lo mismo me ocurre con mis *escritos*!— Sin embargo, por cada buen hábito que construyes a lo largo del camino, surgen toda clase de inconvenientes que tienden a hacerte tropezar. Así que pensé que me gustaría pasar un tiempo repasando algunos de los hábitos positivos que he tratado de implementar para hacer que mis días sigan siendo fluidos sin importar dónde me encuentre. Con ese fin, estoy a punto de compartir contigo un vistazo muy cercano y personal sobre cómo es un día típico de mi cronograma de viajes. Por lo general, es bastante loco —pues cuando me siento a escribir todo lo que logro hacer en un solo día, es imposible no concluir que, si nos ponemos técnicos al revisarlo, mi horario diario resulta siendo como de 36 horas.

Pero ¿sabes qué? A veces, cuando estás de viaje y trabajas bastante, los días se mezclan y todo empieza a parecer como si fuera un día gigante, así que, acompáñame…

GUERRERO DEL CAMINO

El miércoles 5 de abril, justo cuando estaba dándole los últimos retoques a este libro, salí de Nueva York rumbo a uno de esos vuelos hacia California que te ponen los ojos rojos. No es el vuelo más conveniente, pero me parece que, cuando vuelo de la Costa Este a la Costa Oeste, viajar en la noche es menos perturbador dado que me permite tener un día completo para trabajar en la oficina antes de salir hacia al aeropuerto, así como comenzar a correr tan pronto aterrizo en la soleada California a primera hora de la mañana siguiente. (Bueno, tal vez no esté literalmente *corriendo* después de un vuelo nocturno, pero tú sabes lo que quiero decir). Si no tienes cuidado, ese cambio de zona horaria tiende a disparar tu reloj corporal, aunque me he dado cuenta de que, si estoy entrando y saliendo de la ciudad durante uno o dos días seguidos, mi cuerpo nunca se da cuenta del cambio. Por lo general, no uso reloj de mano en estos días, así que no necesito reiniciar ninguno y confío en que los locales (y el reloj sincronizado con GPS de mi teléfono móvil) me llevarán a tiempo a donde sea que vaya.

Esta vez, me dirigí a San Francisco, donde tomaría un automóvil para hacer un viaje de una hora y media hasta Napa, pues haría allí una charla a la mañana siguiente. El plan era hacerla, terminar a última hora de la mañana y luego regresar a San Francisco para tomar un vuelo de regreso a casa —lo que la gente como yo, que ha viajado durante una buena parte de su vida, llama un golpe rápido—. La idea es que vueles por todo el país, asistas a tu reunión o hagas tu presentación o lo que sea que tengas que hacer y regreses a casa antes de que alguien se dé cuenta de que te fuiste. Entonces, ¿cómo hago para mantenerme energético, hacer mi trabajo y ser productivo en estas locas circunstancias?

Permíteme desglosarlo:

- Miércoles, 5 de abril, 8:00 p.m. —*Volar de Nueva York a San Francisco*

Como dije, esta es una hora difícil para volar desde Nueva York hasta California. Existen ventajas y desventajas, pero tiendo a pensar que las primeras superan a las segundas. Lo negativo es que nunca estoy seguro de cuánto tiempo destinar para dormir, intentar trabajar y ser productivo durante el vuelo. Por lo general, ese es un bloque de tiempo libre de distracciones, así que mi instinto es hacer las cosas que necesito mientras estoy en el aire, pero teniendo en cuenta que tengo un largo día por delante y que la gente que está esperando saber de mí por una u otra razón está condicionada a asumir que estoy fuera de línea cuando estoy volando, así que trato de aprovecharme de esa circunstancia para ocultarme un poco.

La forma en que esta rutina funciona es que abordo temprano con el fin de tratar de ponerme al día con los correos electrónicos y mensajes de texto mientras el vuelo está listo para despegar. Por lo general, cuando estás sentado y a la espera, transcurre una media hora. Es ahí cuando es posible hacer ese tipo de cosas. Luego, paso la primera media hora de vuelo poniéndome al día con la lectura que tenga que hacer. Eso fue lo que hice en este vuelo. Tenía muchas páginas de este libro por repasar y algo de material nuevo para escribir y progresé bastante… por un rato, hasta que me encontré con cierto impedimento relacionado con ese ruido constante del avión, una especie de arrullo que siempre me hace dormir —me ocurre lo mismo cuando voy en un tren. Es como si me perdiera en el ritmo de los motores y poco a poco fuera cayendo noqueado de sueño.

[Consejo #1: Procura aprovechar tu tiempo de viaje poniéndote al día con tu lectura del momento o enfocándote en revisar una de tus metas a largo plazo].

- Jueves, 6 de abril, 11:30 p.m. —*Llegar a San Francisco, salir para el Marriott de Napa Valley*

Este suele ser otro bloque de tiempo atrapado en un largo viaje en auto desde el aeropuerto, pero esta vez, ya era alrededor de la medianoche en California y las 3:00 am. en casa, así que ya estaba cansando. Había reposado en el avión, pero no lo suficiente como para sentirme renovado.

Viajaba con Danny Estrella, el chico encargado de la parte audiovisual que me acompaña en muchos de los viajes que hago para dictar conferencias. Danny es uno de los mejores DJs en su estilo, uno de los mejores ingenieros de sonido y tecnología —talento que exhibe como empresario de Music 2 the Max, su compañía de eventos.

Una de las cosas que me gusta hacer en estos viajes largos en automóvil es crear algunos videos para publicar en las redes sociales, así que mantuve a Danny sosteniendo la GoPro mientras grababa dos videos por separado, pero con un mismo contenido. En el primero, me referí a la importancia de cuidar el medio ambiente cuando estás en la carretera. Acababa de quedarme en un hotel de la cadena Westin hacía un par de noches y estuve leyendo un rato sobre el esfuerzo que ellos hacen por proteger la naturaleza, así que me inspiré en la forma en que ciertas empresas se involucran y toman la iniciativa en temas sociales importantes y, a menudo, contribuyen a obtener buenos resultados. Así que filmamos un video de un minuto para hacer un llamado a la acción, de solo la parte superior de mi cabeza —de tal manera que pudiéramos cortarlo y pegarlo en una fecha posterior—. Luego, pronuncié unas palabras de gratitud hacia Carlos Santana, pues acababa de enviarme un increíble ramo de flores en señal de agradecimiento por haberlo contactado e incluido en este libro. Eso me llevó a pensar en el gran impacto que hacemos en las personas con pequeños gestos de bondad y en cómo deberíamos hacer un esfuerzo para mostrar nuestra gratitud, compartir nuestras bendiciones y retribuirlas. Así que *también* me referí a eso.

Además, encontré tiempo para releer mis metas, que es algo que hago al comenzar cada día —y como no estaba muy seguro de cuándo había comenzado este largo día, ni de cuándo terminaría, ese parecía un momento tan adecuado como cualquier otro para hacerlo.

Por lo general, también trato de acumular muchas de las solicitudes de entrevistas que recibo y las programo para cuando esté de viaje. ¿Por qué? Porque paso mucho tiempo atrapado en la carretera y prefiero ocuparlo haciendo prensa cuando estoy fuera de la oficina. Piénsalo: **cuando estoy en Nueva York, estoy rodeado de todo el personal al cual debo reportarme, de todos los distintos proyectos que necesito poner al día, de las**

reuniones en las que debo participar con mi equipo, así que ¿por qué querría quitarle tiempo a *eso* si no es absolutamente necesario? Además, quiero llegar a casa y pasar tiempo con mi familia. Entonces, cada vez que un reportero me solicita una entrevista, o incluso si alguien solo quiere probar mi cerebro con algo que no está directamente relacionado con uno de mis negocios, le pido que me contacte durante el camino, cuando hay menos exigencias en mi tiempo; de esa manera, puedo darle el tiempo que merece sin tener que afectar el tiempo que *yo* también merezco.

[Consejo #2: Siempre encontrarás *algún momento* para cumplir con tus rituales diarios, incluso si estás en el asiento trasero de un automóvil en movimiento].

Dato importante: Cuando establecemos e identificamos objetivos específicos, el 90% del tiempo, esto conduce a un mayor rendimiento ¡Tenlo en cuenta, amigo(a) lector(a)!

- Jueves, 6 de abril, 1:30 a.m. —*Me registro en el Napa Valley Marriott*

A veces, cuando llegas tarde a la habitación de tu hotel, lo único que quieres hacer es descansar, pero si tiene algo al día siguiente para lo cual debes estar preparado, descansar no siempre es una opción. Entonces, ¿qué hice cuando llegué a mi habitación? Afeitarme la cabeza. ¿Por qué? Porque ya sentía el habitual "raspado de las 5:00 am.", pues ya casi eran casi las 5:00 am. (hora de Nueva York) y necesitaba afeitarme la cabeza, no mi cara. Quería verme *bien* a la mañana siguiente y sabía que no me darían ganas de afeitarme, así que me quité esa molestia del camino. Mientras estaba en eso, dejé listos mi traje y mis zapatos para la mañana siguiente y le pasé la plancha a la camisa que planeaba usar. Así es como hago esas labores y todo lo que requiero en cuanto al mantenimiento diario de mi vida —identifico qué es lo que necesito hacer y lo hago—. De esta manera, nada se me acumula para más tarde.

Debo mencionar aquí que no me tomé el tiempo para hacer mis flexiones habituales, ni para revisar mis correos electrónicos una última vez, porque no me gusta hacer ninguna de esas cosas cuando ya se aproxima la hora de empezar mi trabajo. El ejercicio me activa de tal manera que, a veces, me es difícil conciliar el sueño y hay todo tipo de investigaciones que muestran que la luz del teléfono celular o de cualquier pantalla electrónica pueden alterar tu reloj biológico y tu ciclo de sueño cuando estás cerca de la hora de acostarte.

A las 2:00 am. en punto estaba en la cama y, cuando puse mi cabeza en la almohada, tomé tiempo para orar antes de caer profundo. Por lo general, no oro en voz alta, ni me arrodillo, pero me parece que unos momentos de oración y reflexión pacífica me aterrizan al final de cada día. Una de las cosas que hago cuando rezo es reflexionar con intención. Paso mucho tiempo pensando en cómo aprovechar la energía de las personas que me rodean, en cómo enviar estas ondas de aprecio por lo bueno que me rodea, por las oportunidades que he tenido y espero que, de alguna manera, esas ondas les lleguen a los demás.

[Consejo #3: Recuerda la gran lección de Russell Simmons con respecto a "buscar sosiego" sin importar todo lo que tengas que hacer.]

- Jueves, 6 de abril, 6:00 a.m. —*Hora de levantarme a trabajar*

Había puesto la alarma la noche anterior, pero de todos modos, me levanté sin necesidad de ella. Así soy yo. Mi cuerpo sabe lo que tiene que hacer —solo que no siempre confío en él y, por esa razón, uso la alarma para estar seguro—. Lo primero que hice cuando me levanté fue planchar un par de prendas más, porque todavía no estaba seguro de lo que quería usar. ¡No quería ir al evento de esa mañana luciendo desaliñado y cansado! Así que, a continuación, me probé un par de trajes para ver qué iba con qué. Muchas veces, voy a estar en seis o siete ciudades en el mismo viaje y tengo que lucir inteligente y dinámico en los diferentes tipos de reuniones, entrevistas de prensa, presentaciones formales y en todo tipo de eventos sociales. En viajes más largos, eso significa que necesito empacar un traje negro tradicional con una corbata negra —**el color negro es apropiado para cualquier ocasión, y con una camisa formal blanca, una camiseta blanca y un par de cinturones, estoy bien equipado.**

Tengo un montón de estilos diferentes. Comencé en el negocio de la moda —así que, bien o mal, la gente confía en mí en este aspecto—. He desarrollado un cierto estilo personal con el cual me siento cómodo y hasta un poco de moda si uso una gorra clásica de FB y una sudadera con capucha. También uso traje clásico junto con un par de aretes de diamante, así que adapto mi look a donde sea que vaya y con quien sea que me tenga que reunir. Eres lo que usas —o, al menos, eres el *mensaje* que estés tratando de trasmitir con tu vestuario.

Aun así, si quieres saber la verdad, es **probable que gaste más tiempo preocupándome por lo que como cuando estoy en el camino que por la ropa que uso.** Es por eso que mis frascos de proteínas son clave. Me levanto a las 4:00 am. o 5:00 am. para tomar un vuelo antes del amanecer, pero mi estómago no se levanta a esa misma hora. Es demasiado temprano para comer, ¿verdad? (O puedo decirlo de manera más exacta: "Es demasiado temprano para comer bien".) Es por eso que, cuando viajo, siempre llevo mis vitaminas y una botella de coctelera con cinco paquetes de proteínas, de modo que, si voy corriendo directo hacia el hotel o al lugar donde estoy hablando o lo que sea, como algo de alimento sin tener que tomarme el tiempo para sentarme a comer.

Tendría un evento, así que elegí mi traje y después me tomé el tiempo para llamar a mis dos hijas mayores. Destiny, mi hija mayor, estaba atrapada en el aeropuerto de Atlanta debido al mal clima, así que le envié un auto de alquiler y le ayudé a resolver el desastre en el que estaba. Y estaba feliz de hacerlo también, porque cuando eres padre a larga distancia como yo, aprovechas y disfrutas el tiempo que tus hijos puedan darte a medida que vas por tu camino, incluso si solo requieren de un poco de tu ayuda.

[Consejo #4: Si luces y te sientes bien, piensas bien, así que el tiempo que le dediques a tu apariencia (¡y a tu dieta!) cuando estás en el camino siempre te genera grandes dividendos.]

Dato importante: Los investigadores de la Universidad de Brigham Young informan que los trabajadores con dietas poco saludables tienen el 66% más de probabilidades de mostrar descenso en sus niveles de productividad que los que comen de manera saludable. *Después de todo, eres lo que comes.*

- Jueves, 6 de abril, 8:20 a.m. —*Llegar al evento*

Cada vez que tengo que dar una charla, me reúno con los organizadores para revisar sus agendas… y la mía. Quiero decir, estoy haciendo este largo viaje para hablar con estas buenas personas, preparándome para ellas, así que quiero asegurarme de brindarles lo que esperan de mi parte y al mismo tiempo cubrir los aspectos que considero importantes para mí en ese momento. Sé que estoy allí para brindarle mis servicios al anfitrión o patrocinador, así que es crucial para mí entender qué espera obtener él de nuestro acuerdo.

Después de refrescarme, me siento de nuevo y estudio el cuestionario que siempre tengo preparado para que mis anfitriones lo llenen, que es como una "hoja de ruta" sobre la cual me preparo para hacer mi trabajo. Si es una empresa la que me contrata para hacer mi charla, me dirá quiénes son sus competidores, cuál es su mercado, qué nuevos productos están saliendo. Básicamente, todo lo que necesito saber quedará anotado en este documento, de modo que pueda repasarlo por última vez; entonces, lo internalizo y luego lo uso de tal manera que no parezca ensayado. Yo no trabajo siguiendo un guion, así que, cada vez que doy una charla, esta es diferente, pero tengo ciertos ritmos de los que me quiero asegurar, ciertas diapositivas que podría querer presentar para ilustrar determinado punto, así que eso es lo que tiendo a estudiar durante los últimos minutos antes de empezar.

Está escrito en mi contrato que necesito 30 minutos de tiempo "a solas" antes de subir al escenario —ese es el tiempo que necesito para entender lo que quiero decir—. Ese tiempo es sagrado para mí e intento no permitir que el mundo exterior interfiera, lo que significa que no miro mi teléfono para asegurarme de que nadie me distraiga con mensajes de texto, ni correos electrónicos, ni con las noticias, ni con los temas más actuales del día.

[Consejo #5: No es suficiente con *hacer* tu tarea... tienes que encontrar la energía para transmitir lo que aprendiste haciéndola.]

Dato importante: Hoy, más que nunca, las organizaciones están aprovechando el poder del discurso público para comprometer a sus empleados. Estudios recientes demuestran que las empresas inviertan aproximadamente $720 millones al año en conferencias –cifra que se espera que se duplique en los próximos años.

- Jueves, 6 de abril, 9:00 a.m. —*Comenzar mi conferencia*

El acuerdo cuando llego a hacer mis conferencias es que me comprometo a participar durante dos horas. La mayoría de las veces, eso significa que hablo durante la primera y luego utilizo la segunda para hacer una sesión de preguntas y respuestas, un espacio para interactuar con los asistentes, tomar algunas fotos y firmar algunos libros. En esa mañana en Napa, me demoré un rato más y lo supe porque tenía a Danny en mi oído durante toda la segunda mitad de mi presentación diciéndome que nos estábamos pasando unos diez minutos, pero me pareció que la charla estaba muy animada y no podía cortarla. Así que, seguí adelante, pues quería que todos en el auditorio hallaran algo significativo en todo lo que estaba diciendo y decidí contestarles hasta la última pregunta.

[Consejo #6: Tienes que dar para recibir… En mi caso, llevo años de estar al otro lado de la ecuación, siendo el tipo que trae el talento para motivar o educar a la gente… Eso significa que siempre trato de ofrecer algo de valor cuando hago un discurso de apertura, porque sé que, si no lo hago, no honraré el tiempo de todas las personas que vinieron a escucharme.]

- Jueves, 6 de abril, 2:00 p.m. —*Almuerzo con los socios de Shark Tank*

De regreso a San Francisco, ya era hora de almuerzo, lo cual, para la mayoría de la gente que vive bajo la mentalidad de levantarse a trabajar, por lo general, esto significa una cosa: reunión de almuerzo. Bueno, tienes que comer, así que también puedes usar ese tiempo de manera productiva. No te aburriré con los detalles de mi reunión, pero quiero señalar que, cada vez que viajo, busco una doble inmersión en mi tiempo en otra ciudad. Para mí, eso no *solo* significa hacer turismo, aunque me tomaré el tiempo de sumergirme en las atracciones locales siempre que sea posible. No, eso significa llegar a conectarme con colegas, socios y compañeros influyentes en todos estos mercados diferentes para ver si podemos reunirnos. No hay nada como una reunión de persona a persona para avanzar en un proyecto; así que, cuando reservé este tiempo con las reaseguradoras, decidí comunicarme con mis socios en el área de Bay para informarles que estaría en la ciudad.

[Consejo #7: Soy un gran fanático de la doble inmersión. No siempre puedes estar en dos lugares a la vez, pero cuando estás de viaje, a menudo puedes lograr dos o tres objetivos al mismo tiempo.]

Dato importante: Ray Kroc era un vendedor ambulante cuando se encontró con de los hermanos McDonald para hablar acerca de una máquina de batidos y fue entonces cuando descubrió el diseño único de su negocio, el cual lo inspiró a buscar la manera de asociarse con ellos. *Nunca se sabe dónde o cuándo te encontrarás con una gran idea o información, así que mantén tus oídos y los ojos abiertos cuando viajas.*

- Jueves, 6 de abril, 3:30 p.m. —*Devolver las llamadas y correos electrónicos desde la habitación del hotel*

A este punto, ya son las 6:30 p.m. en la Costa Este y es el final de un día completo en mis oficinas de Shark Group en Nueva York. Por lo tanto, me tomé el tiempo necesario para llamar y comunicarme con mi equipo, tal como lo habíamos planeado, así que ellos estaban esperando mi llamada y dediqué un par de minutos a consultar con un par de personas que dirigían unos proyectos diferentes.

Luego, abrí mi correo electrónico. El plan era revisar tantos correos como fuera posible antes de dirigirme al gimnasio del hotel a las 5:00 pm. en punto, pero había un asunto urgente al que tenía que responder con uno de nuestros productores de *Shark Tank* y también recibí una nota de mi hija en la que me decía que tenía que hacer un seguimiento, de manera que esa labor me tomó un tiempo más. Sin embargo, sabía que, si iba a hacer ejercicio, tenía que cumplir con mi horario, así que, cuando dieron las 5:00 pm., la computadora portátil se apagó.

[Consejo #8: Por lo general, mi planificador diario no es tan ajustado cuando viajo, pero siempre que sea posible, trato de enmarcar mis días con reuniones fijas a horas fijas.]

- Jueves, 6 de abril, 5:00 p.m. —*Sesión de ejercicios en el gimnasio de Sheraton Four Points*

Me esperaba otro vuelo largo, así que quería asegurarme de hacer mi sesión de ejercicios antes de volver a salir hacia el aeropuerto. A veces, me parece que estoy luchando una batalla perdida al tratar de comer de manera saludable y mantenerme en forma cuando estoy de viaje, así que hago un esfuerzo extra para lograrlo. Caminé en la cinta de correr durante 45 minutos, devolviendo tantas llamadas como pude y mientras tanto, vi de reojo las noticias de CNN.

Para mí, el gimnasio perfecto en los hoteles debe ser tranquilo, sin mucha actividad, pues eso me permite usar la máquina para correr por un par de horas y hacer un montón de llamadas. Si es un gimnasio ocupado, donde hablar por teléfono no tiene sentido, prefiero hacer mis flexiones, levantar pesas, usar las máquinas… pero en ese caso, acorto mi entrenamiento y lo intensifico durante una media hora, pues como no puedo realizar varias tareas a la vez como cuando estoy en la máquina para correr, debo sacar tiempo para ponerme al día en mis llamadas telefónicas. ¡No puedo darme el lujo de pasarme el día entero trabajando en mi físico de dios griego!

[Consejo #9: Los entrenamientos en casa son excelentes, pero es posible que, cuando te encuentres lejos, se conviertan en lo más importante.]

- Jueves, 6 de abril, 6:30 p.m. —*Llamar a Heather y Minka*

Me puse de acuerdo con Heather en que la llamaría a las 9:30 pm, hora de Nueva York, para poder alcanzar a hablar con Minka justo después de su baño y antes de acostarse. Hicimos FaceTime durante media hora más o menos y fue toda una bendición. En realidad, compartir con Minka es el momento más delicioso de nuestra vida.

No importa si es a larga distancia o si estoy allí en la habitación con ella, este es el momento tierno de cada uno de mis días. Desde que ella nació, he estado finalizando mi trabajo antes de lo que solía con el fin de regresar al apartamento a tiempo para darle un baño y pasar una o dos preciosas horas con ella antes de que se vaya a dormir. Si necesito salir o reunirme con alguien para cenar o lo que sea, siempre trato de hacerlo después de su hora de ir a la cama, porque no quiero perderme esos momentos; cuando me encuentro de viaje, siempre estoy agradecido de la asistencia tecnológica que hace posible que me mantenga en contacto con mi niña. Ver su cara en la pantalla de una computadora no es lo mismo que verla en la realidad, pero es mucho mejor que dejar de verla por completo.

[Consejo #10: Gracias a Dios por Skype, WhatsApp, FaceTime y por todas las otras formas en que podemos mantenernos conectados con nuestra familia cuando viajamos.]

Dato importante: Un estudio de Pew Research Center informa que el 47% de los estadounidenses encuestados cree que el acceso a internet y a los teléfonos celulares ha tenido un impacto positivo en su interacción con la familia mientras que solo el 4% reporta un impacto negativo. *Estas conexiones son aun más importantes cuando estás en la carretera, así que mantén el teléfono cargado y haz un esfuerzo especial para comunicarte con tu familia.*

- Jueves, 6 de abril, 8:05 p.m. —*Llegada al aeropuerto de San Francisco*

Después de ducharme y pedir la cena en mi habitación (salmón y mucha agua helada para mantenerme hidratado en semejante vuelo tan largo), me dirigí hacia el aeropuerto y llegué escasamente media hora antes de que el vuelo saliera. Mucha gente piensa que es una locura llegar con tan poca antelación al aeropuerto, pero el caso es que yo había estado viajando tanto, que ya me sentía cansado con todo lo que estuviera relacionado con el aeropuerto. Además, odio perder el tiempo allí y trato a toda costa de no hacerlo. El tiempo es dinero, ¿verdad?

Una vez a bordo, logré contestar un montón de correos electrónicos antes de que el avión despegara. También revisé mis redes sociales e hice una o dos publicaciones y saqué las páginas del libro en las que estaba trabajando para tenerlas a mi alcance. Luego, vi televisión por un rato y solo para tranquilizarme un poco antes de comenzar a leer. Media hora después, me quedé dormido y no me desperté hasta que alguien anunció que la tripulación de vuelo estaba preparándose para el aterrizaje.

[Consejo #11: Sí, ya sé que el adagio popular dice que el pájaro madrugador atrapa al gusano y todo eso, pero esos gusanos pueden volverse muy resbaladizos si te sientes exhausto, así que asegúrate de estar bien descansado cuando viajas. Incluso si solo es una siesta para renovar tus fuerzas, duerme cuando puedas.]

- Viernes, 7 de abril, de 5:30 a.m. —*Llegada a Nueva York*

Ya era de mañana cuando aterrizamos en el JFK, pero yo no encendí mi teléfono tan pronto aterrizamos. A veces, lo hago, pero pensé que todos mis contactos, aquellos con quienes estaba haciendo algún tipo de negocio, estarían durmiendo todavía. Y cuando al fin lo encendí, fue para leer mis metas y comenzar mi día. Luego, ya en el Uber, empecé a revisar los mensajes que me entraron durante la noche. A propósito, me gustaría mencionar que he desarrollado mi propio sistema para revisar mis correos electrónicos. Primero, borro aquellos cuya dirección de correo electrónico no reconozco, porque le temo a los virus. Lo que eso significa es que, si tú y yo aún no nos conocemos, tendrás que contactarme a través de otros canales. Luego, borro todos los correos que me hayan enviado con copia a mí, porque me he dado cuenta de que, si hay algo a lo que tenga que responder en una de esas cadenas de correo, volveré a recibirlo en poco tiempo. Por lo general, después de este procedimiento, solo quedan en la bandeja algunos correos que sí tengo que responder, pues se trata de asuntos en curso como, por ejemplo, algunas citas que tengo que hacer o confirmar. También aproveché para dejarle algunas notas de voz a mi equipo, pues estas me representan un gran ahorro de tiempo, sobre todo, con mi dislexia. Un mensaje que podría tardarme 10 o 15 minutos escribiéndolo, puedo enviarlo en un mensaje de voz en menos de un minuto sin tener que preocuparme por mi ortografía, ni mi gramática.

[Consejo #12: Observa cómo trabajas mejor y qué te funciona más. Si ves que necesitas repasar tu bandeja de entrada de una vez, entonces hazlo. Si eres como yo, y tienes tu propio sistema para clasificar y acortar tus mensajes con el fin de enfocarte en los importantes, entonces sigue haciéndolo de la manera que te funciona.]

- Viernes, 7 de abril, 6:30 a.m. —*Regresar a casa*

Minka aún estaba dormida cuando regresé al apartamento, así que me metí silenciosamente en la cama e intenté descansar un rato antes de que ella se despertara. Media hora más tarde, entró saltando a nuestro dormitorio y comenzó a trepar por mi cabeza como si nunca me hubiera ido. Si estoy allí cuando ella se despierta por la mañana, y para acostarla por la noche, puedo estar volando por todo el planeta durante el día entero y lo más probable es que ella ni se dé cuenta.

[Consejo #13: Sé siempre humilde y reconoce que *no* hay otro lugar en el mundo como el hogar y que el hecho de descansar poniendo tu cabeza en tu propia almohada después de un largo viaje a menudo es suficiente para ayudarte a superar esa enorme cantidad de millas que acabas de recorrer.]

Dato importante: En nuestra economía actual, los estadounidenses permanecen de viaje más que nunca antes. Los trabajadores estadounidenses hicieron más de 450 millones de viajes de negocios en el año 2016... *casi el 40% de esos viajes fue para asistir a una conferencia o a un evento.*

Así que todo lo que acabo de contarte describe cuál es el transcurso de uno de mis días de viaje, solo que toda esta descripción no refleja *realmente* en qué consiste el frenesí del loco torbellino en el que quedo envuelto cada vez que hago uno de esos viajes rápidos. La energía, la urgencia, el ritmo ininterrumpido... todo ese ajetreo pareciera no tener fin. Y luego, cuando ya estoy de regreso en Nueva York, de vuelta en casa, el ajetreo continúa. Mi día no termina realmente. Ni siquiera ha empezado, pues son apenas las 8:00 a.m. (o 5:00 a.m. hora de California). Es hora de levantarme y volver a empezar, así que tengo que estar listo para un nuevo día. Ahora, cuando estoy escribiendo todo esto y revivo este largo día paso por paso, parece que debió haber sido agotador —pero debo admitir que no me pareció que así fuera—. Simplemente, el día iba avanzando y fue una alegría absoluta para mí. Le digo esto a la gente y hay quienes me miran como si estuviera bromeando con ellos, pero esa es mi honesta verdad de Dios. No hay carga en lo que hago. No tengo sensación de pesadez, ni siento que estoy arrastrando o deseando que el ritmo de mi vida disminuya. Nunca me sorprendo a mí mismo pensando que debería ser el turno de que alguien más se levantara a "hacer las donas". En absoluto. Supongo que es posible buscar y encontrar estos pequeños espacios de pausa durante mi día en los que podría haberme tomado un tiempo para retirarme y descansar un poco, pero me encanta lo que hago, de tal manera que ni siquiera se me ocurre tomarme un descanso —nunca lo he hecho, ni nunca lo haré. Prefiero estar trabajando, persistiendo y triunfando.

NADANDO CON LOS TIBURONES

Hablando de un día en la vida, una pregunta que a menudo me hacen es: "¿Cómo es un día típico en el set de *Shark Tank*?" Entonces, antes de continuar, echemos un vistazo detrás de escena. Los días en el set de *Shark Tank* son lo máximo en cuanto a trabajar y persistir para triunfar, por decir lo menos. Cuando estamos filmando, me levanto a las 5:30 am. y me dirijo directo a mi remolque. Reviso mi guardarropa y decido qué ponerme. Estoy en la silla de maquillaje a las 7:00 am. Demoro más o menos una hora en lucir bien y durante ese tiempo estoy revisando las notas de producción, hablando con algunos de mis compañeros tiburones o llamando a mi personal a Nueva York. Para entonces, ya son entre las 10:00 am. y las 11:00 am. en la Costa Este, así que tengo que estar listo para comenzar.

Dato importante: Según la revista *Fitness*, las personas que se despiertan antes de las 7 a.m. informan niveles de estrés más bajos que las que duermen hasta más tarde. *El mensaje aquí: ¡Levántate a trabajar!*

Ten presente que, cuando digo que dedico un tiempo a revisar mis notas, no me estoy refiriendo a que recibamos alguna información sobre los emprendedores que vienen a presentarse al programa. Nosotros no sabemos cuál es su trasfondo, ni tenemos detalles adicionales acerca de ellos, ni nada —escuchamos a cada uno en frío—. Y mientras escucho a cada uno, repaso mi Rolodex mental tratando de identificar si lo conozco, si he trabajado con él o ella, quién podría estar en condiciones de ayudarme a avanzar en esta idea, ya sea con distribución, experiencia o con lo que sea. Además, escribo notas para recordar los puntos que desearé tener en cuenta (historial de ventas, tendencias del mercado) en caso de querer hacer un trato, pero todo esto sucede sobre la marcha. No hay avances en *Shark Tank.*

Lo último que hago antes de que nos llamen al set es orar. Mucha gente se sorprende cuando comparto esto, pero me parece que ofrecer unas pocas palabras de oración es solo una excelente manera de poner los pies en la tierra antes de que empiece el largo día de rodaje. **Me lleva a reflexionar sobre lo que es importante en mi vida, a estar agradecido y consciente de las muchas bendiciones que he recibido y a honrar el hecho de que lo que estamos haciendo en *Shark Tank* está ayudando a inspirar a millones de personas —no solo a las que participan en el programa para presentar sus ideas o sus negocios, sino también a quienes están en su casa mirando el show y comienzan a sentirse animados y a creer en sí mismos.**

Grabamos desde las 9:00 am. hasta casi la 1:00 pm., hora en que hacemos una pausa para almorzar. El objetivo es escoger cinco lanzamientos durante ese tiempo, si es posible. Algunos expositores son breves y otros duran mucho tiempo en su exposición, así que o nos adelantamos o nos atrasamos, dependiendo del tiempo que ellos se tomen. Luego, estamos de vuelta en nuestras sillas a las 2:00 pm. en punto y seguimos trabajando hasta las 7:00 pm., tal vez las 8:00 pm., hora en que finalizamos la jornada.

Algunas noches, me voy a cenar con alguno de mis compañeros tiburones o quizá salimos todos juntos. En otras ocasiones, organizo una cena con alguno de mis socios de *Shark Tank* o con un cliente, un amigo o familiar que esté en la ciudad o también con mi agente.

Trato de estar en casa la mayoría de las noches a las 11:00 pm. en punto, momento en el cual me tomo un tiempo para ponerme al día con los correos electrónicos y apagar cualquier incendio en casa —asegurándome de tener, por lo menos, una hora a partir del momento en que apago mi teléfono hasta que me acuesto, que es casi siempre a la 1:00 am. en punto.

Al día siguiente, la misma faena. Rodamos durante 18 días a lo largo de una sola temporada, divididos en dos sesiones de nueve días. La mayoría de los años, esas sesiones ocurren en junio y septiembre y resulta que, la mayoría de las veces, hay muchos eventos y días con los distintos medios en los cuales nuestras redes esperan que participemos a la vez que estamos en Los Ángeles.

No grabamos durante nueve días seguidos. Tenemos un descanso de dos días, así que, de vez en cuando, alguien organiza un viaje cercano por carretera para muchos de nosotros, como por ejemplo, a Las Vegas o a Disney o a Palm Springs. Sin embargo, casi siempre, vamos por caminos separados. Mark Cuban se dirige a su casa en Dallas, por ejemplo. Yo, ya que mi hogar está muy lejos, casi siempre me quedo en Los Ángeles, sobre todo, si he traído a mi familia; así, puedo aprovechar el tiempo para recuperar sueño y dar largos paseos mañaneros por la playa.

Hubo un tiempo en que cambié esas largas caminatas por una carrera de dos o tres millas, pero esos días ya pasaron. Y no es que correr afecte mis rodillas, como les ocurre a algunas personas. No, afecta mi gusto por la bebida. (O tal vez sea al revés.) Digo esto como una broma, pero esa es una de las consecuencias de permanecer todo ese tiempo en la carretera —por lo general, hay muchas fiestas—. Siempre me recuerda la gran frase de Billy Joel en *Piano Man*, cuando canta sobre esas largas noches en el bar mientras los hombres de negocios se embriagan poco a poco. (Bueno, beber acompañado es mejor que beber solo, ¿verdad?) Toda esa fiesta, todas esas noches fuera, esa es la naturaleza de mi negocio y hace parte de este ambiente de trabajo. Recuerda, comencé en los clubes, lanzando a FUBU, persiguiendo a mis artistas de hip-hop favoritos y soy consciente de que todavía me siento atraído por ese entorno. Esto no es bueno ni malo, sino algo a lo que debo prestarle atención, más que todo, cuando estoy de viaje y es muy fácil deshacerme de los buenos hábitos en los que esté trabajando cuando estoy en casa. Además, tengo que ser real *y* realista: una gran parte de mi negocio ocurre cuando salgo de fiesta y no hace falta decir que, cada vez que cierras un negocio o encuentras algo para celebrar, la celebración tiende a venir con una ronda de trago.

Mira, no pretendo decir que soy perfecto. Yo tengo mis defectos y debilidades igual que la mayoría de la gente. Así que, lo que quiero es ser honesto conmigo mismo sobre este tipo de cosas e intentar hacer cambios incrementales que sean útiles para mí a largo plazo.

En el pasado, cuando todos nos quedábamos en el mismo hotel, era difícil resistir la tentación de salir de fiesta con el elenco y el equipo de trabajo. Aunque en retrospectiva, Mark Burnett y su equipo de productores ejecutivos (Clay Newbill, Yun Linger y Max Swedwow) deben haber sabido que, en determinado momento, toda esa fiesta resultaría en la camaradería y amistad que han desempeñado un papel muy importante en el éxito del show.

Sin embargo, **a pesar de que los tiburones ya no nos quedamos todos en el mismo hotel, todos nuestros "concursantes" sí**. Durante un tiempo, supimos que ellos se reunían todas las noches en el bar del hotel o en el vestíbulo y se contaban los unos a los otros sobre su participación en el show. Se daban consejos mutuos: "Oh, a Daymond no le gustará eso", "Kevin saltará sobre ti para esto" o lo que fuera que tuvieran que decir al respecto. El caso es que ellos no tienen ni idea de cuándo serán llamados al set, lo cual significa que deben estar siempre listos para cuando los llamen durante cualquiera de esos nueve días de grabación. En algún momento, se les dirá que ha llegado su turno de ir al set y en ese momento se les colocará en una habitación aislada lejos de los demás aspirantes, pero incluso entonces, podría pasar un día o más antes de que los llamen al *tanque* a hacer su presentación. Es una situación tan estresante, que estoy seguro de que la camaradería ayuda. **Tendemos olvidar que estas personas han puesto su vida en modo de espera solo por la oportunidad de mostrar su producto.** Todas ellas están buscando atrapar esa gran oportunidad. Van tras de un negocio y en busca de un poco de fama y fortuna —y no pueden hacer otra cosa que respetar *ese hecho.*

VIVE EN ARMONÍA

Vive en abundancia

—Carlos Santana

Del Salón de la Fama del Rock'n Roll, legendario guitarrista y guía espiritual

"**TAN PRONTO COMO** me despierto, respiro profundo y, antes de que mis pies toquen el suelo, me siento vivo, lúcido y lleno de agradecimiento y gratitud por otro día de vida".

Eso es lo que Carlos Santana, ganador de múltiples Grammys, responde cuando le pregunto cómo comienza su día. Responde sin dudar, no se toma ni un instante, como si la gratitud estuviera *arraigada* en él. Su actitud no es una sorpresa —por lo menos, no para mí—. Conozco a Carlos desde hace algunos años, he estado trabajando con él en varios proyectos y su espíritu alegre siempre me sorprende. No creo haberme encontrado con un alma más gentil e interesada en los demás. Me interesó mucho saber qué podría contarme en cuanto a cómo se conecta al mundo cada mañana para enfrentar cada día. Quería saber si la atención y la pureza que manifiesta a medida que va de un lugar a otro del planeta están con él desde cuando abre los ojos, si están grabadas permanentemente en su corazón o si es un estado de ánimo que él tiene que recordarse a sí mismo cada día.

Resultó que es un poco de ambos.

"Solo sé que cuanto más doy las gracias, más vivo en abundancia", me dice. "Abundancia de bendiciones, milagros y oportunidades. Es casi como si me hiciera una promesa a mí mismo todos los días. Como si dijera: "Hoy, tendré otra victoria sobre mí mismo, sobre mis propios miedos, sobre mis propias culpas". Una victoria sobre ti, lo que Bob Marley llamaba "esclavitud mental", es saber que tu luz te ayudará a salir adelante".

Ese es un pensamiento hermoso, ¿no crees? Empoderador, también. Pero escucharlo casi como un susurro en los labios de un hombre con la capacidad de hacer música con una pasión y ferocidad tan intensas que piensas que su guitarra está a punto de estallar en llamas… bueno, eso es casi místico, la forma en que lo difícil y lo sencillo armonizan entre sí.

ENCUENTRA TU VERDADERO TOQUE

Supongo que probablemente conozcas la banda de Carlos Santana o que, al menos, reconocerías un montón de sus canciones si las escucharas. Fueron toda una serie de éxitos que surgieron hacia el final de la década de 1960 y al comienzo de la de 1970, por ejemplo, "Evil Ways", "Black Magic Woman" y "Oye cómo va" —todos con la mezcla exclusiva de rock, jazz, blues, salsa, ritmos africanos y música latinoamericana al estilo de Carlos. No había nada igual en la radio y hoy su música todavía tiene gran cobertura radial. Luego, en 1999, más de 30 años después de que él entró en escena, tuvo el mayor éxito comercial de su carrera con *Supernatural*, el álbum que fue #1 e incluye colaboraciones de artistas jóvenes como Wyclef Jean, CeeLo Green, Lauryn Hill y Rob Thomas de Matchbox Twenty.

Esa magia, esa *luz* de la que habla Carlos lo ha estado acompañando desde la primera vez que tomó una guitarra cuando era niño. Pero lo que me sorprende de él es que el virtuosismo que exhibe en el escenario, sus dones como músico, no son algo que él nutre cada día. Lo que quiero decir con eso es que él no parece practicar —al menos, no de la forma tradicional—. Cuando lo escuchas hablar sobre sus rutinas diarias, todo está relacionado con la música… pero no tiene necesidad de dedicarle mucho tiempo al hecho de perfeccionar su oficio. No, Carlos sabe que su armonía proviene más que todo de su interior.

Antes de conectarse con su música, Carlos se concentra en su ser, en su esencia. Cada mañana, justo después de que respira hondo y se llena de gratitud, intenta reconectarse con sus sueños. Ese es un esfuerzo consciente y, a veces, esos sueños están fuera de alcance, pero él los alcanza de todos modos. Luego, busca a su esposa, Cindy. "Solo con verla", dice Carlos, "esa es mi forma de conectarme con su espiritualidad y su luz".

"La miro a los ojos y le agradezco por amarme", dice. "Por compartir todo su ser conmigo".

Después, se inspira en cinco libros que guarda junto a su cama; cada uno ocupa un lugar especial en su alma y en su corazón. Para Carlos, estos no son tanto libros, sino afirmaciones diarias que lo fundamentan con claridad y coraje mientras navega por la vida.

Son:

- *A Deep Breath of Life*, por Alan Cohen
- *A Daily Dose of Sanity: A Five-Minute Soul Recharge for Everyday of the Year*, por Alan Cohen
- *A Course of Miracles*, por Helen Schuman

- *Daily Meditation for Practicing the Course*, por Karen Casey
- *Quantum Success: The Astounding Science of Wealth*, por Sandra Anne Taylor

Carlos lee estos libros a diario —no del todo, claro está—, pero regresa al lugar donde los dejó el día anterior o tal vez vaya a una página al azar y comience de cero. El punto es que él pasa un tiempo sumergido en ellos y se prepara a sí mismo para el día. Por último, antes de irse a la cama, vuelve a buscarlos y a leerlos. Así que las palabras y la sabiduría que ellos contienen son lo primero en lo que él piensa cada mañana y lo último en lo que piensa cada noche.

Me encanta la forma en que Carlos describe lo que él busca al enmarcar sus días con estos libros. Échale un vistazo:

"Es como cuando entras en el auto y te aseguras de que los espejos estén todos bien cuadrados para que puedas ver bien mientras conduces", explica. "Revisas el espejo del lado del conductor, el del lado del pasajero y el retrovisor con el fin de asegurarte de que estén ubicados de tal manera que puedas ver los autos que vienen atrás, a la izquierda y a la derecha. Todos tus espejos están alineados a tu conveniencia para que puedas protegerte. ¿Qué te dicen cuando estás aprendiendo a conducir con respecto a que debes saber lo que pasa con los siete autos que tienes adelante y los siete autos que vienen detrás de ti? Eso es lo que estos libros hacen por mí, me ayudan a ver lo que viene y a protegerme. Me alientan a ser más consciente y me invitan a ser una especie de observador divino".

Muy acertado, ¿verdad? Esta ilustración de cómo revisar tus espejos y configurar tu auto para estar listo para conducir es la metáfora perfecta de lo que significa *persistir y triunfar.*

Entonces, así es como uno de los mejores guitarristas de su generación, y de cualquier generación, comienza su día. Su encuentro con la música ocurre más tarde, pues el hecho es que, cuando Carlos llega a la oficina, se toma el tiempo para agradecer por cada prospecto que llega a su escritorio; además, nunca quiere darse el lujo de sentirse satisfecho de sí mismo, ni dar nada por sentado; tampoco se conforma con dejar las cosas en manos de quienes trabajan con él para que sean ellos quienes determinen cómo y cuáles de tantas oportunidades aprovechar. Más bien, él quiere mantenerse conectado con las posibilidades que le esperan y ser él mismo quien decide dónde hay una conexión que le interesa, qué tan profunda o significativa es y en dónde la visión de una persona puede conducir a la visión de otra persona para así crear algo verdaderamente mágico.

En realidad, lo que Carlos está entendiendo aquí es qué es y cómo funciona el espíritu de innovación. Así es como él lo expresa: "Cuando pones mantequilla de maní con chocolate, obtienes algo más que chocolate con mantequilla de maní". Por supuesto, lo que él quiere decir es que puede ocurrir otro tipo de magia cuando la combinación es correcta.

Dato importante: Con el fin de conmemorar el Día Internacional de la Paz, los ejecutivos de Burger King y McDonald's se unieron para combinar sus platos exclusivos y vender un McWhopper por un solo día. Las ganancias serían para la organización benéfica Peace One Day. *Nunca subestimes el poder (y el alcance) de colaboración, incluso entre rivales.*

Para un chico que vive y respira música como lo hace Carlos Santana también es sorprendente que la mayoría de los días no *escuche* música, sino hasta cuando llega a casa de la oficina —al menos, no de manera consciente—. Carlos dice que la música siempre está en su cabeza, que toda la música que ha tocado y toda la que ha escuchado llenan su alma. Pero cuando finalmente se sienta a escuchar música, lo hace con intenciones serias y alegres. Carlos deja que la música se apodere de él y se convierta en parte de sí mismo —de la misma manera en que experimenta ese sentimiento de gratitud cada mañana.

Ahora, debo admitir que soy un tanto ignorante cuando se trata de comprender cómo se cultiva un don como el talento de Carlos en la guitarra. Puedo apreciar su brillantez —entre los miles de personas que han tenido en sus manos una guitarra (tal vez, incluso *millones*), los críticos y otros músicos ponen a Carlos entre los diez primeros de todos los tiempos—. Sin embargo, yo no sé cómo comenzar a apreciar todo el trabajo que él realiza para desarrollar su talento, llegar a ese estado de excelencia y mantenerse allí. Sé que voy repetir lo que ya dije antes, pero es realmente conmovedor ver que este gigante de la música no se toma el tiempo cada día para cultivar ese talento. O, al menos, no de la manera que uno pensaría. Tengo que admitir que cuando hablé con Carlos para tener una idea de su régimen diario, pensé que practicar la guitarra habría ocupado una buena parte de su tiempo. ¿Sabes? Tenía esta imagen en mi mente de que él pasaba horas y horas cada día trabajando en escalas, fortaleciendo sus dedos, esforzándose al máximo. Pero ese no es el caso. En absoluto... ni en lo más mínimo.

Y cuando toma su guitarra, no hay reloj en su sesión. No reserva determinada cantidad de tiempo para tocar, ni para escuchar o lo que sea. Es más orgánico que eso. Su intuición es lo que alimenta su *rutina*.

"Sé tocar la guitarra", dice. "Sueño con tocarla, pero la he tocado toda mi vida, así que practico de una manera diferente, que me permita vivir la música. El tiempo desaparece cuando saco mis dedos a caminar con Jimi Hendrix, Marvin Gaye o con mis otros hermanos y hermanas. Así es exactamente como lo llamo. Yo no practico. Lo llamo llevar mis dedos a caminar con ellos. Cuando regrese de estar dos o tres horas con Marvin Gaye, mis dedos saben cómo alinearse con él a la perfección. Cada uno de los cantantes hacen lo que ellos saben hacer y luego yo les respondo. Tengo que responderles de tal manera que no pise sus líneas. Ellos hablan y yo escucho. Entonces, el tiempo que paso con mi guitarra no es tanto como lo hice al principio, porque mi guitarra se ha vuelto muy parecida a mi lengua. No tengo que pensar más en la enunciación, ni en la pronunciación. Confío en que mis dedos irán a donde yo quiero y que lo harán tan rápido y tan profundo como yo quiera. Todo lo que necesito hacer es dejar que mis dedos hagan su trabajo y que este sea creíble y honesto".

Luego, continúa: "Si tuviera que dar una cifra, diría que el 99% de la música que escucho proviene de África. Aprendo las melodías. Aprendo las partes de conga. Aprendo el ritmo. Lo asimilo todo de tal modo que cuando estos otros músicos se sientan a tocar conmigo en París, por ejemplo, sus ojos casi se desorbiten y comiencen a preguntarse, ¿cómo demonios es que este mexicano pueda tocar esta música y ser parte de ella? Bueno, eso es porque la música me encanta y es como si fuera parte de mí y la aprendo como si fuera parte de mí".

Y sin embargo, la cuestión es que, cuando Carlos *aprende* música de esta manera, no la toca con la guitarra. No la estudia, ni se está enseñando a sí mismo algo nuevo. Simplemente, la está absorbiendo como por ósmosis, imaginándola fluir a través de su alma y de sus dedos.

HAZTE ÚTIL

Una de las grandes cualidades de Carlos es su excelencia —más que casi cualquier otra persona que conozca, él parece apreciar realmente la belleza de lo que está bien hecho—. Por ejemplo, durante la temporada de baloncesto, a él y a su esposa les gusta ver al equipo de San Antonio Spurs en la televisión. Ahí es donde los encontrarás después de la cena la mayoría de las noches, y si los Spurs no juegan, entonces verán a los Golden State Warriors o a los Cleveland Cavaliers. Con seguridad, parte de ese gusto tiene que ver con su profunda apreciación de la habilidad, de la excelencia que ellos manifiestan. Pero es su altruismo, aquella mentalidad de los Spurs, lo realmente admirable. "La forma en que se comportan", dice Carlos, "en la cancha y fuera de ella es muy elegante. Muy humilde. No se golpean el pecho como King Kong. Simplemente, tienen una cierta forma de comportarse tanto en la cancha como fuera de ella".

Carlos cuenta que Arthur Ashe, la leyenda del tenis y John Coltrane, el saxofonista de jazz, son sus modelos a seguir, lo cual tiene sentido una vez que me dice que es porque ellos también se comportaban con cierta dignidad y elegancia.

"Excelencia y elegancia", dice. "Esas palabras significan mucho para mí. Las personas que encarnan esos ideales significan mucho para mí".

Carlos le da crédito a su madre por haberle inculcado la disciplina que él necesitaba para encontrar su camino hacia la excelencia en su música. "Mi madre me enseñó que podríamos haber sido muy pobres aquí en Tijuana, pero no por eso éramos despreciables", recuerda. "Vivimos con orgullo, con un propósito. Ella mantenía la casa limpia. Entraba a mi habitación y yo podía estar con mis hermanos y hermanas, y me decía: 'Carlos, ¿qué estás haciendo?'. Me advertía que me metería en problemas. Y yo le respondía: 'Mamá, no quiero meterme en problemas. No estoy haciendo nada'. Y ella me decía: 'Lo sé. Por eso te lo digo, hazte útil. Ponte a hacer alguna cosa'".

De su padre, Carlos aprendió la importancia de la paciencia en la música y en todo lo demás. Su viejo era violinista, así que sabía de lo que estaba hablando y Carlos sabía lo suficiente como para escucharlo.

"Oh, solía volverme loco", recuerda Carlos, "porque, cuando eres joven, quieres ir muy rápido. Y mi papá me decía: 'No, más despacio. No tengas tanta prisa. Toca el blues más lento que puedas tocar'. Y tenía razón, por supuesto, porque cuando lo tocas muy lento, estás muy desnudo y expuesto y no puedes esconderte. Cuanto más desaceleras, más te adentras en lo profundo del corazón de las personas".

YO NO SOY LO QUE ME PASÓ...

Una de las contribuciones más duraderas de Carlos al mundo no tuvo nada que ver con la música. Después de haber alcanzado ese segundo gran momento con *Supernatural*, y de encontrarse con una audiencia completamente nueva, se hizo aún más famoso con una revelación. Le dijo a *Rolling Stones* que había sido abusado de niño por el padre de un amigo de la infancia y compartió esta difícil historia personal porque se sintió llamado a hacerlo.

"Al principio, pensé: No, hombre, no puedo hacer eso", recuerda. "Fue aterrador, crudo y vergonzoso. Pero entonces pensé, espera, esto puede ayudar a mucha gente, pues a muchos les sucedió esto mismo. Y me pareció que los liberaría escuchar a alguien como yo hablando de eso. Entonces, decidí que lo haría para que pudieran ir al espejo, mirarse a los ojos y pensar: 'Todavía soy puro e inocente. Todavía soy como Dios me hizo. Yo no soy lo que me pasó'".

Dato importante: Un informe reporta que en los Estados Unidos ocurre un abuso infantil cada diez segundos. *¡Mi aprecio y admiración hacia mi amigo Carlos, por tener el coraje de encender y hacer brillar una luz de esta manera!*

No soy lo que me pasó. Esa es una declaración muy poderosa y cuando Carlos por fin pudo entender su propia experiencia y encontrar una manera de superarla, también encontró la voluntad de recuperarse. Para llegar allí, recurrió al poder curativo de la oración y la espiritualidad, pero también a la música, ya que, hasta el día de hoy, sigue experimentando que la música puede llevarlo a un lugar de trascendencia. Para mí, la gran conclusión aquí es que todos tenemos nuestras dificultades, nuestros problemas. Para algunos, es el abuso; para otros, es la pobreza o la falta de oportunidades; en otros casos, es la discapacidad de aprendizaje o física. La lección que aprendí de Carlos es que lo que te da forma es cómo superas esa dificultad, cómo superas tus problemas.

"Ya no está en mis dedos", dice, de la música. "Está en mi aliento. Respiro hondo, eso es todo. Es como cuando una mujer da a luz, debe cambiar la forma en que respira. Eso es Lamaze. Su aliento le da fuerza. Conmigo, con mi música, mi respiración me da fuerza, especialmente, porque sigo diciendo que la alegría de Dios es mi fortaleza. Así que respiro hondo y confío en que pueda canalizar mis pulmones y mi cerebro y ellos a su vez impulsarán mis pantorrillas, porque cuando toco una nota, esta surge de mis pantorrillas, de mi corazón… de mis cojones. Disculpa, pero tengo que hacer que cada parte de mi cuerpo se sienta relajada. Cuando te relajas, obtienes mucha fuerza. Cuando tienes miedo y te sientes tenso, te cansas y te debilitas de inmediato.

"Mira, cuando toco mi guitarra, ese es un acto muy físico. Si hubiera podido estar seguro de vivir hasta los 99 años, me habría cuidado mejor, pero ahora tengo una esposa que me cuida muy bien. Ella me hace beber mucha agua y me obliga a hacer esto y me ayuda a hacer lo otro. Por eso, confío en que, aunque tengo 70 años, puedo subir al escenario y ser como mi hermano Buddy Guy. Puedo tener algunas intenciones seriamente divinas, pero también malas. Y ese es un buen equilibrio, lograr suavidad, pero ser sagaz, como el león. Tienes que poder derribar un búfalo de un golpe. Esas cosas provienen de Albert King, Freddie King y B. B. King, los tres King. Cuando quiero tocar una determinada nota de cierta manera, fuerte y suave, todo a la vez, quiero que la gente diga: '¡Oh, qué tremendo!'. Quiero que piensen que es más que una simple cuerda la que hace esa nota. Que es más que una persona tocando esa guitarra. Quiero que escuchen mi espíritu".

Lista de verificación de la persistencia de Carlos

- ✓ Procura despertarte sintiéndote agradecido, atento y alegre —porque, bueno, podrías saludar el día con una canción en tu corazón…
- ✓ Sumérgete en influencias positivas, rodéate de energía positiva y mantén una actitud positiva…
- ✓ Celebra la excelencia y la elegancia en el trabajo de los demás…
- ✓ Siempre y cuando estés celebrando, asegúrate de celebrar también tus pequeñas victorias, porque llegamos a donde vamos dando pequeños pasos…
- ✓ Lee (y relee). Volver a leer un pasaje familiar a diario es una excelente manera de mantenerte conectado, así que busca escritores que te inspiren, te iluminen o te hablen de alguna manera y guarda sus libros junto a tu cabecera…
- ✓ Confía en tus talentos. Sí, la práctica hace la perfección y todo eso, pero a veces, llegas al punto en que no te queda nada más para practicar y sabes que tus dones estarán allí esperándote…

SÉ SINCERO CONTIGO MISMO

Haz lo tuyo

—Wendy Williams
Conductora de talk show en las tardes, madre trabajadora y bastante franca

¿**ALGUNA VEZ** te ha ocurrido que tomaste el control del televisor y te encontraste en algún canal con una persona cuyo alto nivel de energía positiva te hizo sentir como si ella pudiera atravesar la pantalla del televisor y sacudirte para que te despiertes y te pongas serio con la vida? ¿Con alguien tan refrescante y genuino que quieres llamarlo por teléfono y pasar el rato con él o ella y hasta ir a arreglarte las uñas en su compañía?

Es muy probable que así se sintieran millones de espectadores cuando se encontraron por primera vez con mi amiga Wendy Williams, después de que su programa de entrevistas salió al aire por primera vez en el año 2008. La gente de Nueva York, y en ciertos mercados de todo el país, ya conocía a Wendy por su programa de radio —había sido una de las mejores durante casi 20 años, así que se sentía bien y muy cómoda frente a los micrófonos. Pero ahora que estaba frente a las cámaras, ¡eso era otra cosa!

Una de las formas en que Wendy se diferenció del abarrotado campo de aspirantes a presentadores de programas de entrevistas que intentan conducir un programa cada año fue a través de su *persistencia*. Verás, es costumbre que, durante el verano, se suspendan los programas del horario diurno. La mayoría de ellos deja de emitir nuevos episodios en mayo y vuelve a salir al aire en septiembre. Eso fue lo que Wendy hizo en su primera temporada de The Wendy Williams Show, pues fue así como quienes estaban a cargo *le dijeron* que hiciera. Sin embargo, en la segunda temporada, Wendy no paró de transmitirlo durante todo el verano —no necesariamente para tener ventaja sobre la competencia, sino más que todo, porque ella se sentía muy conectada a su trabajo. No fue una estrategia. Más bien, fue un síntoma de su impulso imparable y resultó que esta decisión le ayudó a atraer a un montón de espectadores nuevos y leales.

"Me volví loca permaneciendo fuera del aire durante tres meses", recuerda ella ahora. "Soy muy activa y no estaba acostumbrada a todo ese tiempo de inactividad. No ocupaba mi mente lo suficiente. Entonces, en el segundo año, pusimos en el presupuesto que filmaríamos hasta finales de julio, así que estuvimos al aire con todos estos nuevos episodios mientras todos los demás programas transmitían repeticiones".

Así ha sido desde entonces. Wendy hace alrededor de 200 programas al año y no es como The View o The Talk o The Five, ni como cualquiera de esos programas con un panel de presentadores que contribuyen con el trabajo pesado. No, señor. Es solo Wendy al aire, sola, haciendo lo suyo. El programa se graba cuatro días a la semana, de lunes a jueves; los viernes, Wendy suele ir a una de sus ciudades afiliadas para hacer allí un evento promocional. Quizás este hecho le parezca glamoroso a alguien que no pertenece a la industria de la televisión, pero ese es un horario agotador. Créeme. **No sé cómo lo hace, pero esta mujer parece una bola de fuego, llena de energía fresca en todos y cada uno de sus programas.**

Sus días de rodaje comienzan de la misma manera: su alarma suena a las 5:30 am. Luego, un par de veces más y ella sigue dormitando hasta las 5:50 am. Después, pasa los siguientes 90 minutos preparando a su familia para que todos estén listos para sus actividades del día.

"Oh, por favor, tengo un escuadrón de glamour esperándome en el estudio", agrega ella cuando bromeo diciéndole que no debe necesitar mucho tiempo, ni esfuerzo para lucir muy bien, ni para arreglarse el cabello y maquillarse cada mañana. "Así que no es que tenga que prepararme para el programa desde antes de salir de casa. Todo lo que tengo que hacer es meterme en la ducha, ponerme mi disfraz, que es un par de leggings o, ya sabes, algo muy cómodo y sin nada de maquillaje. Luego, me pongo una peluca y me voy directo al estudio, que es donde hago todas estas cosas".

En la práctica, lo que eso significa es que Wendy no tiene que lidiar con muchas de esas cosas relacionadas con el arreglo de la mañana en las cuales las mujeres trabajadoras de todo el mundo consumen tanto tiempo. Ella se enfoca en su hogar y en su familia y esto hace que el tiempo de la mañana sea como una gran ganancia inesperada que ella aprovecha al máximo —lleva a su hijo de 16 años, Kevin Jr., a la puerta de la escuela, deja que el perro salga por la puerta de atrás mientras ella prepara el desayuno—. Luego, se va al estudio con su esposo, Kevin Sr. Trabajan juntos, lo cual genera una dinámica interesante. "Por lo general, él está muy tenso", dice ella acerca de su esposo. "Es el gerente, ya sabes, así que me protege de muchas de las cosas que suceden con el programa. A veces, estamos revisando el cronograma y yo veo algo y digo: '¡Guau, no sabía que iba a hacer esto o aquello!'.

Así que hablamos de lo que sea que esté pasando y después cada uno se enfoca en su trabajo".

Dato importante: Existe un promedio de 4 millones de negocios familiares en los Estados Unidos, incluyendo alrededor de 1.4 millones manejados por equipos compuestos por marido y mujer. *Estas cifras provienen de Bureau of Labor Statitics e indican que Wendy y su esposo, Kevin, podrían estar haciendo una gran labor. Las parejas que trabajan juntas se asocian para darse a conocer como profesionales y para interactuar a nivel personal en el lugar de trabajo — si me lo preguntas, ambas cosas son buenas.*

SÉ REAL

Wendy creció en Ocean Township, Nueva Jersey, con la idea de que su familia tenía dinero. Sin embargo, más tarde se dio cuenta de que, en realidad, sus padres siempre estaban estirando su presupuesto solo para enviar a Wendy y a sus hermanos a la universidad y para mantenerlos bien vestidos. "¡Oh, por favor!", dice ella ahora. "¡Pensé que era una condesa! Teníamos un Lincoln Continental con esa gran rueda en la parte trasera cuando deberíamos haber estado manejando en un Dodge Dart".

Fuera de eso, ella ha aprendido a mantenerse firme. Compra sus propios comestibles, puede que esa no parezca una gran hazaña, pero cuando estás en el ojo público (y sobre todo, cuando tienes un programa exitoso de larga duración en la televisión diurna), es casi imposible caminar por el pasillo de un supermercado sin que algunas personas te detengan porque quieren hablar contigo, tal vez pedirte que te tomes una foto con ellas, que les des un autógrafo o lo que sea. Yo también lo he vivido desde que comencé a aparecer en *Shark Tank*, y como Wendy, elegí agradecer y disfrutar de toda esa atención en lugar de huir de ella.

"Me encanta la comunidad", manifiesta Wendy. "Me encanta la gente que ve mi programa. Es como tomarme mi propia temperatura, tú sabes a lo que me refiero. Y puede sonar cursi, pero en televisión, ellos hacen toda esa investigación, todas esas encuestas, esas clasificaciones que te dicen cómo te está yendo, pero me gusta hacerlas por mi cuenta y la única forma de hacerlas es yendo a la farmacia a recoger mi medicamento para la tiroides. No pido que me lo envíen a la casa, ni tengo a nadie que me lo traiga, así que voy y hago la fila con la gente un sábado o domingo y me preguntan: '¿Cómo estás?', y yo respondo: '¡Muy bien! ¿Y *tú* cómo estás?'. 'Bueno, ya sabes, mi esposo y yo vemos tu programa todo el tiempo'. '¡Oh, fabuloso!'. Y así es casi siempre, entonces, si necesito una escoba o comida para mis perros o lo que sea, yo misma voy y lo compro".

Wendy predica con su ejemplo —esa es la razón principal por la que la gente la ama y la ve en televisión—, porque ella es real. Le da crédito a su madre por haberle enseñado a ser una persona íntegra y a apreciar las buenas oportunidades que se le presentan. "Mis padres han estado casados durante 155 años", cuenta ella de una manera que no suena a exageración. "Y mi madre siempre ha sido una mujer bonita. Además, siempre mantuvo bonita nuestra casa. Sus cenas siempre eran riquísimas. La casa siempre olía a fragancia de pino y tenía a alguien que venía a ayudarle de vez en cuando, pero no todos los días. Se trataba de una ayuda externa. Pero lo que aprendí de ella es que, sin importar cuán exitosa sea una mujer, ni cuán segura se sienta, no puede tenerlo todo. No puede, porque siempre tiene que estar disponible para resolver las cosas. Porque cuando se rompe el lavavajillas, ¿adivina quién lo resuelve? Así que he aprendido a arreglarme las uñas, a mantenerme con la cintura apretada, a ofrecer una buena cena, ya sea que la prepare yo misma o que la pida a algún restaurante y también a prevenir que el lavavajillas esté arreglado y a salir a hacer mi trabajo y a asegurarme de sostener conversaciones inteligentes cuando llego a casa".

Dato importante: De acuerdo con Craft and Hobby Association, en el 56% de los hogares de los EE. UU. hay, por lo menos, un miembro de la familia que trabaja haciendo manualidades de forma permanente, por ejemplo, cosiendo, trabajando la madera, pintando, etc. *Lo que puede significar que, a pesar de que estamos cada vez más ocupados, todavía encontramos tiempo para poner en pausa nuestro propio mundo y ocuparnos de manera constructiva en lo que nos gusta hacer.*

Otra lección que Wendy aprendió de su madre fue a encontrar la felicidad donde pudiera —y a desconectarse de las personas cuando ellas piensan que lo que estás haciendo es cursi—. "Mira", dice ella, "me encanta hacer artesanías. Acabo de hacer una otomana. Compré una bastante simple en Home Goods y luego compré un material con impresiones atigradas pensando en forrarla con eso; cuando terminé mi artesanía, la puse en mi oficina. Elaborar artesanías me hace sentir muy bien. Así es como me relajo. Y esta era una otomana simple y sosa; podrías mirarla y pensar que es estúpida, pero ¿sabes qué? Tal vez, lo sea, pero es mía".

Ahora, antes de que te vayas pensando que la vida de Wendy ha sido solo duraznos y otomanas con crema y estampados atigrados, debes saber que ella ha tenido sus momentos difíciles. Ha hablado sobre ellos en público, pero no quiero afectar su privacidad y escribir sobre eso aquí. Solo quiero que sepas que **si deseas apreciar las formas en que las personas han logrado salir del túnel y ver la luz, siempre es útil conocer los tiempos oscuros que ellas atraviesan.**

AGREGA TUS PROPIOS CONDIMENTOS

En estos días, la casa de Wendy está experimentando una pequeña transformación, especialmente, su cocina. Su hijo se ha convertido en un vegano completo, mientras que su esposo ahora es vegetariano. Wendy todavía no ha variado su dieta. Se considera una pescatariana, porque disfruta de una buena porción de pescado de vez en cuando, pero tiene cuidado de honrar las elecciones dietéticas de los hombres de su vida.

Podrías pensar que ella se mantiene cenando fuera de casa, en restaurantes de cinco estrellas todas las noches, pero en realidad, suele preparar cenas caseras. A veces, cocina, y a veces "recoge" —esa es una frase que ella usó un par de veces durante nuestra visita y creo que también comenzaré a usarla. (Suena mucho mejor que "hacer pedidos para llevar", ¿no crees?) Pero viene con una pequeña nota adjunta: "Recojo algo de comer en nuestros restaurantes veganos y vegetarianos favoritos", explica, "pero luego, yo les agrego mis propios condimentos. Siempre los tengo a la mano".

Lo tendré en cuenta.

Después de la cena, a Wendy le gusta relajarse viendo un rato de televisión "sana". En estos días, con lo que está sucediendo en Washington, es fácil distraerse con la charla en nuestros programas de noticias por cable, pero Wendy sintoniza programas como *Black-ish* y *New Girl*. Uno de sus grandes placeres no tan siniestros es sintonizar Home Shopping Network, que ella ve como una especie de escape cómodo de su rutina diaria —y como una excelente manera de conectarse a los gustos y tendencias que podrían interesarles a sus espectadores.

Ah, y antes de alejarnos demasiado del tema de la cena, permíteme mencionar también que la familia de Wendy es muy buena en todo lo relacionado con los suplementos alimenticios. Sin embargo, la única píldora sintética que Wendy pone en su cuerpo todos los días es su única píldora tiroidea, pero aparte de eso, todo es natural. Su hijo Kevin prepara desde cero algunos de sus suplementos —Wendy pone las materias primas y luego las machaca, las mezcla y las pone en cápsulas.

"Somos una familia compuesta por bichos raros", afirma Wendy. "Está bien, somos raros, pero ¿quieres saber algo? Somos felices, estamos sanos, nos amamos. ¿Qué más puedo pedir?".

Ideales por los cuales vivir.

Lista de verificación de la persistencia de Wendy

- ✓ Hazlo tú mismo… incluso si llegas a esa etapa de tu vida en la que puedes permitirte traer refuerzos para que te ayuden con la cocina, la limpieza y las compras, no hay nada como hacer las cosas por ti mismo y con ayuda de tu familia…
- ✓ Cree en lo que estás publicando… Cuando estás en televisión, la gente puede ver a través de ti, así que ten en cuenta esa transparencia…
- ✓ Encuentra un pasatiempo o un oficio que contribuya a ejercitar tu mente y te ayude a poner tu vida en una pausa significativa…
- ✓ Busca espacio en tu vida para acomodar los regímenes de dieta y ejercicio de las personas que amas… tú estás en condiciones de reforzar sus hábitos saludables, así que conviértete en esa persona que los anima y congratula por sus esfuerzos adicionales… y es más, únete a ellos de tal manera que tengan sentido también para ti…
- ✓ Vístete por completo para alcanzar el éxito, pero sin sentir que estás en el supermercado, pero vestido como un multimillonario… tú eres quien eres, ¡disfrútalo!

SÉ ÁGIL

Utiliza lo que es útil

—Michael Parrella
Entrenador de gimnasio, consultor de marketing, creador de oportunidades

TENGO A ALGUIEN MÁS a quien quiero presentarte y que consideró a Bruce Lee como uno de sus ídolos durante su etapa de crecimiento. Olvídate de cómo Bruce Lee inspiró a millones con la agilidad de sus movimientos, con su increíble fuerza y agilidad. Lo que sorprendió a Michael Parrella fue la forma en que él *pensaba.*

"En lo que Bruce Lee fue pionero", dice Mike, "fue en saber usar lo que es útil. En lugar de quedarse atrapado con el tradicional dogma de '¡Oh, esta es la forma en que se hacen los negocios!' o '¡Esta es la forma en que se construye la vida!', su mensaje era: '¡Haz las cosas a tu manera!'".

Yo también soy un gran admirador de Bruce Lee, pero nunca escuché esta cita hasta que Mike me la compartió e hizo clic en mí. *Usa lo que es útil.* Me gusta eso —y me encanta la forma en que Mike también ha implementado ese concepto en su vida.

Verás, Mike es conocido como alguien que hace las cosas a su manera —en su propio tiempo—. Como cuando se levanta cada mañana. La mayoría de las personas que conozco abre los ojos, se los limpia, tira lejos las sábanas y comienza su día. No Mike. Él, simplemente, yace allí durante unos 30, tal vez, 45 minutos. "Ese es mi momento de quietud", dice. "Sale el sol y ese es un momento muy tranquilo en mi casa. Es casi que el único momento del día en el que puedo pensar sin interrupción; por esa razón, se ha convertido en mi momento creativo".

Últimamente, hay muchas personas esperando a que Mike salga de la cama y comience su día. Están su esposa e hijos, por supuesto. Están quienes integran los equipos de trabajo de los cinco gimnasios que él posee y que operan en el área de Nueva York. También hay cientos de propietarios de franquicias que operan sus propios gimnasios utilizando su plataforma y sus conceptos únicos. Y además, hay miles de personas que hacen de esos gimnasios una parte de su rutina de la mañana y que ven en Mike y en sus métodos de acondicionamiento físico como una manera innovadora y estimulante para ayudarlos a comenzar sus días.

Pero Mike tiene que poner en práctica esto de *haz las cosas a tu manera*, así que se toma su tiempo.

EN ALGÚN MOMENTO, LLEGARÁS A TU META

Hay mucho que admirar sobre la forma en que Michael Parrella ha construido sus negocios y de la manera en que construye cada uno de sus días. Nos conocimos en una ocasión en que él me invitó para que le ayudara a motivar a sus equipos de trabajo

—uno de mis tipos favoritos de evento, porque me invitan a ver y a experimentar todas estas culturas corporativas diferentes y me permiten llevar mi propio estilo a cada entorno—. Solo que esta vez, resultó que Mike también me motivó. Su historia me inspiró. Salí de allí pensando que tenía que encontrar la manera de trabajar con este tipo que le aporta tanta energía y pasión a todo lo que hace.

Sin embargo, no siempre fue así, pero antes de decirte cómo fue que Mike se quedó corto cuando recién comenzaba, déjame primero contarte dónde está hoy. Ahora que ha descubierto algunas cosas, está escalando cada vez más alto. Logró convertirse en uno de los principales comercializadores de artes marciales del mundo, pero la mayoría de la gente lo conoce como el fundador y CEO de la popular cadena de entrenamiento iLoveKickboxing en todo el país. Incluso si nunca has estado en uno de sus gimnasios, estoy bastante seguro de que te has sorprendido con alguno de los letreros de la tienda de Mike y te has preguntado qué estará pasando dentro. Bueno, lo que está sucediendo son las sesiones de kickboxing que generan tanta adrenalina y que les permiten a los participantes sudar a chorros. Se ponen un par de guantes de boxeo y aprenden movimientos que trabajan su cardio, la parte superior e inferior de su cuerpo… es decir, el paquete completo. Y además, se divierten tanto, que no pueden evitar volver por más.

Y los propietarios de franquicias de iLoveKickboxing también sudan, pero vale la pena, porque estos gimnasios son bastante rentables, en parte, porque Michael ha creado un sistema infalible con la franquicia y no cuesta mucho abrir y operar una. A diferencia de la mayoría de los gimnasios, donde un propietario tendría que invertir en equipos cardiovasculares de alta gama como cintas de correr y máquinas elípticas que necesitará remplazar a cada rato, los estudios ILKB cuentan más que todo con colchonetas de gimnasia y un montón de bolsas pesadas que no ocupan mucho espacio, por lo que los propietarios de las franquicias también ahorran dinero al no tener que rentar locales grandes. Pero sobre todo, son rentables porque parte del acuerdo final con Mike es atraer clientes y hacer que sigan aumentando cada vez más. Lo que realmente distingue a sus gimnasios es la forma en que él comercializa la franquicia de acondicionamiento físico y crea un sentido de comunidad entre sus participantes e instructores.

Dato importante: Los gimnasios necesitan inscribir 10 veces más miembros que los que puedan acomodar para obtener ganancias. *Sin embargo, solo el 18% de los miembros se ejercita de manera constante, así que, si logras encontrar la manera de que más y más usuarios sigan llegando a tu gimnasio, tendrás mejores beneficios.*

Lo más convincente sobre el éxito de Mike es que él no ascendió en línea recta hasta la cima de su campo de acción. También ha habido *caídas cortas* en su historia. Mike comenzó su primer negocio a principios de la década de 1990 —con una escuela de artes marciales ubicada en el segundo piso de un edificio de oficinas en Long Island—, con un capital de $7.000 dólares que obtuvo en calidad de préstamo. No era mucho, pero algo es algo. Pronto, los convirtió en un poco más y decidió abrir una segunda ubicación; luego, una tercera y así. Al cabo de cinco años, estaba manejando cinco gimnasios, pero un día, se miró al espejo y se dio cuenta de que se había adelgazado demasiado.

"Administrar uno o dos gimnasios y cinco o seis empleados no es gran cosa", dice él ahora. "Pero cuando llegas a tener 20 y 25 empleados y cuatro o cinco ubicaciones, se requiere un conjunto nuevo y más completo de habilidades. Es como si hubieras construido un castillo de naipes, así que no fue sorpresa que todo se derrumbara sobre mí".

En cuestión de un par de años, Mike se fue a la quiebra. Su casa estaba en ejecución hipotecaria; había acabado con los ahorros de su 401(k); su automóvil estaba siendo embargado y tenía que estacionarlo a cinco cuadras de donde se estaba quedando, ¡para que el encargado de hacer la reposesión no pudiera encontrarlo, ni llevárselo! Fuera de eso, tuvo que ingeniárselas y encontrar una manera de aprovechar la conexión eléctrica de su vecino para lograr mantener las luces de su casa encendidas. Y para comer, vivía de las cenas con fechas de expiración caducadas que la madre de uno de sus amigos estaba acumulando en los congeladores industriales que guardaba en su sótano. Su regla general era que comería cualquier cosa con una fecha de vencimiento que fuera menor a dos años.

Esa situación era, justamente, el *poder de la quiebra* en acción —solo que Mike no sabía cómo aprovechar ese *poder* a su favor, no todavía—. Durante un par de años, se hundió cada vez más en deudas y más y más en la desesperación. "Cuando estás quebrado y tu negocio apesta, ni siquiera quieres ir a trabajar", reflexiona. "Tuve días en que ni siquiera salía de casa".

Había estado en muy buena situación financiera y ahora estaba raspando de la olla, cayendo en ese punto de desesperación en el que, finalmente, encontró verdadera inspiración. Lo descubrió poco después de la muerte de su madre, cuando llegó a hablar con uno de sus amigos sobre lo que escribirían de él en su lápida después de su partida. **Había estado pensando sobre su legado, sobre la huella que estaba dejando en este mundo y fue ahí cuando comenzó a escribir su propio obituario.** Sacó una libreta y arrancó una o dos hojas, pero después de un rato, dejó de escribir y tiró el bolígrafo lejos, pues se dio cuenta de que todo lo que estaba escribiendo era basura.

"Todo era pura mierda", recuerda ahora. "Estaba escribiendo sobre cómo quería que la gente me percibiera, pero no sobre cómo yo era en realidad".

Así que arrugó su primer borrador y comenzó con uno nuevo, pero esta vez, fue brutalmente honesto enumerando todas las cosas en las que no era bueno, todas las formas en que había fallado, todos los objetivos que se había fijado para sí mismo y en los que de alguna manera erró.

"Escribía todo eso", recuerda, "y era horrible. Terminé de escribir y pensé, 'hombre, tengo 41 años, estoy en la mitad de mi vida, ¿y qué he hecho? La mitad de mi vida se ha ido, ¿y qué he logrado?'. Luego, tuve un momento en el que me di cuenta de que, bueno, ahora tenía la oportunidad de convertirme en el arquitecto de mi vida y haría las cosas de manera diferente. Reescribiría mi propio obituario".

Dato importante: Si deseas mantenerte enfocado y en buena forma, los estudios demuestran que los mejores alimentos saludables para el cerebro incluyen pescado, bayas, proteínas magras, remolacha y nueces... *Lo siento, pero no puedo dejar de pensar en la comida refrigerada y caducada que comía Mike, así que pensé en darte un par de alternativas mejores.*

Era la ecuación clásica del vaso *medio vacío* frente a vaso *medio lleno*, pero en este caso, Mike lo puso en términos de l*a primera mitad de su vida versus la otra mitad.* Lo que lo salvó fue que, durante esos largos y desesperados días en que ni siquiera podía encontrar la energía o el coraje para arrastrarse al trabajo, no solo estaba mirando hacia el techo. Pasaba un montón de tiempo online, leyendo artículos en formato digital sobre marketing, motivación y mentalidad positiva, aprendiendo sobre el desarrollo de sitios web de aprendizaje y código HTML. Era muy consciente de las trampas de la industria del mundo del *fitness* y conocía todas las estadísticas y los índices de fracaso.

Pero también sabía que los enfoques de marketing probados y verdaderos que utilizaba la mayoría de los gimnasios no habían funcionado en su caso, así que comenzó a desarrollar su propio enfoque. **En síntesis, al reescribir su obituario, Mike reescribió su presente.**

Fue entonces cuando comenzó a poner en práctica su *persistencia*, pero Mike usa un enfoque un poco diferente al de la mayoría de los emprendedores que te presento a lo largo de estas páginas. Su persistencia tiene más que ver con su mente que con sus rutinas. Sus días toman distinta forma, dependiendo de lo que esté sucediendo en su vida, pero lo que sí es constante es su determinación para hacer lo que sea necesario con tal de resolver cualquier acertijo que esté enfrentando. Es por eso que, cada mañana, antes de salir de la cama y ponerse manos a la obra, esos espacios de media hora despejada e ininterrumpida son tan importantes para él. Con Mike, el trabajo duro es un hecho y el esfuerzo extra es más que fijo. Con él, esforzarse físicamente es más que evidente. Lo suyo es asegurarse de estar cambiando siempre el juego, esa es su disciplina —pensar en todos estos enfoques diferentes en medio de la tranquilidad de su habitación hasta que encuentre el que funciona.

En este caso, Mike se estaba dando cuenta de lo que *no* le funcionaba, como por ejemplo, de que el modelo promocional que se usaba en toda la industria del mundo *fitness* no servía. Este fue el momento en que se le encendió un bombillo en su mente. La práctica de otorgar membresías de prueba gratuitas se había convertido en la forma estándar y predeterminada de reclutar nuevos miembros, pero Mike no creía en esa estrategia de venta y, al parecer, tampoco los consumidores. "Durante todo ese tiempo que pasé online, aprendí que nadie da nada gratis", afirma. "Excepto que así era como se hacía en los gimnasios y las escuelas de artes marciales. Era algo que no tenía sentido, así que decidí que ya no lo haría".

Así las cosas, comenzó a ofrecer ofertas tipo Groupon para atraer a la gente a sus clases de artes marciales. Los interesados tendrían que pagar su entrada, pero con un descuento —lo cual iba en contra de todo lo que los competidores en su campo estaban haciendo, pero Mike estaba en tan malas condiciones económicas, que se dispuso a intentar cualquier cosa que él creyera que le funcionaría—. Casi de inmediato, comenzó a ver un cambio. Desde el principio, los miembros sentían una sensación de aceptación, un nuevo nivel de compromiso, así que seguían viniendo, se lo contaban a sus amigos y ellos también comenzaban a llegar para quedarse.

Al fin, todo pareció indicar que Mike estaba de nuevo en el negocio.

"El dinero solo resuelve los problemas que crea el hecho de no tenerlo", dice. "Esa es una frase de John Carlton, un gran motivador, y describía mi pensamiento en ese momento. En realidad, yo estaba desenfocado. Dejé entrar a mi equipo personas que no debí dejar entrar jamás, pues estaban más motivadas por el dinero que yo mismo. Tomé decisiones que no beneficiaron mi negocio. Seguí a la manada en lugar de tomar la iniciativa. Me costó perder casi todo lo que había conseguido para darme cuenta de que el dinero no era lo que más me impulsaba. Lo que en realidad me impulsaba era la posibilidad de cambiar la vida de las personas".

Una de las formas en las que Mike logró resurgir fue desarrollando el concepto que se convertiría en iLoveKickboxing. Desarrolló una especie de plan de estudios, un paquete de marketing y una plataforma e invitó a franquiciados a unirse a él en este viaje. Según lo explica, la idea era construir una especie de negocio en un cuadrilátero, una operación clave que les permitiera a los emprendedores como él hacer un buen negocio en el floreciente campo de la salud y el estado físico y tal vez aprender de algunos de sus errores. Cuando estuvo en bancarrota, Mike se dedicó a estudiar acerca de todas las barreras existentes posibles para ingresar al negocio de los gimnasios y buscó eliminar todas las que más pudo —eso fue lo que le pareció tan atractivo sobre el entrenamiento del kickboxing: que el costo del equipo era bajo. Todo lo que se necesitaba eran unos guantes y algunas bolsas pesadas de boxeo y estaría listo para empezar.

Ese era un modelo que nadie había visto nunca antes en el mundo del *fitness*, pero recuerda que él tenía la mentalidad de Bruce Lee de "usar lo que es útil". Mike les dejó a otros aquello de "usar lo que otras personas están haciendo, solo porque así es como se hacen las cosas".

SÉ UN JUGADOR DE EQUIPO

Los propietarios de franquicias de Mike obtienen mucho más que un simple negocio en un cuadrilátero. La plataforma ILKB incluye cursos de capacitación, tutoriales, videos e incluso capacitación persona a persona sobre cómo los franquiciados pueden hacer crecer su negocio. Una de las cosas que Mike siempre les dice a los interesados es que piensen como un superhéroe, pero no como uno de esos superhéroes al estilo lobo solitario que creen que pueden hacerlo todo. No, lo que Mike les propone es que sean parte de un equipo de superhéroes, como los de la Liga de la Justicia o los Súper Amigos.

"Si son parte de un equipo", les dice, "eso significa que todos saben volar, todos pueden hablar con los animales y todos son invulnerables. Cuando tú eres el CEO de una empresa, empiezas a pensar que puedes hacerlo todo. Crees que puedes vender, comercializar, hacer citas, pero pronto te das cuenta de que no estás preparado para hacer bien todas esas cosas. De hecho, eres un asco en muchas de ellas, así que no te queda más remedio que comenzar a buscar personas que sí tengan esos diversos súperpoderes que tú no tienes y a encontrar formas de trabajar con ellas".

Hoy en día, Mike tiene tantas cosas que hacer que, a menudo, debe recordarse a sí mismo que necesita tomar el tiempo necesario para estar con su "equipo" en casa, es decir, con su familia. Después de todo, ellos son la razón por la cual él trabaja. Eso es lo que lo mantiene despierto por las noches, la preocupación de que esté pasando demasiado tiempo lejos de su familia o de que no pueda relajarse por completo cuando pasa tiempo con su esposa e hijos porque está distraído por lo que esté sucediendo en el trabajo. Y al mismo tiempo, es su "equipo" en casa lo que también lo ayuda a dormir por la noche, porque se siente contento de saber que está construyendo una vida y mejores oportunidades para aquellos que más le importan.

"Los últimos 90 minutos de mi día no tienen nada que ver con mi teléfono celular", afirma. "Ese es mi tiempo con mi familia. Entonces, no hay nada digital que me distraiga. Es hora de estar con mi esposa y nuestros hijos; de compartir la cena; de hablar sobre lo que hicieron los niños ese día en la escuela. A esa hora, nuestros niños más pequeños están repasando palabras del vocabulario y me encanta ayudarles a ver de cuántas se acuerdan".

Y en la mañana, cuando Mike está poniendo juntos todos sus planes del día, se recuerda a sí mismo que lo tiene todo bajo control. "Si me quitas mi negocio", dice, "y también me quitas mi dinero y mi carrera, yo sé que puedo recuperarlo todo otra vez. Siempre cuidaré a mi familia. Ese es un pensamiento increíblemente poderoso. No importa qué problemas esté enfrentando, sé que puedo solucionarlos. Si las franquicias se volvieran ilegales, si se prohibiera el kickboxing, aun así, sé que puedo levantarme mañana por la mañana, tomar esos 45 minutos que necesito para entender bien qué hacer, y que se me ocurrirá la idea del millón de dólares que necesito".

Lista de verificación de la persistencia de Michael

- ✓ Haz un inventario. No me refiero a que debas contar todo el dinero que tienes en el banco, ni los automóviles que tienes en el garaje, sino que te tomes el tiempo para ver quién eres y cómo administras tu negocio, tus relaciones, tus compromisos… Sé honesto contigo mismo y, si no estás a la altura, realiza los cambios necesarios para estarlo…
- ✓ Cuando regalas algo por nada, es posible que no devuelvas nada a cambio…
- ✓ Ten cuidado con lo que pones en tu cuerpo… Sí, quizá Mike logró sobrevivir con esas desagradables comidas de microondas por un tiempo, pero a pesar de que no lo mataron, tampoco le proporcionaron ningún beneficio…
- ✓ Si te derriban, levántate de nuevo. ¿Recuerdas esa tonta canción de la década de 1990 llamada Chumbawamba? Bueno, pues así mismo es…
- ✓ Empodera a aquellos que te rodean… su éxito es tu éxito… su fracaso es tu fracaso…
- ✓ Usa tu capacidad de resiliencia. Ten presente que, si fallas, debes recuperarte…
- ✓ Construye una mejor trampa para cazar ratones. El hecho de que las cosas siempre se hayan hecho de cierta manera, no significa que no puedan hacerse de una mejor manera que esa…
- ✓ *No siempre* se trata del dinero…
- ✓ Construye una base de conocimiento sobre la cual apoyarte… Enciende la computadora y pasa tiempo leyendo, aprendiendo, creciendo, porque cuando la vida te arroje un salvavidas —*y lo hará*—, ¡no podrás agarrarlo si estás demasiado ocupado con tus pulgares!

CAPÍTULO 6

MUELE TODA LA NOCHE

MI HORARIO DE TRABAJO NO siempre va de acuerdo al reloj, ni siempre va de acuerdo a la luz del sol, ni tampoco se ajusta a una hora establecida. Es por eso que todavía tengo tiempo para ir a los clubes —cuando estoy en casa, en Nueva York o cuando viajo.

Algunos no entienden eso de mí, pero ese es quién yo soy y fue así como llegué hasta aquí. Paso mucho tiempo en los clubes —solo que no voy de fiesta, a bailar y a pasar un buen rato—. Entiendo que las apariencias son engañosas. Publico muchas fotos cuando estoy fuera de casa y algunas las mezclo con un grupo social.

En realidad, el punto aquí es seguir haciendo lo mío en un entorno que me exponga a tantas personas, marcas y tendencias diferentes como sea posible y en el menor tiempo.

Desde hace mucho tiempo, la mayoría de mis visitas a los clubes ha estado ligada al trabajo, es parte de mi rutina, pero eso no siempre aparece en las redes sociales y me di cuenta no hace mucho de que causo dos reacciones muy diferentes cada vez que publico que me quedé hasta tarde en una discoteca.

Existe un grupo de personas a las que les encanta ver mis fotos y videos asistiendo a fiestas y pasando un muy buen rato, pero también hay otro grupo que se pregunta qué demonios está haciendo un anciano como yo en un lugar moderno rodeado de chicos que tienen la mitad de su edad.

Así que, si no te importa, déjame aclarar las cosas. Seré sincero, todavía voy a los clubes y es muy probable que *siempre* siga yendo a ellos —bueno, crecí en ese mundo, allí es donde están mis raíces—, pero ya no voy por las mismas razones que solía ir cuando era un adolescente, para tratar de relajarme y desahogarme. Hoy en día, mi idea de relajarme y pasar un buen rato es ir a pescar o hacer *snowboard* con mi familia, practicar un poco de *CrossFit*, lanzar algunas flechas o cuchillos, jugar con el drone o hacer una parrillada. Y sin embargo, aun así, sigo yendo a todos estos clubes y eventos. No estoy allí para festejar; al menos, no en la forma en que piensas. Estoy allí para ver qué está pasando en el mundo, para enterarme de cuál es la música más moderna, para ver los nuevos estilos de ropa y sintonizarme con lo que la gente está hablando.

En pocas palabras: esa es mi forma de relacionarme. Es como hacer citas rápidas en función de negocios… de *mi* negocio. Soy de los que pienso que, si estas personas están en los clubes gastando dinero, eso significa que están haciendo dinero; así que, estar allí, me sirve para enterarme de lo que ellas saben.

Sí, tengo un horario increíblemente ocupado. A veces, parece que paso más tiempo en un avión o en una habitación de hotel que en mi escritorio o en mi propia cama, así que, si apenas tengo suficiente tiempo para dormir, ¿por qué saco tiempo para salir a clubes? Bueno, la mejor manera de responderte es ofreciéndote el mismo consejo que les doy a los líderes empresariales: para **saber qué pasa**. Cuando me llaman para hacer consultorías en las empresas —bien sea que se trate de grandes corporaciones de *Fortune 500* o de otras más pequeñas—, a menudo, les doy estrategias para mantenerse relevantes y a la vista. En este momento, recuerdo un comentario de un buen amigo mío, Chris Latimer, el conocido creador de marcas: "Las empresas comienzan a fallar cuando sus tomadores de decisiones las toman desde torres de marfil o a 30.000 pies de altura". Lo que él quiso decir con eso fue que, cuando dejas de interactuar, pierdes el contacto con la gente. Cuando alejas tu oído del suelo y el pie del acelerador, pierdes la energía que tenías hasta ese momento. Comienzas a dejas de ser quien has sido.

En FUBU, tomábamos nuestras órdenes de compra desde las calles. Esa era nuestra energía, nuestro impulso. Y no solo estábamos conectados a nuestro vecindario en Hollis, Queens, sino que nos centrábamos en la cultura emergente del hip-hop en todo el país. Por lo tanto, a medida que crecíamos, recibíamos comentarios en tiempo real a nivel de la calle, directamente del consumidor; así, encontrábamos formas de llevar esos comentarios a nuestros diseños y productos. Había sinergia entre la forma en que vivíamos y la forma en que trabajábamos, todo estaba conectado, de una manera totalmente natural y auténtica.

Dato importante: El 54% de los profesionales de negocios ve el golf como "el deporte de los negocios"... *Mi problema es que no importa si es en el club de golf o en el club nocturno, debes ubicarte donde hay negocios.*

Muchos de mis clientes como consultor piensan que este tipo de retroalimentación está a su alcance solo a través de costosas investigaciones de mercado. Su primer impulso es organizar un grupo focal formal con el fin de estudiar sobre alguna tendencia del mercado y, muchas veces, ese es el único tipo de investigación que encuentran a su disposición, pero esto es porque están atrapados en la oficina todo el día, atendiendo llamadas telefónicas, asistiendo a reuniones, mirando todo el tiempo la pantalla de sus computadoras. Pero lo mío es salir siempre que sea posible. Nadie dice que tus esfuerzos tengan que ser abrumadores y aburridos. Y con todos los avances en tecnología, no hay una buena razón para que un CEO e incluso un jefe de división estén atados a un escritorio. De hecho, estoy afirmando todo lo contrario, así que sal y date a conocer, pues si te conocen a ti, conocerán tu negocio. ¿Significa esto que todos deberían salir y pasar tiempo en los clubes? Por supuesto que no, pero sí tienen que ir a donde está su mercado. En mi caso, allí es donde están mis consumidores —así ha sido desde que lanzamos FUBU y hoy sigue siendo igual—. Sea lo que sea que yo esté haciendo, sea lo que sea que estés vendiendo, el tiempo que paso en los clubes me da resultados, porque es ahí donde vive y respira mi mercado. Si quiero seguir dándome a conocer y hacer negocios, allí es donde tengo la opción de lograrlo.

Pero ese solo es mi caso, ¿verdad? Tú necesitas descubrir dónde está tu propio *club*. Tal vez, estás en la industria del cine y tu versión de club sea estar viajando por el mundo, yendo a todos estos festivales de cine, conociendo a los mejores actores y directores prometedores, escuchando y hablando con la gente sobre lo que es popular y aprendiendo sobre cuáles son las nuevas tendencias del cine. O si eres diseñador, tal vez tu club esté caminando por las calles de Milán, Ámsterdam y Harlem para ver qué viste la gente joven o visitando las fábricas para averiguar qué tipo de material está de moda, qué tipo de estilos se venden más, qué tipo de tecnología tienes a tu disposición que te ayude a mejorar tus diseños. O tal vez, estás en la industria de los restaurantes y necesitas llegar a los lugares de alta gama para ver qué come y bebe la gente, qué están haciendo los chefs, qué están sirviendo los cantineros, qué están vendiendo tus competidores y lo que la gente dice al respecto. Es como dicen en esa canción de *The Little Mermaid*: tú quieres estar donde está la gente. (La conozco porque tengo hijas, ¿recuerdas?).

Sé de algunos CEOs que van a trabajar encubiertos, ganando salarios mínimos en empleos comunes y corrientes, en lugares como CVS, solo para observar de primera mano cómo es el comportamiento del consumidor. Parecerá un poco extremo, pero debes ir a la fuente y, a veces, no puedes confiarle esa labor a nadie más. Te sugiero que veas algún episodio de *Undercover*, una serie producida para los mercados televisivos de todo el mundo, y observa de lo que se trata. Y mientras lo haces, **échale un vistazo a mi propio programa: analiza de arriba abajo a nuestro panel de *Shark Tank* y verás a mis compañeros tiburones adoptando el mismo enfoque para sus propios negocios:**

- Robert Herjavec pasa mucho tiempo en circuitos de autos de carreras, pues allí puede mezclarse con ejecutivos de estas grandes corporaciones globales que probablemente necesiten su experiencia en seguridad cibernética. Así que ese es su club.

- Mark Cuban asiste a las canchas en todos los juegos de los Mavericks —y no *solo* porque es un gran fanático del baloncesto—. Sí, le encanta apoyar y apoyar y apoyar a sus Mavs, pero estar allí lo mantiene conectado con sus jóvenes jugadores y fanáticos y le permite absorber todo lo que le sea posible sobre el producto que él está vendiendo. Se divierte hasta que no más, pero al mismo tiempo, se mantiene al día en cuanto a las decisiones comerciales que deberá tomar en el futuro. Así que ese es su club.

- Lori Greiner tiene sus teorías sobre el comportamiento del consumidor. La verás en acción en QVC, donde usa un método de análisis de compras de última hora para comprender por qué los clientes responden de ciertas maneras a ciertos productos o lanzamientos al aire. Estudia esas cosas como si *no* fueran asunto de nadie, excepto, por supuesto, que *sí* son asunto de alguien —claro, son asunto de ella—. Lori recibe retroalimentación sobre la marcha y luego la usa en su trabajo, y cuando no está en un estudio de televisión, pasa todo el tiempo que puede en los puntos de venta minoristas que venden sus productos. Todo esto significa que ella hace un estudio cuidadoso y constante de su mercado. Así que ese es su club.

- Barbara Corcoran vuela por todo el mundo a cumplir sus diversos compromisos como conferencista y, donde sea que esté, siempre encuentra la manera de conectarse con la gente y las comunidades que la conocen. Ella surgió en el mundo de los bienes raíces, lo que significa que tiene una especie de sexto sentido sobre las tendencias de la vivienda y el crecimiento urbano; además, conoce todas esas pequeñas pistas que le brindan la información y el conocimiento que necesita para evaluar un negocio. Se mantiene conectada a su campo de acción. Así que ese es su club.

- Y el club de Kevin O'Leary es beber vino y andar de trotamundos, pues trata con mercados internacionales. Se dio a conocer en el campo del software para computadoras, pero una vez que tuvo sus primeros éxitos, se metió en un poco de todo. Es un verdadero hombre del Renacimiento —sabe *mucho* acerca de *mucho* y lo que no sabe no demorará en aprenderlo. El mundo es su club.

¿Cuál es el tuyo?

MANOS A LA OBRA

¿Cuántos dueños de negocios conoces que se han equivocado porque están demasiado satisfechos, demasiado cómodos siguiendo el consejo de alguien que se suponía que conocía lo suficiente el mercado en lugar de salir a descubrir por sí mismos cómo funcionan las cosas en su campo de acción? Quizás, uno de esos dueños de negocio seas tú mismo y ahora estás ahí, tratando de aprender de tus errores. Bueno, nunca es demasiado tarde para comprender este punto tan importante: las impresiones y la opinión de otras personas no pueden remplazar las tuyas. Así que, ponte manos a la obra. Sé tú mismo quien se da a la tarea de conocer tus clientes y su entorno. Sal de tu zona de confort, de tus rutinas, experimenta por ti mismo y averigua cuál es la temperatura del mercado al que esperas servir. Ve allá afuera.

Esa es una razón por la que yo *siempre* voy a los clubes. Otra es que ese es un uso increíblemente eficiente de mi tiempo. ¿Qué quiero decir con eso? Bueno, muchas veces, cuando viajo, puedo planear distintas maneras de reunirme con una docena de personas diferentes en una sola noche. En una ciudad como Miami, todos los clubes están a 20 cuadras el uno del otro —lo mismo en ciudades como Los Ángeles, Atlanta e incluso Nueva York—. Esto significa que puedes pasar mucho tiempo con muchas personas en un ambiente informal.

Por supuesto, cuando recién comencé, el tipo de clubes que frecuentaba era muy diferente. En aquel entonces, ibas a un club y no importaba si te encontrabas en Nueva York, Los Ángeles o en cualquier otro lugar, pues todos eran oscuros, cavernosos y vehementes. En cambio, hoy en día, hay clubes a plena luz del día, incluso a la luz cálida del sol. Últimamente, las más populares son las fiestas en piscinas durante el día, sobre todo, en lugares como Las Vegas. Ahí es donde se encuentran los verdaderos creadores de tendencias, así que es ahí donde me encontrarás siempre que esté en esa ciudad. Y para que lo sepas, no soy el tipo más viejo en las terrazas de las piscinas. Algunas de estas cabañas junto a ellas están llenas de VIPs y de grandes inversores que llevan un par de años en la misma tónica que yo y que piensan de igual manera al respecto. Todos estamos buscando conectarnos con el estado de ánimo del momento y mantenernos actualizados con lo que piensan y opinan los jóvenes.

Además de eso, hay lugares como Beacher's Madhouse, donde la atención se centra en un programa muy divertido que es 100% diferente a cualquier cosa que hayas visto antes. La multitud *realmente* se involucra en él. Todas las escenas están construidas en torno a esta experiencia compartida y todo mundo sale sintiéndose como si estuviera metido en algo increíble. Cuando hay festivales, en especial, cuando son firmas importantes como Ultra, Electric Zoo y Coachella las que los organizan y atraen a cientos de miles de personas a un lugar al aire libre durante todo un fin de semana, te das cuenta de lo fascinante y cambiante que puede ser el escenario y el concepto de club.

Y sin embargo, cuanto más cambian las cosas, más permanecen igual. Muchos de los mejores DJ de hoy, como Lil 'Jon y Steve Aoki, son las nuevas estrellas de rock —y tengo la suerte de llamarlos mis amigos—. EDM es la nueva música de la juventud, como lo fueron en su momento el hip-hop, el rock and roll y el jazz. Tiene muy buena energía y se está infiltrando en la cultura de hoy. Y al igual que durante la era del hip-hop, las marcas lo están aprovechando —por lo cual, yo también tengo que aprovecharlo de la forma que pueda y con la mayor frecuencia posible.

Dato importante: La industria de la vida nocturna generó más de $25 mil millones de dólares en 2016... *Según algunos cálculos, proporciona más de 400.000 em-*

pleos, así que, si por ejemplo, EDM es lo tuyo, encuentra la manera de vivir de tu pasión.

Siempre he visto el ámbito musical como un agente importante de cambio social. La música de nuestros tiempos es la que marca el *aspecto* de nuestros tiempos, la *sensibilidad* de nuestros tiempos. Es ella la que nos dice qué está pasando y hacia dónde nos dirigimos. Solo mira el éxito del Dr. Dre y de Jimmy Iovine, quienes le vendieron su línea de auriculares Beats a Apple por más de $3 mil millones de dólares. Eso es mucho dinero, sobre todo, cuando te detienes a pensar que estos tipos no inventaron nada nuevo. Simplemente, aprovecharon una tendencia cultural que detectaron en los clubes y encontraron una manera de ofrecer un producto elegante y con el que todos ya estaban familiarizados, a un precio razonable. No es de extrañar que Apple estuviera interesada en ellos, aunque las cifras me dejaron boquiabierto —es decir, hasta que me detuve para recordarme a mí mismo que Steve Jobs construyó Apple sobre la base de esa misma estrategia: perfeccionar, *no* inventar—. ¿Estoy en lo cierto? Esos reproductores de MP3 habían existido durante años, desde antes que Steve Jobs y su compañía llegaran a perfeccionarlos y comenzaran a llamarlos iPod.

Así que, mi punto es este: estoy en los clubes porque me ofrecen el mejor grupo de discusión. La gente lleva allí sus ideas. Quiere verse lo mejor posible, ser lo mejor, experimentar lo mejor… y yo quiero estar allí para ver lo que esos *mejores* tienen para mostrar. Quiero ver a dónde van ciertos tipos de asistentes al club, qué están bebiendo, qué ropa están usando. Quiero escuchar lo que ellos están escuchando, cómo se hablan, qué dicen con su lenguaje corporal. ¿Cómo interactúan? ¿Están siempre en sus teléfonos? ¿O los apagan por un rato y se involucran en el momento? De cualquier manera, ¿qué puedo aprender? ¿Existe alguna aplicación nueva y dinámica que vaya de mesa en mesa y te permita conectarte con gente nueva tan pronto como entres al club? ¿Habrá alguna marca competitiva entrando en escena que yo deba tener en cuenta? Estando allí, tengo la posibilidad de reunirme con el DJ durante un rato para que me comparta qué hay de nuevo, qué está de moda y qué no. Observo, hablo con la gente, escucho… tomo todo tipo de notas para asegurarme de recordar lo que he aprendido. Muchas veces, me despierto a la mañana siguiente con un montón de preguntas que hice y a las cuales obtuve respuesta. Es posible que me haya encontrado con alguna banda o con algún artista del que nunca había escuchado antes o que haya captado una frase o expresión desconocida. O tal vez, hubo una referencia a un nuevo producto en alguna canción nueva y querré saber cómo la gente detrás de él logró pagar ese tipo de publicidad.

O lo que sea.

Por todo esto, te recomiendo que pases un tiempo en los escenarios que más te importan y que le convengan a tu negocio. Sal al campo de golf, ve al museo, al hipódromo, al centro comercial a disfruta de una película durante una tarde, encuentra tu mercado y hazte parte de él. Y si resulta que la pasas muy bien haciéndolo, bueno, entonces… ese será nuestro pequeño secreto.

¿De acuerdo?

LLEGA A TIEMPO

Descubre cuándo es el momento correcto

—Jake K Assan y Kramer Laplante
Dinámicos, innovadores, fundadores de relojes MVMT

ESTOY AQUÍ, escribiendo sobre la gestión del tiempo y las estrategias organizativas, y resulta que conozco a un par de personas en el negocio de la relojería con algunas historias e ideas relevantes que valen la pena compartir. ¿Qué es *eso* de sinergia? Vamos, ¿a quién mejor para escuchar hablar sobre el tema del tiempo que a dos empresarios creativos y laboriosos que han estado haciendo un gran trabajo diseñando y vendiendo relojes elegantes y asequibles?

Conocí a Kramer LaPlante y a Jake Kassan a través del trabajo que hago en el concurso "Build a Business", de Shopify. Si no sabes de lo que se trata, te contaré al respecto: consiste en atraer a todas estas nuevas empresas, algunas de ellas con solo un par de meses de fundadas, mientras que otras ya están generando millones de dólares en ventas. Shopify es una oportunidad para que los aspirantes a empresarios se reúnan y comparen notas con emprendedores líderes y para hacer contactos. Recuerdo que me impresionaron estos dos jóvenes y su pasión por las ventas y el diseño, así que nos pusimos a hablar. Cuando nos conocimos, la compañía de relojes en línea que comenzaron, MVMT, ya había recaudado más de $300.000 dólares en una campaña de *crowdfunding* —y para aquellos de ustedes que no le hacen seguimiento a este tipo de cosas, eso es una gran cantidad de dinero de un grupo de extraños en línea—. Nunca me he acercado a esa cifra, así que estos dos ya estaban empezando a patear traseros y llamar la atención en la industria relojera. Tenían algunos prototipos listos, un plan de producción y distribución ya en marcha. Su concepto estaba incorporado a su nombre: MVMT, o movimiento. Uno de sus eslóganes era: "Más que un simple reloj, es un *movimiento*, un movimiento del que queremos que tú formes parte".

¿Y sus *relojes?* ¡Oh, por favor, son preciosos! El concepto que ellos sustentan es tan importante para la identidad de la marca como los relojes en sí, porque Kramer y Jake buscaban llenar un vacío en el mercado ofreciéndoles relojes elegantes a individuos jóvenes, aspirantes y vanguardistas como ellos, que quizá no pueden permitirse el lujo de comprar un reloj de alta gama.

De esta manera, y en muchas otras, me hicieron acordar de mí mismo y de mi equipo cuando comenzamos con FUBU, porque lo que estaban vendiendo no era solo el reloj en sí, sino también un estilo de vida. Buscaban construir una comunidad de clientes que se sintieran conectados entre sí y con la marca. Su objetivo era simple: hacer relojes de aspecto minimalista, adecuados para trabajar o jugar. Utilizarían solo materiales de la más alta calidad y buscarían mantener los precios bajos, por lo menos, a la mitad de lo que las compañías de marca estaban cobrando por relojes similares, todo con el fin de que sus clientes compraran dos o tres o cuatro relojes y siguieran regresando para ver los nuevos estilos y tendencias.

DISFRUTA DE LA EMOCIÓN DEL DESAFÍO

Al igual que habíamos hecho con FUBU, estos emprendedores se enfocaron en llenar ese vacío en el mercado, en este caso, con una línea de piezas a un precio razonable, que se vieran geniales en tu muñeca bien fuera en el trabajo o durante una noche de reunión con tus amigos —un reloj que hable por sí mismo y por ti con un sentido de estilo profesional y personal al mismo tiempo—. Sin lugar a duda, estarían en el mercado con su marca y tendrían éxito.

Dato importante: Las empresas de nueva creación lanzadas por dos o más socios tienen muchas más posibilidades de éxito que los esfuerzos en solitario... Trabajando con un socio, recogerás 30% más en capital inicial y aumentarás tu clientela tres veces más rápido, así que no pienses que tienes que hacerlo solo. A veces, dos cabezas son mejores que una.

Cuando los conocí, tenían el concepto y los prototipos listos, pero no mucho más, así que los convencí de no ir al comercio minorista, sino de vender su mercancía exclusivamente en línea. Me *identifiqué* con ellos —fuimos cortados de la misma tela—. Jake, por ejemplo, había estado luchando desde que era un niño. Luchar hacía parte de su vida. Creció al otro extremo del país, en California, y creo que le llevo unos 20 años de edad, pero tiene la misma astucia empresarial que yo —solo que sin la mentalidad de ir tras todas estas diferentes oportunidades con el fin de ganar dinero, sino solo para mantenerse entretenido. Parecía pensar que todo era posible en esta vida. Por ejemplo, cuando tenía unos 13 años, construyó una bicicleta motorizada, porque era demasiado joven para conducir, por supuesto, y necesitaba una mejor manera de moverse por la ciudad que mediante un vehículo de dos ruedas. Supongo que se podría decirse que era ese tipo de niño al que no le gustaba aceptar un no por respuesta. Cada rompecabezas era algo que él tenía que resolver. De la misma manera que yo solía arreglar bicicletas viejas usando las piezas desechadas que recogía en las aceras en Queens, él construyó esta bicicleta con piezas que estaban disponibles para cualquiera que pensara en ir a buscarlas.

Dato importante: Una encuesta reciente de Gallup informa que el 43% de los estudiantes entre los grados de 5 y 12 quieren ser empresarios... No sé si eso esté relacionado con la popularidad de *Shark Tank* o si hay un nuevo espíritu de empresa en el aire y en el agua, pero creo que esta es una estadística para celebrar. ¿Cómo vas tú en este aspecto?

"Solían vender los kits completos y tú podías construir tu propia bicicleta por unos $300 dólares", explica. "También podías comprar una ya lista por unos $800 dólares, así que compré un kit para construirlo yo mismo y fue entonces cuando pensé: 'Espera un momento, ahora puedo hacer otro y venderlo por $800'. Ese fue quizás el primer pequeño negocio que tuve".

Jake siempre tenía un negocio entre manos. (¿Te suena parecido a alguien que conozcas?). Una vez, su padre, quien dirigía un centro de fútbol de salón, recibió un envío sorpresa de 1.500 caramelos que alguna compañía le había enviado esperando que él comenzara a venderlos en calidad de concesión, pero él no tenía planes de hacerlo, así que Jake le preguntó si podía disponer de ellos. Su padre le respondió: "Escucha, si quieres llevarlos a la escuela, haz lo que quieras con ellos", cuenta Jake.

Así que Jake sacó todos los libros de su bolsa para hacer espacio, los metió en ella y se los llevó para la escuela seguro de que los vendería a cualquier precio que el mercado pudiera pagar. Al final, los vendió todos y se ganó alrededor de $600 dólares. No fue el dinero lo que lo motivó, sino la emoción, el desafío. Aquella fue una oportunidad que puso a prueba su efectividad, su capacidad para lograr lo que se había propuesto hacer, para averiguar cómo resolvería el enigma de qué hacer con esa ganancia inesperada que le produjeron aquellos caramelos. Fuera de eso, comenzó a vender camisetas (¿*ahora* sí te suena parecido al acaso de alguien más?) y convirtió ese esfuerzo en un negocio que lo motivó lo suficiente como para empezar a trabajar en un festival de danza. Pronto, no tenía tiempo para ir a la universidad o, al menos, no el tiempo *suficiente*. Durante su primer año de estudios, se estaba atrasando en sus clases —no era de extrañar dado que, los fines de semana, siempre asistía a algún evento en busca de algún negocio minorista que lo ayudara a despegar; y durante toda la semana, estaba promocionando su negocio y vendiendo—. Además, en su caso, no era *solo* que no tuviera tiempo para ir a estudiar. Era más una cuestión de no estar encontrándole sentido a hacerlo. Su corazón no estaba en eso. En cambio, sí le interesaba ganar dinero, hacer negocios, darse a conocer. Para Jake, todo ese tiempo que pasaba en el salón de clases y entre los libros lo mantenían alejado de su pasión.

Mientras tanto, su negocio crecía tan rápido, que rentó un local en un centro comercial y casi de inmediato comenzó a registrar $50.000 dólares en ventas en ese primer mes, así de ocupado estaba (y de lleno de éxito) mientras intentaba sacar adelante una carga académica de tiempo completo en la universidad.

Sin embargo, esta no es precisamente una gran receta para tener éxito en todos los frentes —a algo *tenía* que renunciar.

Kramer, su socio, también creció en California. No se conocieron en esa época, sino hasta cuando fueron compañeros de cuarto, cuando Kramer decidió que la universidad tampoco era para él. La diferencia clave fue que Jake estaba en su primer año cuando tomó esta decisión, mientras que Kramer estaba en el último o penúltimo mes del que se suponía que sería su semestre final. Me pareció bastante audaz y me llamó la atención el hecho de que estuviera tan cerca de cumplir una meta y luego se alejara de ella, así que una de las primeras cosas que le pregunté ya conociéndonos fue en qué demonios estaba pensando.

"Creo que muy en el fondo sabía que, si fuera necesario, siempre podría volver a la universidad", dice Kramer. "No lo estaba planeando, pero la opción estaba ahí, así que me tomaría un año libre y lo aprovecharía para trabajar en lo que estaba haciendo en ese momento y después regresaría a la universidad y terminaría mi carrera".

Pero eso no fue lo que sucedió. En ese tiempo, Kramer estaba trabajando en una campaña de *crowdfunding* —la primera en la que trabajó, esta vez, en un emprendimiento relacionado con un diseño innovador de billeteras—. El caso es que, cuando comenzó a compartir el departamento con Jake, se fueron conociendo y pronto se dieron cuenta de que tenían mucho en común. Jake estaba sorprendido por el éxito de Kramer en el campo del *crowdfunding*, mientras que Kramer se sorprendió de la familiaridad de Jake con respecto al comercio minorista. Fue entonces cuando vieron que tenían ideas similares que tal vez podrían llevar a la práctica juntos. Aparte de todo esto, es importante tener en cuenta que el gran negocio de Jake había comenzado a tambalearse y la forma en que él lo recuerda es que, simplemente, se le salió de las manos. "Estos otros tipos me sacaron del negocio", admite.

Resultó que *estos otros tipos* eran una compañía llamada Emazing-Lights, fundada por Brian Lim, quien participó en *Shark*

Tank buscando una inversión de $650.000 dólares a cambio del 5% de su compañía —un trato que casi terminé aceptando en sociedad con mi compañero tiburón, Mark Cuban, antes de que todos nos separáramos en la fase de las debidas diligencias, después de que se grabó el programa, que era algo que sucedía de vez en cuando.

Aun así, trato o no trato, Brian me impresionó en gran medida (esa es una de las razones por las que busqué asociarme con él), así que entendí de inmediato la competencia que Jake enfrentaba.

"Ellos hacían exactamente lo que nosotros estábamos haciendo", cuenta Jake, "pero mejor. Yo acababa de renovar mi contrato de arrendamiento en el centro comercial por otro año, acababa de tener ese gran mes de $50.000 dólares y, a los seis meses, estaba fuera del negocio. Brian se ha convertido en un buen amigo y si vas a sus instalaciones, entenderás por qué me sacó del negocio. Es un emprendedor increíble y yo seguía asistiendo a la universidad, tratando de buscar equilibrio entre el estudio y el negocio, trabajando ocho horas al día y pensando que ese era el tiempo que debía dedicarle. Mientras tanto, Brian estaba trabajando 16 y 17 horas diarias, levantándose a trabajar, a persistir y triunfar, y haciendo todos los movimientos necesarios y correctos para lograr su meta. Sin lugar a duda, esa fue una experiencia que me abrió los ojos".

ENTIENDE DÓNDE PUEDES COMPETIR Y DÓNDE PODRÍAN GOLPEARTE

Supongo que, a ese punto, sus oídos también estaban abiertos, y cuando Kramer comenzó a hablar sobre el dinero que había recaudado para el diseño de la billetera, Jake lo escuchaba con atención. Así las cosas, estos dos compañeros de vivienda trataron de encontrar una buena idea que les permitiera trabajar en equipo. Con la experiencia de Kramer en *crowdfunding*, y con la de Jake en el comercio minorista, pensaron que tenían lo necesario para posicionar un emprendimiento serio… una vez se les ocurriera el negocio o producto adecuado.

"Lo mejor del *crowdfunding*", comparte Kramer, "es que tu negocio puede casi despegar por sí solo. Si tienes un buen video y si estás contando una buena historia, no tienes por qué gastar dinero en publicidad y marketing. Lo único que necesitas es un buen producto en el que la gente crea".

Kramer tiene razón: en el fondo, en todos estos excelentes sitios de *crowdfunding* estamos observando la eliminación de las barreras tradicionales de entrada en la mayoría de las empresas. Junto con eso, también estamos observando que está habiendo un aumento en la cantidad de nuevos productos que se les venden directamente a los consumidores a través de plataformas innovadoras como Shopify. Y ahora, tenía frente a mí a estos dos jóvenes diseñadores de relojes que habían sido lo suficientemente inteligentes como para saber cómo aprovechar todas estas innovaciones —y como para lanzar una empresa que les permitiera hacer un uso total de ellas y de enfocarse en sus habilidades complementarias y en su apetito por el riesgo y el trabajo duro.

Tiempo atrás, solía ocurrir que tenías que esforzarte y darte duro contra el pavimento para sembrar tu propio mercado antes de vender un solo producto, pero hoy, existen jóvenes dinámicos como Jake y Kramer, que saben cómo superar esas etapas de desarrollo desde sus portátiles e incluso recaudar un montón de capital mientras lo hacen.

Dato importante: ¿Sabías que, a pesar de todo lo que se habla sobre el auge del comercio electrónico y la disminución de las tiendas tradicionales de ladrillo y cemento, solo el 8% de las ventas minoristas totales en los

Estados Unidos se realiza en línea? *Lo que esto significa es que hay mucho espacio para el crecimiento, incluso en un entorno en el que un gigante de las ventas online como Amazon publica 480 millones de productos para la venta.*

Una de las ideas que ellos compartieron fue acerca del concepto que se convirtió en MVMT. Ambos estaban al día en la moda, ambos estaban de acuerdo en que era necesario contar con una línea de relojes moderna, asequible y de alta calidad, y ambos estaban dispuestos a trabajar como locos para ver si podían desarrollar un reloj con esas características. El problema era que no sabían ni siquiera lo más básico sobre relojes, más allá de lo que les gustaba y lo que no les gustaba de ellos. Lo bueno es que sabían cómo hacer las cosas y que cualesquiera que fueran las deficiencias que pudieran haber tenido como estudiantes, lo que les faltaba en términos de *trabajo duro* en sus carreras académicas, fue muy distinto cuando a lo que estaban dedicando su tiempo era a lanzar su negocio. Además, eran muy listos y aprendieron lo que era diseñar y fabricar un producto, cómo organizar el envío, a qué clientes dirigirse y dónde encontrarlos. El problema era que no tenían mucho dinero para hacer estas cosas, así que aprovecharon el poder de la quiebra para recaudar un capital de $300.000 dólares. El día que completaron su campaña de *crowdfunding*, vendieron cuatro relojes en el sitio web de MVMT. No era mucho, pero era algo —y los pedidos comenzaron a aumentar a partir de ahí.

Todas las señales indicaban que tenían un buen concepto, pero lo que ahora necesitaban era clientes. Entonces, tomaron lo que ellos llaman un enfoque de piratería del crecimiento. Nunca había escuchado esa expresión (supongo que soy de la *vieja* escuela), pero la piratería del crecimiento consiste en experimentar con una serie de esfuerzos de marketing que inventas a medida que avanzan a través de diferentes canales —lo que en mis tiempos solíamos llamar "marketing de guerrilla".

"Básicamente, estábamos tratando de publicitar sin gastar un dólar", explica Jake, y lo hicieron de varias maneras muy fluidas y muy creativas. Una estrategia que admiré en gran manera, a medida que ellos me guiaban, fue la forma en que buscaban aprovechar a los clientes potenciales a través de diferentes plataformas, como Reddit, donde crearían un montón de cuentas falsas y cambiarían sus direcciones IP y el "voto" de sus relojes en ciertos sub-Reddits —ganando así miles de clics.

Una vez más, estaban haciendo que las cosas sucedieran de la misma manera en que lo hicimos en el pasado con FUBU —lo que refuerza mi teoría de que no hay nada *nuevo* en cuanto a la forma en que fabricamos y comercializamos nuestros productos y servicios, aparte de las plataformas que utilizamos para hacerlo—. En este caso, lo que sucedió fue que se reinventaron las reglas del juego gracias a las redes sociales y al auge del mercado en línea, pero estos muchachos pudieron evaluar y abordar todas las formas en que el campo de juego había cambiado. Identificaron los recursos disponibles para ellos basados en su presupuesto de cero y los aprovecharon al máximo.

Al final de su primer año en el negocio, MVMT facturó $1 millón de dólares en ventas; al año siguiente, hicieron $7 millones; al siguiente, $30 millones; después, $60 millones. Y a medida que la empresa crezca, ellos esperan expandirse a nuevas líneas y productos, como las gafas de sol.

Para mantener este creciente imperio *facturando* (¿ves lo que escribí allí? *¡Facturando!)*, Jake y Kramer se apegan a un horario diario bastante organizado. Entraron a este negocio con disciplina y enfoque y, ahora que están trabajando juntos, han acentuado al máximo esos aspectos de su carácter. Cada uno motiva al otro, dicen. Ambos son madrugadores, ambos van al gimnasio a primera hora, ambos siempre tratan de absorber tanta información como les sea posible. La idea, según comentan, es mantener la mente y el cuerpo en muy buen estado para enfrentar lo mejor posible cada día, sintiéndose renovados y recargados. Por ejemplo, a Jake, le gusta escuchar un audiolibro o un podcast mientras se desplaza para un lado y otro —es decir, un promedio de unos 30 minutos diarios—. "A ese ritmo", dice él, "leo 24 libros al año, lo cual es increíble para mí, pues no recuerdo cuándo fue la última vez que *leí* un libro".

¿Uno de los libros que más lo han impactado? *The Hard Thing About Hard Things*, por Ben Horowitz. "Es el mejor libro sobre administración que he leído", comenta Jake, "contiene todo tipo de ideas sobre contratación y despido y sobre quedar casi en bancarrota. También contiene mucha información sobre cómo construir una cultura corporativa, que es uno de los temas de los que Kramer y yo hablamos todo el tiempo".

Por las noches, se toma un tiempo para desestresarse haciendo un poco de meditación, escuchando música, repasando lo que necesita para sacar adelante el día siguiente.

De los dos, Kramer tiende a ser el encargado de los dispositivos electrónicos, pues cuando no está apagando incendios en el trabajo o en el gimnasio, está buscando nuevas aplicaciones que lo ayuden a mantenerse productivo, —no solo él, sino también su equipo de MVMT—. Últimamente, tiene a casi 40 de sus colaboradores usando Evernote para organizar y archivar notas y también la herramienta Slack para mantener integrados todos los dispositivos de comunicación de la compañía.

"No sé dónde estaríamos sin la tecnología", afirma. "Tendríamos que hacer el doble del trabajo, solo para hacerle seguimiento a todo y al final sería como si trabajáramos nada más la mitad del tiempo".

Kramer encuentra inspiración en el ejemplo de otros, como Gary Vaynerchuk, el autor, orador motivador y empresario en serie que conocimos en páginas anteriores.

"Este tipo tiene mucha energía", comenta Kramer. "No sé si Gary no duerme en absoluto con todas las cosas que está haciendo en estos días, pero lo observo y es imposible no darme cuenta de la pasión que él le imprime a todo lo que hace y eso me empuja a querer hacer lo mismo".

Si bien es verdad que estos chicos son estudiantes que abandonaron la universidad, también es verdad que están haciendo las cosas con un sentido común que es más que evidente. Y cuando hablan sobre todas las diferentes formas en que han aprovechado lo último en tecnología para maximizar sus esfuerzos, me recuerdan una vez más lo emocionante que debe ser llegar a convertirse desde tan joven en un triunfador en los negocios y lo mucho que contribuye a nuestro crecimiento cuando sabemos cómo sacarles provecho a todas estas ayudas tecnológicas como esas tabletas y pantallas que nos permiten hacer mucho más, pero en mucho menos tiempo.

Algo por lo cual Kramer se preocupa ahora que MVMT ha encontrado su punto de equilibrio es por mantener su enfoque, su impulso. En este momento, la *rutina* de la que él requiere para construir su compañía no le parece rutina. Él y Jake han creado un espacio de trabajo divertido y dinámico, compuesto de amigos y empleados de edades e intereses similares. Pero, ¿qué pasará con su ética de *trabajo duro* si MVMT continúa creciendo a su ritmo actual? ¿Qué hará si su sueño de libertad financiera se hace realidad cuando él todavía sea muy joven?

"También hablamos de eso todo el tiempo", admite Kramer. **"¿Dónde vamos a estar dentro de 20 años? No lo sé, pero pienso que iremos encontrando nuevas motivaciones a medida que crezcamos. Porque, admitámoslo, hay muchas personas exitosas que continúan trabajando duro aun después de que han logrado sus más sentidas metas".**

Hay muchas cosas que me gustan acerca de ellos, tengo mucho que respetarles. Su historia me hace pensar en esa gran frase de Jim Rohn: "Hay dos tipos de dolor que sufrirás en la vida: el dolor de la disciplina y el dolor del arrepentimiento. La disciplina pesa onzas, mientras que el arrepentimiento pesa toneladas".

Disciplina… Jake y Kramer la tienen toda. Arrepentimiento… no creo que ese sea un peso que ellos carguen. ¿Por qué? Bueno, porque cada uno de ellos fue lo suficientemente inteligente como para alejarse de un título universitario que al final no les hubiera servido. En cambio, fueron y se educaron en la escuela de negocios de la vida real. Supieron reconocer que ese era su tiempo para brillar y lo aprovecharon —y no veo a ese reloj saliendo del mercado muy pronto que digamos.

Lista de verificación de la persistencia de Jake y Kramer

- ✓ Sigue escuchando tus podcasts y audiolibros. Cuando no estoy respondiendo llamadas telefónicas, ni correos electrónicos mientras hago ejercicio, debería estar "leyendo", y para alguien como yo que es disléxico, no hay una manera mejor y más eficiente de leer que hacer que alguien más me lea…
- ✓ Busca socios creativos, con ideas afines cuyos intereses y niveles de energía coincidan con los tuyos…
- ✓ Genera una cultura laboral que refleje tu personalidad y el concepto de tu producto o servicio…
- ✓ Invierte el tiempo que necesitas invertir cuando recién comienzas y disminúyelo una vez que hayas logrado el punto de equilibrio…
- ✓ Haz ejercicio desde temprano. De esa manera, si el día se te complica, sabes que ya entrenaste…
- ✓ Analiza cómo planear para ir haciendo escalar tu negocio desde *antes* que llegue el momento en que tengas que hacerlo…
- ✓ Prepárate para pivotar. El mercado te mostrará si te diriges en la dirección correcta, pero debes escucharlo y actuar en consecuencia…

EMOCIÓNATE

Gánale al sol

—Grant Cardone

Autor bestseller, fuerza motivacional, inversor inmobiliario, multiplicador de éxito

LO PRIMERO QUE me sorprende de Grant Cardone, autor de megalibros como *Be Obsessed o Be Average* y *The 10X Rule*, es que él no usa reloj. (Shhh... No se lo cuentes a Jake y Kramer). ¡Oh, bueno! Sí usa uno. ¡Él dice que tiene como 40! Sin embargo, no se molesta en usarlos, ni en remplazarles las baterías cuando se les agotan. Le gusta cómo se ven, eso es todo.

"Uso el sol", confiesa cuando le pregunto cómo se guía en el manejo del tiempo. "Ese es mi primer objetivo cuando comienzo cada día, levantarme antes que el sol. No importa en qué zona horaria me encuentre, si puedo vencer al sol por la mañana, siento que ya he obtenido una gran victoria. Intento hacerlo todos los días".

Lo primero que hace Grant todas las mañanas cuando se levanta de la cama es "mear". Me dice esto de una manera tan real, que me parece gracioso, pero luego me parece muy diciente. De *todas* las personas que he entrevistado para este libro, al hablar de sus rutinas diarias, él es el único que menciona que va al baño tan pronto como se levanta. "Estas son las cosas que la gente no te dice", comenta bromeando cuando le menciono que está solo en esto. "Los detalles que se ocultan detrás de la grandeza", agrega.

Pero eso es lo que pasa con Grand Cardone. Él dice las cosas tal como son, habla claro. Tengo la sensación de que es el tipo de persona que está demasiado ocupada como para perder el tiempo preocupándose por lo que la gente piense de él. Esa sí que no es una prioridad en su vida. Por ejemplo, me dice que tiene que comer mientras hacemos nuestra entrevista, porque es la única forma en que logra hacer todo lo que necesita cada día. Y así ocurrió, alguien le trajo un plato de comida mientras hablábamos y casi lo inhala. No perdió el tiempo ni para respirar.

"No pienso mucho en la comida", comenta entre bocados. "Para mí, la comida es como la gasolina. Me mantiene en marcha, pero como mientras avanzo, porque así es como ganas tiempo. Ni siquiera lo pienso. Simplemente, la tiro a mi tanque y sigo moviéndome".

Este mismo tipo de conversación sencilla ocurre durante las reuniones matutinas que él hace todos los días con su equipo entero, pero abordaré el tema en un rato, después de que termine de hacerle seguimiento al resto de su ritual matutino. Luego de ir al baño, se sienta y escribe sus objetivos y hace lo mismo por las noches, antes de poner su cabeza en la almohada. Sus objetivos, dice, son "masivos e inalcanzables, lo más probable es que no los alcance en esta vida".

¿Cómo por ejemplo?

Bueno, uno de sus objetivos durante la semana que lo entrevisté para este libro fue acumular una cartera de bienes raíces de $10 mil millones de dólares. Sí, leíste bien la cifra: ¡$10 mil millones! Otro es construir una finca que genere ganancias de $200 millones al año en el 2065, mucho después de que él haya muerto. Sí, también leíste bien esta cifra. Otro objetivo es uno que lo ha impulsado desde que era niño: conocer a 70 millones de personas. Sí, leíste bien otra vez.

"Lo que sea que tenga en mente, eso es lo que escribo, lo que planeo hacer", afirma Grant con respecto a su enfoque. "Lo que escribo una y otra vez es lo que en realidad estoy buscando lograr. Puede que quiera perder algo de peso, pero podría no escribirlo por un par de días. Entonces, cuando me doy cuenta de que lo de ganar $200 millones de dólares anuales para el 2065 sigue apareciendo en mi lista de objetivos, eso es en lo que quiero trabajar constantemente".

Después de anotar sus objetivos, se va a desayunar: "Solo un poco de proteína", afirma. "Luego, hago un entrenamiento rápido, unos 20 minutos más o menos", calcula. "Hago cardio, un rato de pesas, algo de Pilates, nado", dice. **"No estoy buscando desarrollar músculos. Solo estoy tratando de moverme, de tener esa sensación de estar en control de mi cuerpo.** El concepto aquí es que, si no puedo controlar mi cuerpo, ¿cómo voy a controlar mi negocio? ¿Cómo voy a controlar mi dinero? ¿Cómo voy a controlar a mis clientes? ¿Cómo voy a controlar el resto de mi día si ni siquiera puedo controlar 158 libras?".

Ese es un punto muy exacto y dice mucho sobre un hombre que vive su vida con una disciplina y precisión de estilo militar. Tanta es su precisión, que la reunión de la mañana comienza todos los días a las 9:06 a.m.

¿Por qué elige un momento tan extrañamente específico?

"Debido a que nuestro director de operaciones me dice que debemos comenzar a una hora determinada", explica Grant, "quería hacerla a las 9:00 am. en punto. Tenemos 65 personas entrando a la reunión; a veces, 100, así que ellas necesitan saber a qué hora es; entonces, dije: 'No lleguen a las 9:00 am. en punto. Esa es una hora muy vaga'. Lo que esto significa para mí es que las 9:00 am. en punto no es una determinación precisa. **Dile a alguien que quieres ser millonario, ese es un objetivo vago. Ahora, dile que quieres valer $1.184.912. Eso demuestra que eres un tipo que pensó muy bien lo que quiere.** Si fijas la reunión a las 9:06 am., se notará que has pensado un poco en la hora que quieres hacerla. Esa sí es una hora específica".

Esa hora de inicio a las 9:06 am. me recuerda esa meta súper específica mía de cobrar un cheque por $102.345.086,32. Visualizo aquel día maravilloso en que pueda cobrar hasta el último centavo. Tienes que pensar realmente en algo específico si quieres hacer que suceda. Grant piensa mucho en estas reuniones de las 9:06 de la mañana. Reúne a todos los miembros de su compañía líder en la industria de productos de capacitación en ventas, de arriba a abajo. Es decir, cita a su personal de finanzas, a su personal tecnológico, a la gente de los envíos. Se espera que todos, desde ejecutivos de la C-Suite hasta los empleados por hora, estén allí a las 9:06 am. en punto. El objetivo de la reunión es el éxito y los únicos puntos en la agenda son los momentos ganadores que los miembros de su equipo vayan a compartir, ya sea que estén estrictamente relacionados con el negocio o no. "Si hay alguien a quien hemos ayudado a perder 15 libras, hablaremos de eso", explica. "Si hay alguna compañía que ganó $15 millones de dólares adicionales por algo que hicimos por ella, hablaremos de eso también. Y no es que una historia de éxito sea más valiosa que otra. Todas tienen un gran valor".

Grant afirma que esas reuniones matutinas son la parte más importante de su día y las considera lo único que ha establecido que realmente define su cultura corporativa. Las espera con ansias mientras se dirige a la oficina y piensa en ellas todo el día como en un verdadero punto culminante. "Mira", dice, "he estado en el negocio durante 35 años. Necesito mantenerme emocionado. Necesito mantener inspiradas a las personas que trabajan conmigo. A los vendedores, a los contables, a mi equipo ejecutivo. **Sé que las mesetas son donde comienza la muerte, así que necesito mantener el foco en la posibilidad y el potencial.** He ganado mucho dinero. Me tomaría mucho trabajo gastarlo todo, sería un verdadero esfuerzo. Entonces, ¿qué me mantendrá entusiasmado aparte del dinero? El potencial. El poder de ayudar a más personas a alcanzar *su* potencial al máximo. Entonces, lo que quiero escuchar en esas reuniones es: a quiénes estamos llegando en las grietas y rincones más apartados del mundo, cómo estamos utilizando la tecnología y el cambio y la comunicación para llegar a más personas. Recuerda, una de esas metas inalcanzables es llegar a 7.000 millones de personas. Quiero que 7.000 millones de personas sepan mi nombre y conservo la esperanza de que 70 millones de ellas se hagan amigas mías".

VIVE LA REGLA 10X

Grant comenzó como vendedor de autos y las lecciones que aprendió en ese trabajo se encuentran en sus libros, en sus discursos, en sus blogs y en sus transmisiones en vivo, así que suele utilizarlas para ayudar a las pequeñas empresas y a los gigantes de *Fortune 500* de todo tipo a descubrir nuevos mercados y oportunidades. En los consejos que les da a los clientes, y que comparte con sus lectores, uno de los puntos constantes es liberarse de las acostumbradas limitaciones del mercado y romper las que nos imponemos a nosotros mismos —y en el caso de las empresas, las que les imponemos a nuestros empleados.

Su gran innovación en este campo ha sido la "Regla 10X" que, en esencia, lo que afirma es que debemos alcanzar el éxito a una escala masiva —de la misma manera en que él se esfuerza por cumplir algunos de esos objetivos excéntricos y espectaculares que se propone a sí mismo cada día.

Me complace y me enorgullece participar en su evento 10X Growth Con —una conferencia para empresarios cuya duración es de tres días y en ella participan oradores invitados como este servidor—, pues toma el poderoso concepto multiplicador de Grant y alienta a los asistentes a aplicarlo en *todos* los aspectos de su vida. No pude evitar preguntarle de dónde provino la inspiración para crear 10X.

"Comenzó por una motivación financiera", explica. "Estaba tratando de calcular lo que me tomaría salir de un colapso financiero. Quería asegurarme de que mi familia nunca fuera vulnerable a un colapso o a una corrección del mercado. ¿Cuánto dinero necesitaría tener? Y luego, cuando estaba multiplicando un factor y otro para tratar de llegar a una cifra determinada, comencé a ver que, para obtener 10 veces más dinero, tendría que generar 10 veces más de ingresos, obtener 10 veces más de clientes, adquirir 10 veces más de bienes raíces. Necesitaba ser 10 veces más grande en todos los ámbitos".

APROVECHA EL TIEMPO

La mentalidad de *persistir y triunfar* de Grant llegó a él no tanto como una opción, sino como una necesidad. Creció siendo el menor de cinco hijos y tiene un hermano gemelo, así que supongo que creció siendo uno de los dos menores de cinco.

Pero lo que marcó su infancia, más que el hecho de que proviniera de una familia grande, fue que su padre murió a una edad temprana. "Se le acabó el tiempo", dice Grant —un hecho triste de la vida que significó una gran pérdida para él—. Grant tenía solo 10 años en ese momento. "Trabajó duro toda su vida, consiguió la casa de sus sueños cuando tenía 50 años y murió 18 meses después. Por eso, me escuchas hablar mucho sobre cómo nos estamos quedando sin tiempo. Sin embargo, lo último en lo que voy a perder el tiempo es intentando controlarlo. Mejor, intentaré multiplicarlo. Haré dos y tres cosas a la vez. No trato de administrarlo, porque ese es un intento perdido. Tampoco trato de equilibrar la vida, pues esa también sería una meta fallida. No conozco a ninguna persona que tenga ese equilibrio entre el trabajo y la vida laboral y esté teniendo mucho éxito, porque no existe. Es uno de esos objetivos masivos que es imposible de alcanzar".

Dato importante: En 2016, había más de 2.300 millones de personas en las redes sociales en todo el mundo, incluidos 207 millones solo en los Estados Unidos. *El sueño de Grant es hacer una conexión significativa con millones de personas, pues cree que el alcance y el poder de nuestra Era de la Información podrían ayudarle a cumplir esa meta.*

Grant cuenta que, a los ocho años de edad, él ya sabía que quería tener éxito. En aquel entonces, tener éxito significaba ganar mucho dinero, pero una vez que su padre murió, esa definición cambió. Ahora, también tenía que ver con el tiempo, con aprovecharlo al máximo y encontrar formas de conectarse con otras personas en el tiempo que estuviera dispuesto para él. ¿Y esa cifra de 70 millones que he mencionado un par de veces en este capítulo? Bueno, pues esa cifra proviene de aquel momento de su vida del cual él recuerda haberse sentido enojado porque su padre le fue arrebatado siendo él tan joven, tan pronto.

"Verás", cuenta, "cuando murió mi padre, comprendí que la persona que iba a enseñarme sobre el dinero y el éxito se había ido. Así que me preguntaba: "¿Quién me va a enseñar ahora?". Mi madre era una gran madre, pero no podía enseñarme sobre el dinero, ni cómo tener éxito. Para decirte la verdad, me enojé al respecto y recuerdo que un día, cuando tenía 17 años, le dije a mi madre que iba a tener mucho éxito. Se lo anuncié. Le dije: 'Voy a ser súper exitoso y voy a ayudar a otras personas'. Estaba muy enojado por haber dependido tanto de una sola persona y ahora resultaba que esa persona ya no estaba allí para ayudarme. Imagínate. No sé cuántas personas había en el planeta en ese entonces, no eran 7.000 millones, pero fue en ese entonces cuando comencé a decir cosas como que quería conocer a todos en el planeta. Necesitaba conocer a toda la gente, pues no dependería de una sola persona, ni de unas pocas personas".

¿Un sueño imposible? Tal vez, pero Grant Cardone lo está intentando y sale antes que el sol cada día para encontrarse con él. No trata de administrar el tiempo, como dice, pero busca capturarlo de todas las formas posibles. Esa es una de las razones por las que compró un avión —no porque quisiera tirar su dinero, sino porque quería pasar más tiempo con su esposa e hijos sin dejar de dedicarse a su negocio o a cumplir sus sueños—. Esa es solo otra forma en la que él está tratando de aprovechar el tiempo para hacer las cosas que cree que debe hacer —como conocer a todas esas personas en todo el mundo.

La verdad es que nunca he conocido a alguien que gaste tanto tiempo pensando en el tiempo. Tal vez, por eso no sea tan sorprendente que Grant haya descubierto cómo exprimir hasta la última gota de productividad de sus días antes de retirarse a descansar cada noche. Por lo general, está en la cama a las 9:00 en punto de cada noche, pero no antes de hacer una transmisión en vivo en una de sus plataformas de redes sociales. Tiene los temas resueltos de antemano: los lunes, hace un programa sobre finca raíz; los martes, comparte algo que haya aprendido de algún jugador poderoso con el que se comunicó durante la semana; los miércoles, él y su esposa, Elena, se unen para hacer un programa sobre negocios y matrimonio; los jueves, su programa está centrado en las ventas para los *millennials*; los viernes, hace un espectáculo llamado *The Cardone Zone;* los sábados y domingos disminuye el ritmo y se centra en las relaciones o en la espiritualidad.

Grant se interesa en enseñar e inspirar a otros a vivir de la mejor manera posible y no está dispuesto a renunciar a ese sueño solo porque ahora es padre de familia. "Sé que eso suena feo, pero así es como yo lo veo. Mi responsabilidad de ser padre o tío o mentor de muchos, hasta de 70 millones, es tan importante como el hecho de ser un buen padre para mis dos hijos. He tenido el sueño de ayudar a las personas desde que tenía 10 años, cuando no había nadie que me ayudara. Así que no voy a renunciar a ese sueño solo porque tuve dos hijos. Ese es mi propósito y voy a sacar el tiempo para hacer todo eso".

Lista de verificación de la persistencia de Grant

- ✓ Sé preciso. Me encanta la forma en que él comienza su reunión matutina a las 9:06 a.m. y cómo este simple hecho mantiene alertas a todos a su alrededor…
- ✓ Aprovecha el tiempo haciendo varias cosas a la vez… ve y camina, mastica chicle y haz que las cosas sucedan…
- ✓ Ejercítate para que tus energías fluyan… Yo tiendo a pensar en hacer ejercicio en bloques de una hora, pero una persona como Grant es capaz de poner en marcha su cuerpo y cualquier cosa en solo 20 minutos… sus entrenamientos son tan cortos, que puede incluirlos en un segundo al final del día…
- ✓ Extiende tu alcance… Cuantas más personas conozcas, más personas habrá a las que sea probable que les colabores, que aprendas de ellas y a la vez las inspires…
- ✓ Mantén tu juego corto en marcha, pero ten en cuenta el juego largo —en otras palabras, haz lo que tiene que hacer, pero al mismo tiempo, haz lo que nadie espera que hagas…

CAPÍTULO 7

DESACELERA

AL FINAL DE cuentas, es la *persistencia* la que nos lleva a donde vamos, pero debemos recordar que es imprescindible tomarnos un poco de tiempo en el camino.

Bueno, no creo que haya querido ofrecerte este tipo de mensaje cuando comencé a escribir estas páginas, ¡de ninguna manera! Tampoco creo que sea un mensaje que la mayoría de mis lectores esperaba encontrar cuando eligió leer este libro. Pero aquí está. ¿Por qué? Porque a medida que voy observando las historias de los emprendedores que compartieron sus ideas y rutinas con nosotros a lo largo de esta lectura, y al analizar a los pocos que te faltan por conocer en las próximas páginas, me doy cuenta de que, de vez en cuando, todos necesitamos bajarle al ritmo un poco y presionar pausa o actualizar o lo que sea.

Por supuesto, en el fondo, *lo sé.* Todos lo sabemos. Y hasta cierto punto, supongo que yo lo he *sabido* todo el tiempo. Pero vivimos en un mundo donde el trabajo duro es admirado y esperado. Donde el espacio entre lo que *sabemos* y lo que realmente *hacemos* puede ser difícil de detectar. Sobre todo, en esta área. Así que seamos honestos unos con otros sobre esto. Cuando se trata de trabajar, nos presionamos mutuamente hasta llegar a tal punto en que sentimos orgullo en ser los primeros en llegar a la oficina por la mañana y los últimos en salir por la noche. Es parte de nuestra cultura corporativa, y ahora también es parte de nuestra cultura empresarial, dedicarle esas largas horas a nuestro trabajo. Sacamos pecho y nos jactamos de ello cuando tenemos que trabajar todo el fin de semana o una noche entera. Publicamos fotos en las redes sociales y lo gritamos al mundo entero cuando estamos en un viaje de negocios sin fin. Sí, yo también soy tan culpable como cualquiera en cuanto a la forma en que amplío mis *esfuerzos* y animo a la gente que me sigue a sudar y a seguir esforzándose para alcanzar sus objetivos.

Pero yo sé hacerlo mejor.

En el fondo, todos sabemos hacerlo mejor.

Entonces, dediquemos un poco de tiempo a saber qué es lo que todos *sabemos hacer mejor*, ya que, lo que todos sabemos, es que **necesitamos quitar el pie del acelerador de vez en cuando.** *Desacelera*, como dice en la parte superior del título de este capítulo.

Mi amigo Chris Sacca, el conocido capitalista de riesgo y panelista invitado de *Shark Tank,* me recordó esto de una manera muy completa al publicar un blog cuando yo estaba terminando este libro. En realidad, llamar a Chris amigo es quizás exagerar las cosas, porque no lo conozco tan bien, aparte de sus pocas apariciones como tiburón invitado en la séptima y la octava temporadas. Aun así, admiré la forma en que él se condujo en el programa y lo que logró como inversionista de primera etapa en compañías monstruosas como Twitter, Instagram, Uber y Kickstarter, cuando solo eran empresas incipientes con un montón de signos de dólar en su ojos. Conocí a Chris como un hombre con una mente inteligente y una ética de trabajo implacable; sabía que era famoso por su compromiso con sus empresas y sus socios. Este chico no se dio tregua alguna —hasta que por fin logró sus metas.

¿Qué quiero decir con eso? Bueno, en su blog, Chris escribió de manera muy conmovedora y apasionada sobre el hecho de tomar la difícil decisión de alejarse del día a día de su firma, Lowercase Capital. Se refirió a su necesidad de por fin tomarse el tiempo para desacelerar en su vida. Habló de aferrarse a esas partes de sí mismo que en ocasiones tal vez se pierden en el ajetreo y el bullicio de tener que poner en marcha todos estos distintos negocios. Explicó sobre cómo la *rutina lo había derribado…* Recibir este mensaje de alguien como Chris, un tipo decidido que se atrevió a cuestionar todo lo que hizo a toda velocidad, fue una verdadera revelación.

"Invertir es una de mis especialidades, pero no es mi todo", escribió. "La única forma en que sé que soy increíble en el tema de las inversiones es estando obsesivamente enfocado y conectado a ellas. Tuve éxito en el campo del capital de riesgo porque, durante años, rara vez pensaba o pasaba tiempo en otra actividad diferente a esa".

Échale otro vistazo a esa última línea: *"...rara vez pensaba o pasaba tiempo en otra actividad diferente a esa…"*

Eso no es lo que pretendemos aquí, ¿verdad? Sé que eso no es lo que yo pretendo. Y sin embargo, con demasiada frecuencia, nos vemos atrapados persiguiendo algo. Estamos persiguiendo el dinero, persiguiendo el prestigio, persiguiendo el poder, persiguiendo nuestro propio sentido de autoestima y la lista no tiene fin. Entonces, **¿cuándo damos un paso atrás y comenzamos a pensar si tenemos todo lo que necesitamos? ¿Si siempre es-**

tamos persiguiendo una cifra, una cantidad en dólares, una meta? ¿Cuándo nos detenemos para preguntarnos: después de todo, qué es lo que en realidad estoy persiguiendo?

¿Cuándo nos daremos cuenta de que la vida que soñamos es la vida que hemos estado viviendo?

REACCIONA

Piensa en algunos de los emprendedores que has tenido la oportunidad de conocer hasta ahora a lo largo de estas páginas y observa cómo ellos han podido reconocer esta verdad. Recuerda a Brian Lee, que tenía que vivir, respirar, comer y dormir Legal-Zoom cuando estaba comenzando su compañía, pero una vez que él logró —o debo decir, *ganó*— éxito, ¿fue capaz de retroceder un poco y disminuir el ritmo de su *rutina*? El suyo era el tipo de dedicación y ética de trabajo matador que muchos de nosotros no podemos evitar cuando recién estamos comenzando, pero al igual que Brian Lee, también nosotros debemos mantener las cosas en perspectiva.

¿Y qué me dices de Lola Álvarez, la madre que trabajó sin cesar, ferozmente, con tal de ayudarles a sus tres hijos a superar sus dificultades de aprendizaje? Cuando sus hijos eran pequeños, ella se levantaba antes que el sol para prepararlos y organizarlos para la escuela y se quedaba despierta hasta tarde, después de repasar todo lo que sus maestros habían tratado de enseñarles durante el día escolar. Aquella era una *rutina* interminable para esta joven madre —pero, con el paso del tiempo, la idea fue darles a sus hijos las herramientas que ellos necesitaban para realizar su trabajo escolar por sí mismos— y cuando ese día llegó, Lola pudo volver a trabajar y comenzar a cuidarse un poco. Con este caso de Lola, es fácil concluir que, a veces, la *rutina* es una inversión que hacemos para llegar a un punto en que esta ya no es necesaria, donde los objetivos que buscamos ya sean sostenibles por sí mismos.

¿Tienes tiempo para un ejemplo más? Kristina Guerrero hizo tres intentos antes de pensar en iniciar un negocio, así que ella sabía todo acerca de lo que es exprimir hasta la última gota de cada día, pero luego, cuando lanzó su línea TurboPUP de comidas para perros y tuvo su hijo, descubrió una forma de reequilibrar la escala de la vida laboral para ahora exprimir hasta la última gota de su tiempo de mamá. Hoy en día, Kristina utiliza la misma ética de trabajo incansable con la que trabajó en la Fuerza Aérea y la aplica a sus días como madre trabajadora, asegurándose de reservar algo de ese tiempo de calidad para su hija.

En síntesis, todos se esforzaron y se esforzaron hasta que, finalmente, consiguieron lo que necesitaban y luego fueron desacelerando el ritmo a medida que sus vidas tomaban una nueva forma. Necesitamos tener en cuenta estos ejemplos y recordarnos a nosotros mismos que debemos acelerar cuando sea necesario, desacelerar cuando podamos y así encontrar el equilibrio en algún punto intermedio.

Sin importar quién seas o qué hagas, hay momentos en tu vida y carrera en los que no tienes más remedio que perseguir tu meta con todas tus fuerzas, pero también hay momentos en los que necesitas hacer un alto en lo que estás haciendo y relajarte. No siempre reconozco esta necesidad en mí mismo y soy el primero en admitir que, a veces, puedo ser un poco exagerado en cuanto a mi forma de trabajar, pero Chris Sacca me ayudó a darme cuenta de esto y a aclarar mis ideas. De hecho, me conmovió tanto lo que él escribió, estaba tan conmovido por su honesta interpretación sobre qué es, después de todo, aquello para lo cual todos estamos trabajando, que me hizo llorar. Le envié un mensaje de texto para hacerle saber el impacto que su publicación tuvo en mí —y supongo que lo que estoy haciendo aquí es devolverle otro mensaje, un *mensaje muy largo*, para que nos sirva de recordatorio a todos nosotros y no nos olvidemos de mantener nuestro trabajo en perspectiva —vigilando el juego a largo plazo.

Dato importante: "Todos hemos sido bendecidos con cierto talento. Tú tienes que saber cuál es el tuyo, maximizarlo y llevarlo al límite". *Esta es una frase del boxeador Floyd Mayweather y te la comparto para dejar en claro que tenemos que llevarnos al límite, pero también tenemos que saber en qué momento desacelerar. Parte de dar una buena pelea, como te diría Floyd, es saber cuándo parar para asegurarte de que podrás volver a pelear otra..*

La publicación de Chris resonó en mi interior, seguro, aunque no diría que me hizo cambiar mi juego. Todavía estoy trabajando el doble para alcanzar mis objetivos, pero me llevó a reflexionar sobre por qué trabajo tan duro, cuánto tiempo podré seguir haciéndolo de esta manera tan absorbente y cuándo el fuego que arde dentro de mí comenzará a disminuir. Y también me llevó a ser más organizado, más eficiente y más consciente de cómo paso mis días.

TRABAJO DURO Y FLUJO

Uno de los ejemplos más famosos del equilibrio que todos deberíamos buscar en nuestra vida y carrera proviene de Google. Desde hace un tiempo, la compañía ha estado alentando a sus empleados en todo el mundo a pasar el 80% de su tiempo en sus tareas diarias y proyectos a largo plazo y el 20% de su tiempo en actividades externas que puedan o no tener algo que ver directamente con Google.

Eso ocurre durante un día cada semana. Puesto en el papel, desde una perspectiva de gestión, parece mucho tiempo para donarlo a los caprichos de su personal, de arriba a abajo. Sin embargo los ejecutivos de Google están descubriendo que esa es una gran inversión en su mejor recurso —su recurso *humano*—.

¿Por qué? Porque pasar ese día centradas en algo totalmente fuera de su trabajo habitual les permite a las personas clave de la empresa trabajar más duro, de manera más inteligente y más creativa durante los otros cuatro días.

La llaman Política de Innovación en Tiempo de Espera (ITO, por su sigla en inglés), pero mucha gente la conoce como el Enfoque 80/20 de Google y ha llevado al desarrollo de iniciativas internas tan grandiosas como Gmail y Google News. Como sea que lo llames, este modelo ha sido adoptado por docenas de compañías líderes en tecnología, ingeniería e industrias creativas, y creo que veremos a más y más compañías firmar sus propias versiones de esta política a medida que nuestro negocio continúe cambiando.

En esencia, la idea es darnos la oportunidad de ensancharnos y crecer *lejos* de la rutina de nuestros trabajos —hay muchas investigaciones que respaldan esta política—. Gran parte de esas investigaciones tiene que ver con un concepto que los sicólogos sociales llaman "flujo" —esos momentos de nuestra vida en los que estamos trabajando a toda máquina y enfocados de manera tan intensa en una tarea que requiere de toda nuestra atención.

¿Alguna vez has tenido la sensación de que perdiste la noción del tiempo? ¿Te has quedado pensando que el reloj se detuvo mientras te perdías en esta o aquella actividad? En eso consiste el flujo, aunque para muchos de nosotros no sucede con tanta frecuencia —solo una de cada cinco personas dice que le sucede varias veces al día y el 15% de las personas dice que nunca les sucede a ellas—. En mi caso, observo que me sucede cada vez más, a medida que hago un esfuerzo consciente para mirar más allá de mis objetivos diarios y de mi rutina diaria con el fin de conectarme de una manera nueva y significativa con las personas que me rodean y con mi entorno fuera del trabajo.

Todos experimentamos "flujo" en diferentes lugares, dependiendo de nuestros intereses, pero cada uno de nosotros tiene un ritmo especial que es único, y cuando vamos a ese ritmo, cuando el resto del mundo se desvanece porque estamos tan apasionados y enfocados en lo que estamos haciendo, es cuando estamos en nuestro mejor momento.

¿DÓNDE ENCUENTRAS TU FLUJO?

Para muchos de nosotros, esto no siempre nos ocurre mientras trabajamos. Oh, podemos amar lo que hacemos, pero cuando nuestros días están llenos y locos, no hay tiempo para *dejar* el trabajo, porque el trabajo no tiene fin. Por eso, es tan importante encontrar otras formas de aprovechar el flujo en nuestra vida diaria.

Averigua qué te mueve, qué te emociona, qué te saca de la *rutina* de tu día y luego descubre una manera de llegar allí en tu mente… así sea solo por un rato. Según un artículo en *Psychology Today*, cuando tu mente se dedica a una tarea específica, y es una tarea que te brinda placer, esta nutre esa parte de tu cerebro que te mantiene sintiéndote vital. Tal vez, provenga de tocar un instrumento musical, de pintar un cuadro o de practicar *snowboard* por un sendero difícil. El punto es que todos debemos buscar esas actividades y crear esos momentos tan importantes siempre que sea posible.

Dato importante: El 64% de las personas encuestadas informa sentirse "más productiva" entre las 8:00 a.m. y el mediodía. Eso significa que podemos aprovechar al máximo nuestros equipos y sacar el mejor provecho de nosotros mismos cuando nos sentimos frescos y concentrados.

Para mí, desde que nació mi hija menor, Minka, eso puede significar, simplemente, caminar con ella o leer una historia juntos. O tal vez, me tome el tiempo para ir a pescar cuando esté en mi casa al norte del Estado y me pierda en los sonidos del agua y en los ritmos de la rutina.

Algunas pautas a tener en cuenta cuando quieres entrar en el *fluir:*

- *No le prestes atención al reloj* cuando el tiempo comienza a volar, ahí es cuando en realidad te estás metiendo en el flujo... tratando de ir con él... mirar la hora te saca del momento...

- *Sigue moviéndote...* Oye, este no es un acto pasivo, no se llama una "actividad" para hacer nada... las actividades relacionadas con tu flujo deben ser experiencias activas, lo que significa que tienes que hacer que las cosas sucedan...

- *Trata de no pensar en otra cosa que no sea lo que estás haciendo...* Elimina las distracciones, de modo que nada más se interponga en la tarea que tienes frente a ti...

- *Trata de no pensar en ti mismo.* Sí, tienes que enfocarte en lo que estás haciendo —por ejemplo, si estás pescando, no quieres cortarte los dedos mientras pones el anzuelo; si lo que buscas es conducir por una carretera pintoresca, obviamente, tienes que poner tu atención en el camino... pero tanto como sea posible, trata de concentrarte de lo que estás haciendo... no se trata de ti, se trata de lo que estás haciendo...

- *Quédate con lo que te funciona...* A lo que me refiero con esto es a que, si encuentras algo que te brinde placer, que te lleve un poco fuera de ti, que te permita ejercitar una parte de tu mente que no siempre aprovechas en tu trabajo habitual, continúes practicándolo y conviértelo en un hábito…

Entonces, ¿qué ganamos con todo esto? ¿Por qué deberíamos aceptar este concepto de que necesitamos reservar algo de tiempo en nuestros días y semanas ocupados para buscar momentos de flujo? Bueno, por un lado, seremos más felices, y no *solo* durante esos momentos en los que estemos involucrados en nuestra actividad externa. Los sicólogos dicen que hay un efecto de arrastre y que, en general, seremos más felices si nos tomamos el tiempo para perdernos en el flujo de alguna manera reglamentada.

Otros beneficios: Mejores habilidades para afrontar las cosas, mayor autoestima y aumento en el rendimiento. De hecho, hubo un estudio de Harvard Business School que descubrió que los equipos creativos en un entorno empresarial o corporativo tendían a tener más avances cuando podían trabajar con un conjunto de objetivos claros en medio de una gran flexibilidad —una lección que he tratado de llevar a nuestras oficinas de Shark Group, donde busco configurar las cosas para que la gente pueda abordar tareas sencillas de maneras que les permitan entrar en estados de flujo.

Además, por lo general, encontramos flujo en actividades en las que aprovechamos nuestras fortalezas y, según el Dr. Martin Seligman, el padre de la sicología positiva (en esencia, un campo de estudio destinado a ayudar a las personas a desarrollar todo su potencial y a vivir vidas felices y significativas), si eres capaz de reconocer tus propias fortalezas personales y usarlas con regularidad, no solo serás más feliz y más completo, sino también más saludable.

Ese es el objetivo final, ¿verdad? Quiero decir, ¿cuál es el punto de toda nuestra *persistencia* y de nuestras ganas de *triunfar* si estas no nos llevan a un lugar de felicidad y satisfacción?

¿Por qué tirarte al suelo para ganar un dólar si ese dólar no enriquece tu ser?

EL PROYECTO ENERGÉTICO

Tan importante como es tomarte un tiempo de tu rutina diaria para actividades que iluminen tu cerebro, alimenten tu alma y enriquezcan tu vida, no olvides el valor de apagarte por completo. Cuando empecé a funcionar con FUBU, mi yo más joven nunca se tomaba el tiempo para solo… sentarse… y quedarse quieto… ni todavía. Cuanto más envejezco, más me doy cuenta de lo importante que es para mí apagar mi cerebro y quedarme quieto — incluso si es solo por un corto período—. En estos días, me encuentro buscando estos pequeños focos de calma a lo largo de mi jornada diaria para poder estar solo con mis pensamientos, y lo que es mejor, para no tener que pensar en nada en absoluto. Tal vez, tome una siesta o salga a caminar rápidamente para aclarar mi mente. Quizás, encuentre un lugar tranquilo tranquila y medite. Es rejuvenecedor, simplemente, *ser,* y cuando mi día se me escapa y no me tomo un poco de tiempo de esta manera, siento que me estoy arrastrando.

Y no soy solo yo. De nuevo, encontramos algunos argumentos magníficos y persuasivos para aprovechar un poco de tiempo de inactividad mental aquí en este libro, a través de las personas que has conocido en estas páginas. Tomemos a Russell Simmons y revisemos la forma en que él enmarca sus días con sus sesiones de yoga; o a Carlos Santana, con su rutina de oración sencilla y reflexión agradecida en las mañanas; a Catherine Zeta-Jones, encendiendo todas esas velas y creando el estado de ánimo adecuado para sentirse relajada y en casa; a Nely Galán, asegurándose de dormir ocho horas cada noche, solo para que pueda levantarse a las 5:00 am. a empezar el día sintiéndose renovada y recargada; y a Tyler, The Creator, trepando a un árbol en el parque de su vecindario solo para encontrar un poco de paz y tranquilidad desde un lugar que le permita mirar al mundo de manera ininterrumpida.

Dato importante: El sitio web GoHealthInsurance.com informa sobre un aumento del 200% en la productividad en entornos de trabajo que les permiten a los empleados un tiempo de vacaciones ilimitado. *Es posible que ese modelo no funcione para ti o en tu empresa, pero si lo pruebas, observarás que los trabajadores comprometidos no abusan de la libertad que permite este tipo de horario de vacaciones, y que el "retorno de la inversión" puede ser enorme.*

Cuando buscaba más información sobre este tema, encontré una cita realmente genial en un artículo de *Scientific American.* Proviene de un ensayo escrito por un tipo llamado Tim Kreider y publicado en *The New York Times:* **"La ociosidad no es solo unas vacaciones o un privilegio, sino que es tan indispensable para el cerebro como la vitamina D para el cuerpo".**

Otra forma de verlo: ¿recuerdas que al comienzo del libro hablé acerca de encontrar tiempo, ganar tiempo y usarlo para sacarle el máximo provecho? ¿Sobre cómo hay solo 24 horas en un día, lo que significa que cada uno de nosotros debe *usar* ese tiempo sabiamente? Pero, ¿qué sucede cuando comienzas a sentir que se te acaba el tiempo? ¿Cuándo se acercan nuestros plazos y ni siquiera estamos cerca de donde debemos estar? ¿Cuándo nuestras metas se diluyen y el reloj, como suele suceder, sigue avanzando? El tiempo es un recurso finito. No están fabricando más, ¿verdad? **Entonces, si el tiempo ya no está de nuestro lado, tenemos que encontrar otro recurso que ocupe su lugar, y ese recurso es la *energía*.**

Porque la energía, a diferencia del tiempo, *no* es finita: ese es un concepto que aprendí de Tony Schwartz, quien dirige una organización llamada The Energy Proyect, que se dedica a hacer que las personas y las organizaciones sean más productivas a través de la práctica de la sicología positiva. Quizá, conozcas a Tony como el escritor fantasma de *The Art of the Deal*, de Donald Trump y de otros títulos *bestseller* más vendidos, pero él se alejó del periodismo para dedicarse a promover el ideal de bienestar en el lugar de trabajo —y se ha asociado con un grupo de compañías *Fortune 500* como Ford, Genentech, Apple, Facebook y Coca-Cola para poner sus ideas en acción.

Después de entrevistar a más de 150.000 personas en todo el mundo, Schwartz y su equipo descubrieron que el 74% de los empleados está experimentando una "crisis energética personal". ¿Qué hacer al respecto? "Bueno", opina, "el mayor recurso sin explotar en su organización es lo que está sucediendo en el interior de su gente".

Pero la energía es un recurso renovable, ¿verdad? The Energy Project les enseña a las compañías a adoptar el concepto de "renovación estratégica", lo que significa alentar a los empleados a recargarse tomando tiempo lejos de sus escritorios para disfrutar de siestas cortas, entrenamientos diurnos y ofrecer más tiempo (y más frecuente) de vacaciones. Los estudios demuestran que estas iniciativas aumentan la productividad y el desempeño laboral, y que los empleados que encuentran formas de renovar y restaurar su energía en el trabajo son, casi siempre, más felices y saludables en su vida personal y en su trabajo.

Seamos claros: no es posible *persistir y triunfar* con una batería descargada. Entonces, ¿qué estás haciendo para renovar y restaurar tu energía?

Mientras lo piensas, tomémonos un tiempo para conocer a algunos emprendedores más y veamos cómo ellos encuentran formas de recargarse y actualizarse.

SÁCALE PROVECHO AL HAMBRE

Vuelve a lo que sabes

—Al y Brit Tani Baker

Padre e hija emprendedores, degustadores de Finger-Lickin, socios de parrilladas

"Persistiré hasta triunfar".

Esa es una cita de Og Mandino, alguna vez considerado por muchos como el mejor vendedor del mundo. Además, es una frase que ha motivado a mi amigo Al "Bubba" Baker a lo largo de su carrera —siendo un veterano de 13 años en la Liga Nacional de Fútbol (¡y tres veces Pro Bowler!) y ahora como dueño del restaurante con la mejor parrillada en Ohio (Bubba's-Q World Famous Bar-B-Que) y copropietario de Bubba's-Q Boneless Ribs, donde te preparan las mejores costillas del planeta.

Lo sé porque Al y su hija Brittani son dos de mis socios favoritos de *Shark Tank* y sus costillas son las mejores razones que tengo para hacer trampa en mi dieta.

"Bueno, yo era el mejor corredor de pases rápidos", comenta Al refiriéndose a sus días de fútbol. Y no es mentira —en una ocasión, *Sports Illustrated* lo eligió como el noveno mejor corredor de pases en la Historia de la NFL. "Uno no se cruza la línea y se enfrenta al mariscal de campo. **Las oportunidades llegan cuando menos las esperas y tienes que involucrarte para beneficiarte de ellas.** Cuando jugaba, yo tenía unos cuantos movimientos, y todavía tengo algunos; muchos de ellos provienen de la astucia y la determinación. En nuestra familia, esa es la consigna. A veces, puedes levantarte y trabajar duro y al día siguiente otra vez trabajar y trabajar como un animal y no pasa nada. Y cuando menos lo esperas, te das cuenta de que avanzaste y triunfaste, pero si no te esfuerzas, te aseguro que las cosas no te saldrán como quieres, pues no te has esforzado para que así sea".

Al y Brittani son los mejores ejemplos de cómo yo invierto en las personas tanto como invierto en sus productos o servicios. No me malinterpretes, sus costillas están fuera de concurso. Su salsa barbacoa es para morirse, pero por encima de todo eso, lo que me inspira a avanzar es su ética de trabajo que siempre está presente para que todo el país la vea —y la disfrute—. Mientras escribo esto, estoy en una gira nacional por docenas de ubicaciones de Hardee y Carl Jr. como parte de su promoción para la nueva hamburguesa Baby Back Rib Burger, de Al y Brittani. Ellos utilizan un proceso patentado de deshuesado que han desarrollado y que te permite disfrutar de jugosos trozos de carne sin tener que lidiar con el desorden, ni la molestia de un solo hueso de costilla.

Al había estado soñando con la idea de una costilla deshuesada y logró cierto progreso al respecto, pero fue su hija Brittani quien le dio el empujón final en el perfeccionamiento del proceso.

"Este era su gran proyecto, pero se desviaba de él", comenta Brittani. "Mi padre tenía en mente muchas cosas a la vez, entonces me dijo que era mi trabajo ayudarlo a mantenerse enfocado, así que en eso quedamos. También le pregunté cómo íbamos con el abogado de patentes y en qué parte del proceso estábamos".

Una de las formas en que Brittani mantuvo enfocado a su padre fue recordándole el momento en que él no la dejó abandonar el equipo de atletismo cuando ella estaba en la escuela secundaria. Correría los 100 y los 200 metros y no creía que tuviera tiempo para practicar todas las tardes, pero Al no la dejó desistir de su compromiso. "Nunca me dejó renunciar a nada", recuerda Brittani.

Dato importante: Más del 30% de los negocios familiares sobrevive hasta la segunda generación, pero solo el 12% llega hasta la tercera. *No sé dónde poner a Al y Brittani en esta ecuación, ya que ellos impulsaron el negocio entre juntos, pero apuesto a que estarán en el mercado por mucho tiempo.*

Ahora, no voy a decirte cómo Al y Brittani sacan esos huesos de sus deliciosas costillas, porque me hicieron jurar que guardaría el secreto, pero lo que sí puedo decir es que fue muy bueno que Brittani siguiera impulsando a su padre en este emprendimiento, porque creo que es uno de los mayores inventos en la Historia de la Civilización Occidental. ¿No me crees? Bueno, entonces supongo que no has estado en el Hardee's o Carl's Jr. de tu localidad, ni has probado una de estas ricuras durante las ofertas de tiempo limitado.

(Si te las perdiste, no te preocupes: ¡existe una muy buena posibilidad de que las volvamos a tener!)

HAZ LO QUE AMAS, AMA LO QUE HACES

Te contaré la historia de cómo Al comenzó, pues el suyo es un gran ejemplo sobre las múltiples formas en que encontramos motivación y recargas de energía cuando hacemos algo que amamos. Verás: él provenía del negocio de la barbacoa. "Este negocio comenzó a correr por mis venas desde mucho antes que el fútbol", suele decir Al. Creció conociendo el restaurante de su tío, Jenkins Quality Barbecue, quien era como un padre para él, así que Al pasó mucho tiempo ayudándole y aprendiendo el negocio.

Al igual que con muchos emprendedores con los que he trabajado a lo largo de los años, Al fue criado por una madre soltera que les enseñó con su ejemplo tanto a él como a sus tres hermanos mayores lo que es levantarse y trabajar arduamente. Se levantaba todas las mañanas a las 5:00 am. en punto, salía por la puerta a las 6:00 am. rumbo a su trabajo y luego se iba a trabajar todas las noches y los fines de semana con su hermano, ayudándole a perfeccionar su salsa barbacoa y buscando comerciantes locales que estuvieran dispuestos a comprarla. En otras palabras, la salsa de barbacoa era un asunto familiar. Sin embargo, Al no fue uno de aquellos que un día cualquiera se levantan y deciden abrir un restaurante cualquiera. No, señor —no es que haya algo de malo en ello, pero eso no era lo que estaba sucediendo aquí.

Lo que estaba sucediendo era que Al había estado haciendo barbacoas para sus compañeros del equipo desde su año de novato con los Detroit Lions. Verás, durante los días de viaje, las directivas presupuestaban estos terribles almuerzos para los jugadores que consistían en sándwiches de jamón prefabricados, acompañados de alguna barra de chocolate y una manzana. Y allí estaba Al con su jugoso sándwich de chuleta de cerdo que goteaba por todas partes, acompañado de ensalada de col. Ya te podrás imaginar cómo todos babeaban viéndolo comerse su almuerzo casero mientras ellos comían esos asquerosos trozos de pan blanco y jamón procesado.

El primero en pedirle un bocado de su almuerzo fue un defensa llamado James Hunter, quien solía ser de la selección de primera ronda de Grambling State y en ese momento era uno de los líderes del equipo. Al no era más que un novato, así que te imaginarás que le ofreció un poco de su sándwich sin ningún problema. Pero si eso es lo que piensas, no conoces a Al.

Ante su petición, Al le respondió: "¡Por supuesto que no!".

Resultó que Al había preparado dos sándwiches para él y dos para su compañero de cuarto, Dave Pureifory, y los guardó en un pequeño refrigerador que acomodó a sus pies, pero no estaba dispuesto a regalar nada de nada. Así las cosas, James Hunter le dijo que le daría cualquier cosa por uno de esos sándwiches, ante lo cual, Al puso un precio. Le dijo: "Dame $10 dólares".

Trato hecho —y Al tuvo su prueba de concepto allí mismo. Y también su primer cliente habitual—. Lo siguiente que Al supo fue que tenía un negocio. Los sándwiches le salían a menos de $1 dólar cada uno, incluida la ensalada de col y, prácticamente, se vendían gracias a James Hunter, que era como una especie de portavoz del producto, pues seguía hablando de aquel delicioso sándwich de carne de cerdo. Durante un par de semanas, Al recibió pedidos y los cobraba al mismo precio de $10 dólares, pero después de un tiempo, comenzó a sentirse culpable por ganar todo ese dinero con sus compañeros de equipo y decidió bajar el precio a $5. Durante los siguientes cinco años, Al entró en esta rutina de vender sándwiches en cada viaje. Tenía todo un sistema: hacía sus compras en su día libre, freía la carne, la marinaba y luego preparaba y envolvía los sándwiches. Aquella era su propia pequeña línea de ensamblaje.

Por esos días —finales de la década de 1970 y a principios de la de 1980—, los novatos no reconocidos no ganaban mucho dinero en la NFL. Al recuerda que su salario neto era de, aproximadamente, $1.500 dólares por semana durante la temporada, así que muy pronto estaba ganando más dinero con la barbacoa que con el fútbol.

Con el tiempo, Al hizo crecer su negocio y comenzó a agregarles trozos de costillas a sus sándwiches, cobrando $50 por cada uno. Había preparado las cosas para poder cocinar ocho porciones a la vez y sus compañeros de equipo venían y recogían sus órdenes. A veces, se sentaban y se comían sus sándwiches allí, en el patio trasero, donde Al cocinaba.

Mientras tanto, Al estaba teniendo problemas con su negocio informal de *catering*. A decir verdad, en realidad, no lo consideraba como un negocio en ese momento —para él, era más como un ingreso secundario—, pero eso era lo que era. "Yo era un jugador de fútbol profesional", dice Al, "pero eso me preparó para entrar en un negocio en el que ya estaba". El problema era que uno de los entrenadores se había quejado del olor de toda esa comida que él llevaba en el autobús o en el avión. Verás, ese pequeño refrigerador que Al solía llevar y mantener a sus pies con su comida y la de su compañero de cuarto se convirtió en un refrigerador gigante con 30, 40, 50 sándwiches y no había forma de ocultar el delicioso aroma que provenía de su interior. Por esa razón, fue convocado a una audiencia disciplinaria, pero a esas alturas, Al tenía tantos clientes en toda la organización, incluidos algunos de los otros entrenadores, que el problema desapareció.

"Mirando atrás, lo que hoy me parece sorprendente es que ninguno de estos tipos cocinara", comenta Al.

Pero ese no era su caso. Él era capaz de cocinar para todo un batallón. Su madre se había encargado de eso, pues tenía que estar fuera de casa durante todo el día, así que les enseñó a Al y a sus hermanos a desenvolverse en la cocina —de la misma manera en que mi madre me enseñó a coser, supongo—. Les enseñó cómo despresar un pollo, cómo hacer salsas, cómo preparar un buen festín. Además, Al tomó ese entrenamiento básico durante el cual se ganó un par de quemones en el asador de su tío. Por esas razones, cuando comenzó a preparar sus propios sándwiches y esas costillas a la barbacoa para sus amigos y compañeros de equipo, cocinar ya era parte de quien él era.

OBSERVA ANTES DE SALTAR

Uno pensaría que, con toda esa barbacoa corriendo por sus venas, Al habría comenzado a cocinar a tiempo completo una vez que dejó el juego, pero cuando se retiró del fútbol, él y su esposa compraron una franquicia de Mail Boxes Etc. en Shaker Heights, Ohio, con la idea de que aquella no sería una ocupación permanente. Más bien, lo que Al pretendía era aprender cómo administrar un negocio dentro de la estructura de soporte de una operación de franquicia nacional, pues pensó que necesitaba ayuda para aprender cómo manejar aspectos de un negocio tales como la nómina, los impuestos y, en general, cómo era el funcionamiento del día a día en un negocio. Para todos los que quieren ser emprendedores, esta es una buena estrategia — les permite aprender a medida que hacen su trabajo apoyados con una especie de red de seguridad corporativa que está ahí para colaborarles a pesar de que están en el negocio por sí mismos—. Fue allí cuando Al comenzó a embotellar su exclusiva salsa de barbacoa —Bubba's-Q All Pupose Sauce— y a venderla en su tienda, pero los supervisores de Mail Boxes Etc. se lo impidieron tan pronto como se dieron cuenta porque no querían que sus franquiciados vendieran productos que no fueran de la empresa.

Por su parte, Brittani nació en 1985, después de que Al fue transferido a los Cardenales de San Luis, pero él se llevó su negocio de barbacoa con él, y de allí, a Cleveland y Minnesota, donde terminó su carrera. Brittani recuerda haber crecido en torno a todos estos tipos grandes y fornidos que venían a su casa con enorme apetito, pero más que eso, recuerda lo divertido que siempre parecía estar su padre al rodearse de toda esa deliciosa comida en compañía de todas estas buenas personas. En el fondo de su ser, ella comprendió que este tipo de cosas eran algo que valía la pena hacer.

Esta escena está ligada al mensaje del capítulo anterior en cual hablé sobre lo importante que es llenar tus días de alegría. El trabajo duro es excelente, pero te azotará, a menos que halles gran satisfacción en él —y era indudable que Al se divertía cocinando.

Pasaron un par de años y Al ya estaba dirigiendo su famoso restaurante de barbacoa Bubba's-Q en Avon, Ohio. Aquella fue una época dura. Tenían toda una línea de salsas y carnes que parecían estar obstaculizando el negocio del restaurante en sí, por lo cual hablaron en familia y decidieron cerrar el restaurante y centrarse en sus productos. Fue ahí cuando comenzó a entrar en juego la *persistencia* de Brittani. Ella era una gran fanática de *Shark Tank* y se le ocurrió que la historia de su familia jugaría un buen papel en el programa y decidió a presentarse.

Al principio, no le dijo nada a su padre al respecto, pero cuando su solicitud pasó los primeros obstáculos y comenzó a tener noticias de los productores, se lo informó. Él no estaba tan emocionado. Le dijo: "Tengo muchas cosas que hacer en este momento como para también ocuparme en tratar de salir en algún programa de televisión".

Sin embargo, Brittani persistió en su idea y, cuando los productores la llamaron para invitarlos a participar en una entrevista vía Skype siendo este el paso final antes de venir a Los Ángeles para aparecer en el programa, Al estaba tratando de tramitar una refinanciación en el banco. En realidad, ¿sería ese un buen momento para él pensar en ir al programa? Estaba a punto de tomar un préstamo —las cosas iban así de mal y él estaba casi en quiebra en ese momento.

Dato importante: Las empresas familiares generan el 62% de las oportunidades de empleo en los Estados Unidos y crean el 78% de todos los nuevos empleos. *Tómate el tiempo para evaluar los recursos disponibles de tu familia cuando estén todos sentados a la mesa, pues pueda que encuentres a tus mejores socios a tu lado.*

Bueno, adivina el resto de la historia. Los productores "se comieron" lo que Al y Brittani estaban vendiendo. (Lo siento, amigos, ¡pero no pude resistirme!). Cuando llegó el día de la grabación, Al casi daña su intervención. Él y Brittani habían ensayado unas cuantas veces, pero en su último repaso, solo unos minutos antes de que estuvieran a punto de pisar el set de *Shark Tank*, Al se dio cuenta (¡y también Brittani!) de que estaba a punto de dañar esa gran oportunidad.

"Ese era el escenario más grande en el que yo había estado", dice Al ahora. "Mucho más grande que en cualquier juego de fútbol".

¿Entonces qué pasó? Brittani tomó la mano de su padre, lo miró a los ojos y le dijo: "Está bien si arruinas nuestras vidas, papá".

"Esas palabras le llegaron a donde le tenían que llegar", recuerda ella. "Después de eso, Al comenzó a reaccionar y tomó control de la situación".

Su presentación salió muy bien, de hecho, yo me involucré en el asunto casi al instante. Y no fue solo su salsa lo que me convenció. Fue también el corazón, el trabajo arduo y el sentido del humor de los dos. Si hay un ingrediente secreto en lo que estas buenas personas traen a la mesa, además de las mejores hierbas y especias y de los mejores cortes de carne, es su sentido del humor. Siempre encuentran algo de qué reírse durante todo el día, y cuando estoy con ellos, el tiempo vuela. Eso no significa que no nos concentremos, ni nos pongamos a trabajar, sino que también sabemos cómo relajarnos y descansar. De hecho, muchas veces, me parece que ese es su modo predeterminado. Los dos tienen ese ingrediente de felicidad al cual se refiere Tony Schwartz en su Energy Proyect. Bien sea trabajando o descansando, hay en ellos una alegría que he llegado a admirar y amar.

Creo que su sentido del humor es, en gran parte, lo que los mantiene con energía, con la batería cargada. Lo otro es su oración diaria —hoy en día, Brittani reúne a su familia todas las mañanas para agradecer por donde están y para buscar fuerzas para llegar a donde van—. También he llegado a admirar y amar esa gran cualidad.

"A pesar de que hemos estado en *Shark Tank*", dice Brittani, "todavía estamos moliendo duro. Todos los días, trabajamos sin cesar. Tenemos que levantarnos y poner nuestra mente en orden y enfrentar los desafíos que encontremos en este viaje en el que buscamos compartir estas costillas deshuesadas con América y mostrar por qué creemos en este producto".

Al repite el mismo punto: "No hemos llegado a la meta todavía", dice. "Estamos de viaje. Todos los días, nos recordamos esto. Nos decimos a nosotros mismos que la única forma de triunfar es levantándonos antes que la competencia y acostándonos más tarde que ella. Y si así lo quieres, también en la cancha de fútbol pasará siempre algo bueno, siempre y cuando te pongas en la posición de jugar. Esa es la única garantía".

Lista de verificación de la persistencia de Al y Brittani

✓ Si al principio no tienes éxito, inténtalo de otra manera... es una vieja lección, pero ha sido probada y funciona. Si Al hubiera dejado de vender su salsa de barbacoa cuando se lo prohibieron en Mail Boxes Etc., ¡yo no tendría todo este sobrepeso alrededor de mi cintura a causa de estas costillas deshuesadas!

- ✓ Usa tus áreas de fortaleza cuando trabajes con un compañero... Al sabe de costillas y barbacoa... Brittani sabe de ventas y marketing... y los dos saben respetarse el uno al otro y hacer sus cosas por separado...

- ✓ Tómate el tiempo para orar y dar gracias... Lo estoy repitiendo aquí, lo sé, pero si hay una lección importante en estas páginas, es esta...

- ✓ No renuncies... Brittani captó muy claro este mensaje cuando estaba en la escuela secundaria y se apresuró a decírselo a su padre cuando él necesitaba escucharlo...

- ✓ Convierte tus accidentes en oportunidades... Al cuenta una historia de cómo olvidó descongelar el pavo un Día de Acción de Gracias, así que desesperado lo puso en la parrilla mientras aún estaba congelado... y resultó súperjugoso. Así nacieron sus pavos ahumados, ¡uno de sus productos más populares!

- ✓ Dar pasos cortos es mejor que caminar demasiado rápido... Cuando Al y su esposa comenzaron esa franquicia de Mail Boxes Etc., su idea era aprender a través de otras personas... sí, estaban administrando su propio negocio, pero tenían una gran corporación detrás de ellos para poder resolver sus dificultades con una especie de cojín debajo de ellos al momento de tropezar...

- ✓ Justo cuando otras personas comienzan a pensar que "lo lograste" es cuando necesitas duplicar tus fuerzas y ponerte realmente a trabajar... Una cosa es llegar al gran escenario, pero otra cosa es quedarse allí...

- ✓ Siempre es más oscuro antes del amanecer... por lo tanto, mantén las luces encendidas todo el tiempo que puedas para que las oportunidades sepan dónde encontrarte...

SILENCIO

Aprovecha tu energía emocional

—Joel Osteen
Televangelista, autor, guía espiritual

UNO DE LOS GRANDES beneficios secundarios de ser parte del medio de la televisión es la oportunidad que este te brinda de conectarte con tantas personas increíbles. Cuando todo en mi vida era acerca de FUBU, conocí a muchas celebridades, pero siempre me pareció que era yo quien vivía en busca de que ellas me dieran una entrevista. Era como si, al darme su tiempo, me estuvieran haciendo una especie de favor. Y así era, créelo. ¡Así era! Sin embargo, hoy en día, estas conexiones ocurren en doble vía. Lo que quiero decir es que, de un tiempo para acá, siempre escucho a personas que admiro decirme que son fanáticas del programa y hasta me agradecen por emitir un mensaje positivo y generar oportunidades para los aspirantes a empresarios. Pero al mismo tiempo, yo también me he visto en situaciones que me han permitido conocer gente que ha tocado mi corazón o despertado mi creatividad de una u otra forma.

Lo cierto es que, de quienquiera que se trate, por lo general, he podido iniciar un diálogo.

Tengo que decir que esas son muy buenas posibilidades. Una bendición. Y me tomo el tiempo para apreciarlas, todos los días. Entonces, cuando escuché que Joel Osteen, el pastor principal de Lakewood Church, en Houston, cuyos sermones televisados son vistos por millones cada semana, era un fan de *Shark Tank,* me sentí muy contento. Y lo que es mejor, también estaba ansioso por visitarme y hablar conmigo sobre posibles formas en que podríamos trabajar juntos y tal vez motivar a los lectores a aprovechar su capacidad de *persistencia* para ayudarlos a vivir una vida más significativa y con más sentido. Me sentí emocionado. Quiero decir, los sermones de este hombre se ven en más de 100 países. ¡Tiene un concierto en la radio satelital Sirius y uno de sus libros, *Your Best Life Now*, estuvo en la lista de *bestsellers* de *The New York Times* durante casi cuatro años! ¡Cuatro años! Eso es asombroso, ¿verdad? En realidad, la forma en que Joel Osteen es capaz de animar a las personas, de cambiar vidas con el poder de sus palabras… me hizo preguntarme cómo hacer para llevar el peso de ese tipo de responsabilidad, para mantenerte motivado para cumplir con este tipo de vocación, para mantener la energía emocional necesaria que te inspire a hacer ese tipo de trabajo embriagador. ¿Y cómo hacer que parezca tan fácil?

La respuesta corta a estos cuestionamientos es: no existe una forma específica para sobrellevar todo este peso. Es decir, no piensas en el peso que te significa. No piensas en lo que estás haciendo como un tipo de carga. No te levantas para encontrarte con nada. Simplemente, te levantas y sales y haces lo tuyo, y después de hacerlo lo suficiente, comienzas a parecerte que es una labor que no requiere esfuerzo —aunque lo requiera.

En cuanto a la energía emocional, Joel se recarga haciendo tiempo para ir en busca de *silencio*, de quietud; para ponerse en contacto consigo mismo —ya sea a través de la lectura, la escritura o la oración—. Lo que quiero decir es que Joel comienza sus días con un momento de reflexión en oración. Imaginé que se despertaría e iría directo a sus oraciones de inmediato, pero lo que me llamó la atención fue saber cómo ora, *cuándo,* dónde y qué espera obtener de ello.

"Más o menos, los primeros 30 minutos, uso ese tiempo para permanecer en silencio", explica. "Me tomo ese tiempo para orar, para estar agradecido. Para mí, así es como empiezo cada día con equilibrio, como me concentro en lo que está pasando conmigo. Busco en mi corazón. Me pregunto: '¿Qué voy a hacer hoy?'. Intento buscar mis motivaciones. Le pregunto a Dios: 'Señor, ¿es esto lo correcto? ¿Es este el camino que se supone que debo seguir?'. Yo veo ese momento como una oportunidad para ser honesto conmigo mismo y priorizar el día".

Dato importante: Según U.S.News & World Report, el 41% de las personas que oran cree que sus oraciones son respondidas con frecuencia *¿Por qué crees que sea eso? Personalmente, creo que es porque, una vez que concibes una idea, una meta o un deseo, estás más inclinado a profundizar y encontrar una manera de convertirlo en realidad.*

Joel se sienta con sigo mismo y reflexiona. Trata de no pedir nada cuando ora, pues utiliza el tiempo para expresar su gratitud y para pensar en lo que quiere lograr durante el día. A veces, lee su Biblia o algún salmo favorito. Y cuando se encuentra pidiendo algo específico en oración, nunca es para él —pide en nombre de un amigo, familiar, feligrés o por un completo desconocido cuya historia lo ha impactado de alguna manera. También pide en nombre del planeta o de la humanidad.

Además, Joel es paciente consigo mismo cuando ora. **Es cuidadoso de no comenzar el día apresuradamente, no quiere salir corriendo de casa rumbo a cualquier esquina a expresar su agradecimiento por el nuevo día. Según él lo ve, la forma en que comienza su día determina el tipo de día que será.** "Si comienzas de forma negativa", explica, "y te enfocas en: '¡Oh, no! Está lloviendo', '¡No quiero ir a trabajar!', creo que lo que estás generando es negatividad. Para mí, es importante levantarse y decir: 'Señor, ¡gracias por otro día!'. Encontrar algo por lo que estar agradecido. Yo le agradezco a Dios por mi salud. Le agradezco por mis hijos. Le agradezco por las oportunidades que me ha brindado".

La oficina de Joel es como su santuario. Es donde él se siente más conectado con su fe y con su misión, pero también es donde se siente más en sintonía, donde la escritura que constituye la mayor parte de su trabajo en estos días parece fluir más fácil. En esencia, es el lugar donde él encuentra la paz y la tranquilidad que necesita para explorar los grandes temas de los que habla en sus sermones cada semana. Su oficina está llena de todos estos criterios de los cuales están compuestos su vida y su ministerio, y también su casa en Texas. Allí pasa la mayor parte de su tiempo de reflexión, sumergiéndose en las maravillas de su mundo. Además, guarda un montón de fotos y recuerdos que le ayudan a tener muy presente dónde ha estado y hacia dónde va. **En uno de sus estantes hay un par de zapatos de su padre** —como muchos de ustedes saben, él entró a hacerse cargo del ministerio de su padre cuando apenas tenía 35 años, cuando su papá murió de un ataque al corazón—, pues ellos son un recordatorio muy literal para Joel de que está siguiendo los pasos de su padre. De ese espacio sagrado extrae energía y tranquilidad; allí, agradece por su legado, por las personas en su vida que lo inspiran y por aquellas a las que él también inspira.

Su sermón de fin de semana podrá durar solo 30 minutos, pero escribirlo abarca la mayor parte de su semana laboral. Todo lo demás, depende de eso y su equipo de trabajo sabe que no debe interrumpirlo una vez él entra en modo de escritura. Su trabajo duro consiste en liderar a diario a la congregación, estar al frente de su negocio y tomar parte activa de la responsabilidad que implica su actividad de radiodifusión... los lunes y martes. Los miércoles, se sumerge en las noticias del día. Lee, estudia, repasa sus notas, busca ideas, identifica tendencias y temas y procura encontrar algo que hable a su ser —algo que también les hable a sus millones de seguidores.

Los jueves y viernes, está en su oficina a las 7:00 am., escribiendo.

"Siento que soy más creativo a esa hora del día", opina, "así que esa es la parte más importante de mi jornada".

Cuando se adentra en el modo de escritura o investigación, Joel se asegura de hacer un alto en lo que está haciendo y practica algún ejercicio, pues siente que, en esos momentos, esta liberación física de su energía emocional es esencial. Por esa razón, hace esto mismo un par de veces a lo largo del día. Cuando el clima coopera, da una caminata de una hora y a un ritmo rápido, al tiempo que escucha un CD inspirador que le haga compañía; también suele ocurrirle que, está tan sumergido en lo que está escuchando, que camina durante un par de horas. Para muchas personas, escuchar música o un podcast o un sermón es una forma de pasar el tiempo mientras hacen ejercicio; es una forma de actualizarse o realizar múltiples tareas. Pero para Joel, estas largas caminatas contemplativas son en realidad extensiones del trabajo que está haciendo cuando está en su escritorio y lo que busca es inspirarse en lo que otras personas hayan dicho con respecto a lo que sea que él esté escribiendo.

Ahora, no me refiero a comparar los libros que escribo con los sermones que Joel comparte cada semana, pero entiendo la presión que él siente —con mis libros, cada vez que termino el que estoy escribiendo, dejo de escribir por un año o dos antes de comenzar a pensar en el próximo—. En cambio, Joel tiene que encontrar algo revelador, algo conmovedor, algo estimulante *cada semana*. ¡Sin falta! Yo nunca fui a la universidad, pero me imagino que debe ser como esa constante presión que sientes ante el hecho inmutable de tener que presentar un trabajo de fin de semestre o una tesis. Bastante intimidante (¡y muy agotador, también!), pero Joel ha encontrado una manera de neutralizar esa presión tomándola como parte de su semana laboral. No deja que lo abrume. Una vez ha terminado la etapa de investigación, descansa y espera a que las palabras fluyan. Joel ha aprendido a confiar en que, si se dedica a investigar de esa manera durante la semana, si es diligente en la búsqueda de cada nuevo sermón, las palabras lo encontrarán a él y no él a las palabras.

Y lo hacen. Quizá, no al principio, pero en determinado momento, las palabras llegan a su mente y a su corazón.

Su rutina de ejercicios es clave, dice Joel, porque no solo está moviendo sus músculos y sudando —se está renovando y tratando de encontrar inspiración lejos de su escritorio—. Tres o cuatro días a la semana, dedica tiempo a levantar pesas, y en el trabajo duro que realiza al poner en práctica ese tipo de esfuerzo, su mente es libre de divagar, de sintonizarse con partes de su cuerpo y dejar que el sermón se filtre en su cerebro. La mayoría de las tardes, sale a dar un paseo en bicicleta con su esposa, Victoria, y también en medio de esa actividad, deja un espacio para que su pensamiento divague y busque la inspiración que necesita para asestar el golpe final.

“Soy bastante partidario de que un debe ser activo”, afirma. “Es muy probable que tus lectores lo sepan, pero debe haber un equilibrio físico, espiritual y emocional. Necesitamos hacer ejercicio en las tres áreas. Por esa razón, cuando hago ejercicio, lo hago de tal manera que beneficie a mi ser entero. Siento que soy más creativo cuando puedo salir y caminar y ver la creación. Entonces, **mientras estoy haciendo ese esfuerzo, quiero asegurarme de también absorber algo en mi interior.** Y luego, al final del día, procuro salir a caminar con Victoria. Así sea a las 9:00 pm., es útil pasar ese tiempo juntos al final del día. Me ayuda a reencontrarme con el rato de silencio del que disfruté al comienzo del día. Lo hago con el fin de sentirme centrado una vez más".

Algunas noches, cuando Joel no se toma el tiempo para caminar un rato, procura salir a su patio trasero a mirar hacia el cielo, así sea durante cinco o diez minutos —solo para aprovechar otros momentos más para agradecerle al Señor por otro buen día.

Y, en todo momento, Joel está pensando, pensando y pensando en lo que dirá el domingo.

ACENTUAR LO POSITIVO

Una de las lecciones más importantes que aprendí de mi charla con Joel fue sobre el poder **del pensamiento positivo.** Ese es un concepto que ha existido desde hace mucho tiempo —de hecho, ese era el título de un *bestseller* motivacional de Norman Vincent Peale, publicado en la década de 1950, otro libro para el cual saqué tiempo en mi juventud y lo leí. Pasé un tiempo escuchando algunos de los sermones de Joel antes de que habláramos y esta positividad de la que él habla es todo un hecho en su actitud. Lo que también escuché bastante fue acerca de la idea de asegurarnos de estar haciendo lo mejor que podemos con lo que se nos haya dado. Joel empodera a las personas y, básicamente, les dice: "Oye, lo que hay en ti es más grande que lo que hay en tu contra".

Durante nuestra visita, Joel habló de una estrategia específica que él tiene para mantenerse positivo —desterrar lo negativo—

y la ilustra a través de una sencilla historia sobre la mujer que solía cortarle el pelo.

Échale un vistazo:

"Durante 10 años, esta persona me cortó el cabello", cuenta. "Era una mujer muy agradable. Sin embargo, cada vez que iba a que me lo arreglara, ella me contaba sus problemas. Me hablaba de su matrimonio. Estaba teniendo dificultades para enfrentar su orgullo y yo trataba de aconsejarla y siempre salía de allí sintiéndome agotado. Finalmente, después de todo ese tiempo, pensé: '¡Salgo agotado cada vez que voy a hacerme cortar el pelo!'. Así me sentía. Por mucho que quisiera ayudarla, ya no sabía cómo más enfrentar esa misma dinámica de siempre. Entonces, hice ese cambio, pues toda esa negatividad tiende a hacerte sentir bajo de energía, así que, trato de no estar cerca de personas negativas tan constantemente. El tiempo es demasiado corto y, en ese tipo de compañías, puede llegar a ser una verdadera pérdida".

Obvio, él siguió aconsejándola con cierta regularidad, pero ya no era la encargada de cortarle el pelo.

Una de las cualidades más positivas de Joel es su humildad. Recuerdo, cuando era niño, la forma en que algunos ministros del evangelio me aconsejaban todo el tiempo. Lo mismo ocurría con los televangelistas que escuchaba a veces, cuando me sentaba frente al televisor a cambiar de un canal a otro. Para estos tipos, la religión se trataba de todo lo que no se debe hacer. Se manifestaban como si ellos fueran perfectos, sin fallas, y luego empezaban a regañarte y a fastidiar —lo cual, por supuesto, es inevitable, ¿verdad? De vez en cuando, todos nos equivocamos.

Joel Osteen reconoce este hecho y trabaja en contra de que le suceda en sus sermones. **Casi siempre, su mensaje es admitir que todos somos una obra en progreso.** "Eso es todo lo que podemos hacer", afirma. "Le digo a la gente que todos podemos mejorar un poco más cada día. Todos estamos superando cosas. No estamos aquí porque seamos perfectos. Creo que es bueno ser abierto con las personas y hacerles saber que todos estamos lidiando con alguna cosa. Todos vamos en un viaje".

Joel recuerda el viaje que comenzó su padre y se maravilla de cómo ha crecido su iglesia. Había apenas 90 personas en la congregación cuando su padre comenzó y era labor de un solo hombre, prácticamente. Su padre barría los pisos, apagaba las luces por la noche, iba a visitar a los miembros de la congregación cuando estaban enfermos y oficiaba todas las bodas. Iba a su despacho todos los días y se ponía a disposición de los demás a todas horas. Su arduo trabajo no tenía fin. Joel afirma que no se imagina dirigiendo la iglesia de la misma manera. Por un lado, se ha vuelto demasiado grande. Y por el otro, esa no es su personalidad. Joel se ve a sí mismo como alguien que se encarga de observar el panorama en general. Prefiere retirarse y empoderar al equipo que trabaja con él para que lleve a cabo su parte final de la operación, dejándolo hacer lo que haya por hacer.

"Soy más un líder que deja hacer", opina. "Creo mucho en rodearme de personas que sepan más que yo en sus áreas. No quiero estar fastidiando, ni encima de todo lo que cada una haga. Y cuando tienen éxito, me siento agradecido de haber sido solo un acompañante en medio de su labor".

Los sermones de Joel Osteen tienen éxito porque los convierte en una prioridad. Claro, él tiene otras cosas en marcha que lo alejan de su escritorio, de sus pensamientos, de sus rutinas. Es posible que se le solicite que se ocupe de algún problema en la iglesia de los niños o tal vez tenga que aconsejar a alguien que ha perdido a un ser querido. Todas estas tareas, grandes y pequeñas, requieren de su atención, pero luego, cuando llega el miércoles, Joel trata de frenar el ejercicio diario de liderar a su iglesia para concentrarse en escribir su sermón.

Dato importante: Una encuesta de Newsweek, titulada "Is God Listening?", informó que el 54% de las personas ora a diario y que la mitad de ellas ora, por lo menos, dos veces al día. *Supongo que la lección aquí es que, si crees tan profundamente en Dios, como para manifestarlo y pedirle su ayuda divina, bien podrías insistir y pedírsela varias veces.*

"Me siento a escribir", cuenta Joel, "y algunas semanas, simplemente, no tengo la energía emocional que necesito para hacerlo". Lo único que puedo hacer es dar un paso atrás y reprogramarme. Luego, retomo lo que estoy escribiendo y *persisto* hasta encontrar una manera de hacer que las ideas fluyan, porque ese sermón, esos 30 minutos, es sobre lo cual está basado todo. Tengo 30 minutos para hablarles a todas estas personas y será mejor que haga un buen trabajo, pues lo siguiente que sé es que pronto será miércoles otra vez y tendré que comenzar el mismo proceso una vez más".

Lista de verificación de la persistencia de Joel

- ✓ No tengas miedo de hacer crecer un negocio o un proyecto más allá de su tamaño y alcance original solo porque tu padre o el socio que lo inició ya no están cerca para darle forma a la visión que ellos tuvieron al respecto…
- ✓ Busca un lugar tranquilo en el que puedas recargarte, ya sea meditando, orando o reflexionando en silencio sobre los objetivos que tienes por cumplir…
- ✓ No es suficiente con sacar los pensamientos negativos de tu mente; a veces, también tienes que sacar de tu vida a las personas negativas…

- ✓ Reconoce tus fallas y fracasos e intenta aprender de ellos...
- ✓ Enfócate en aquello único que sea tuyo y solo tuyo. En el caso de Joel, es escribir y dar su sermón cada semana. Joel ha aprendido a administrar su tiempo de tal manera que todas sus energías estén enfocadas en esa dirección...

CAPÍTULO 8

EL PODER DE LA PERSISTENCIA

LA MEJOR MANERA de agregar un punto de exclamación en las historias y estrategias que te estoy compartiendo acerca de estos emprendedores increíbles y exitosos es ayudándote a encontrar patrones en sus enfoques con el fin de que tú también logres crecer en lo que sea que estés realizando.

Con este fin en mente, te contaré algunas de mis opiniones sobre los hilos en común que observo tanto en ellos como en sus carreras. Los consejos que te ofrezco en esta lectura parecerán un poco dispersos, pero eso solo nos recuerda que no hay una receta única y exacta para alcanzar el éxito. **Cada uno de no-**

sotros le agregamos nuestros propios ingredientes a la sopa, según los que tengamos en la cocina. Lo hacemos a nuestra manera, en nuestro propio tiempo. Observa con detenimiento las historias de este libro y verás que estos consejos van desde lo general, y están basados con todo lo que tenga que ver con la actitud, hasta lo específico y todo lo que esté relacionado con la acción. Es posible que algunos de ellos ni siquiera estén presentados como consejos —sino como un patrón o conjunto de comportamientos que contribuyeron a colocar a este o aquel emprendedor en un camino positivo.

Comprendo que no todas las estrategias funcionarán para todos los lectores. De hecho, algunas están en conflicto entre sí. Por ejemplo, a algunas personas les gusta "pensar en grande" y perseguir objetivos elevados. En cambio, otras intentan cumplir objetivos simples y alcanzables. Sin embargo, hay algunos principios básicos que parecen conservarse a través de *todas* las historias, y si los vemos como un elemento en común, ensancharemos nuestra forma de pensar.

Con eso en mente, identifiqué tres principios básicos en las historias de vida de *todos* los emprendedores aquí descritos. Ellos:

1. Creen que lo que hacen importa.
2. Arriesgan solo tanto como puedan permitirse perder.
3. Se centran en lo que tienen, no en lo que no tienen.

Aceptemos que, para tener éxito, debes estar 100% seguro de que tienes control total sobre lo que haces y que cuentas la capacidad de influir en los resultados. **El éxito no es un destino que encontrarás, sino un resultado que lograrás.** Tienes que creer que todo lo que tienes, y todo lo que *eres*, es un bien activo. No importa cuál sea tu experiencia, ni los recursos que tengas a tu alcance. Ni siquiera importa cuáles sean tus circunstancias cuando comiences. De todas las personas que habitan sobre la tierra... yo sé y *entiendo* eso. Solo importa que aproveches la voluntad que tienes de aprender, crecer y avanzar siempre —de manera constante y persistente—, hasta que llegues a donde pretendes ir.

Además, en términos de riesgo-recompensa, la idea es *ingresar* al juego e ingeniártelas para *permanecer* en él. (¡Estar allí para ganar!). Recuerda, todo es cuestión de *persistencia.* Recuerda también que estamos hablando de un juego a largo plazo. Piensa en cómo **los emprendedores exitosos aumentan su longevidad y procuran incrementar las probabilidades a su favor haciendo pequeñas apuestas sobre ideas que encuentran por el camino.** A cada paso que dan, ellos intentan ganar tiempo y oportunidades que los lleven al siguiente nivel. Y una vez que una idea comienza a ganar fuerza, ya están en posición de hacer inversiones más sustanciales y dar pasos un poco más grandes —y así sucesivamente—. Es un trato incremental. Aplica igual bien sea en una carrera tradicional dentro de un entorno corporativo o en una oficina. Comenzamos en el peldaño inferior y vamos escalando hasta la parte superior de la escalera, un peldaño a la vez. Si buscamos evitar un par de peldaños, podríamos arriesgarnos a tropezar y caer.

Y finalmente, **las personas exitosas no pueden evitar mantener su mirada en lo positivo que los rodea.** Si eres un emprendedor, estás diseñado para ver todo y a todos a tu alrededor como un activo potencial. Este es un rasgo importante y necesario, y si no lo reconoces en ti, deberías echarle un vistazo a lo que este rasgo ya está haciendo en tu vida. Un "activo" oculto puede ser un elemento tangible, como un vehículo o una pieza de hardware que quizá necesitas para avanzar en tu idea. O puede ser un elemento intangible, como espacio adicional en tu hogar o tener acceso a personas que estén en condiciones de abrirte un par de puertas. Incluso en ciertas situaciones, los elementos que otros perciben como "basura" podrían convertirse en un activo para ti.

Todo lo que necesitas es comenzar a pensar y a ver el mundo que te rodea de una manera más positiva, que es algo que las personas exitosas que has conocido en este libro han logrado hacer —de una forma u otra, en un momento u otro.

MÍRAME, SIÉNTEME

Admito que puedo ver estos principios en acción en mi experiencia propia. Quizás, no los reconocí como tales cuando recién comenzaba, pero aquí están hoy —y estaban también allí en el pasado—. Deseo, espero que también tú puedas identificar fragmentos de ti mismo en estas páginas. Quiero decir, por alguna razón buscaste este libro, ¿verdad? Debe ser que tienes hambre de saber sobre algo que *ya* te motiva y que a la vez quieras aprender de los buenos hábitos de los demás. Ten en cuenta que **estos comportamientos no son únicamente buenas estrategias en el lugar de trabajo. También son estrategias para vivir.** Son habilidades para la vida. Tomar estos enfoques y unirlos a los tuyos te ayudará a avanzar en el cumplimiento de tus objetivos e incrementará tu capacidad creativa sin importar en qué campo te desenvuelvas. El hecho es que te ayudarán a impulsar tus días *y* a construir relaciones significativas y sostenibles. Y si resulta que has estado haciendo algunas de estas cosas todo el tiempo sin reconocerlas o darles un nombre, entonces tienes frente a ti un comienzo ganador.

Siempre habrá algo en estas páginas para todos los lectores. Los gerentes corporativos usan las habilidades aquí compartidas para lograr innovación en su lugar de trabajo. Los creativos las usan para experimentar y lograr diversos resultados. Los defensores del cambio social las usan para formar coaliciones y crear movimientos. Los empresarios las usan para convertir ideas en negocios viables. Y tú también puedes usarlas para generar el éxito y la felicidad que deseas.

Piensa en todo lo que he compartido contigo desde el comienzo de esta lectura. En aquello que haya impactado tu vida de una u otra forma. Sigue adelante y enfócate en tus habilidades, en las estrategias que has aprendido y en las que implementaste por cuenta propia. Ten presente que todo se vale cuando se trata de darle vida y significado a tus días. Recuerda, **no hay una sola manera de persistir** —ya lo dije antes, pero quiero insistir en ello.

Ahora, dime: ¿qué aprendiste?

A medida que se aproxima el momento de cerrar este libro, miremos juntos hacia el futuro y pensemos en qué formas podemos *persistir y triunfar* juntos. Tomemos un momento para reconocer que nos hemos sumergido en los pensamientos más profundos y conocido las dudas más grandes de un grupo de personas que han logrado cosas increíbles como escalar el Monte Kilimanjaro sobre su estómago, convertirse en una actriz ganadora de un Óscar, crear un imperio con un valor de $60 millones de dólares en relojes para hombres tan solo en unos pocos años. Y también reconozcamos que, a través de los ejemplos de estos cambiadores de juego, ahora *tú* tienes el poder de aprovechar algunas de tus ideas, de enfrentar tus propias dudas y encontrar la manera de salir adelante.

Espero que este libro te haya inspirado para aprovechar tus pasiones, tus talentos y tu impulso de tal manera que superes cualquier obstáculo que se interponga en tu camino.

Persiste y ponte a trabajar

MARK TWAIN ESCRIBIÓ que los dos días más importantes de tu vida son el día en que naces y el día en que descubres por qué.

Nací el 23 de febrero de 1969.

Descubrí por qué el 14 de abril de 2017.

Esa es la fecha en que supe que tenía cáncer de tiroides en estadio II. Fue muy sorprendente para mí ver que tomé este diagnóstico como una buena noticia y no como una circunstancia devastadora, y antes de que termines este libro, quiero pasar un momento más en tu compañía contándote el porqué de mi reacción. La respuesta corta es: porque todo encaja. La respuesta más larga sería: porque necesité de este gigantesco llamado de atención para darme cuenta de que la razón por la que me pusieron en esta Tierra fue para mejorar la vida de las personas que me rodean —no *solo* de las que amo y mantengo cerca de mí, sino de la gente que tengo a mi *alrededor*, cuya cantidad en estos días es de varios dígitos gracias al alcance de *Shark Tank* y al poder de las redes sociales.

Déjame explicarte:

Siempre me he cuidado bien, me he hecho mi examen físico todos los años, realizo todas las pruebas de rigor y, por lo general, hago ejercicio. A veces, me divertía o comía demasiado, pero no me preocupaba y equilibraba esos períodos de exceso con largos períodos de dieta y moderación. En esencia, yo era como la mayoría de la gente. Estaba haciendo lo mejor que podía con la información que tenía, con la fuerza de voluntad que reunía, con los recursos que tenía a mi disposición, que es como debes estar haciendo *tú* actualmente. En pocas palabras me estaba cuidando, pero esa no era mi principal prioridad.

Pero cuando hablé con todas las personas que acabas de conocer en estas páginas, comencé a darme cuenta de que todas y cada una de ellas hacen de su salud una prioridad. Para ellas, la salud es lo primero y lo más importante. Así es como comienzan su día la mayoría de ellos, haciendo ejercicio, asegurándose de comer bien, rodeándose de influencias saludables y holísticas, practicando actividades que contribuyan a su salud —ya sea meditación, oración, lectura o pasando tiempo con la familia— mediante las cuales nutren cuerpo y alma, corazón y mente. Así las cosas, decidí comenzar a pensar que yo también debería estar poniendo en práctica en mi propia vida algunos de los principios y hábitos que vi en ellos, solo que de manera más completa por parte mía. Después de todo, de lo que sea que estemos haciendo, siempre podemos hacer *más*, ¿verdad?

Siempre podemos hacerlo *mejor.*

Y luego, en medio de todo eso, tuve la oportunidad de hablar con un amigo, Bernie Yuman, uno de mis grandes mentores. Acababa de tener mi examen físico anual y estábamos comentando al respecto cuando Bernie me dijo que, si realmente quería cuidarme, debería inscribirme en un "examen físico ejecutivo". Yo nunca había oído hablar de ese tipo de examen, así que él me puso al tanto. Se trata de un examen completo y súper minucioso, realizado por lo general en un centro médico de vanguardia como la Clínica Mayo y suele tomar de dos a tres días. También es muy costoso y, por supuesto, el seguro no lo cubre, así que me temo que solo está disponible para los muy afortunados. Aprendí que se llama un examen físico ejecutivo, porque casi siempre lo pagan las grandes corporaciones que quieren asegurarse de que sus CEOs y altos ejecutivos mantengan su salud en un estado óptimo, de tal manera que su capacidad de trabajo sea igualmente óptima; estas lo ven como una pequeña inversión en la salud y el bienestar de sus empresas. Actores y deportista de renombre, jefes de Estado... es decir, básicamente, personas encargadas de administrar una gran corporación o emprendimiento, o alguien que apoye casi que por sí mismo una gran organización o controle una fortuna familiar, tienen acceso a uno de estos exámenes físicos, porque mucha gente confían en ellas para seguir funcionando confiadamente. ¿Es justo? De ninguna manera. ¿Desearía que todo mundo pudiera tener acceso a la mejor atención médica que el dinero puede comprar? Por supuesto que sí. Pero desear estas cosas no es suficiente para hacerlas posible y no nos queda más remedio que vivir dentro de nuestra propia realidad.

Cuanto más escuchaba al respecto, más aprendía y más empecé a pensar que yo debería hacer lo que fuera necesario para practicarme un examen de esos. Pensé en mis tres hermosas hijas (¡incluida la niña más hermosa del planeta!) y en lo mucho que quiero asegurarme de estar cerca de ellas durante mucho, mucho tiempo —para ellas y para todas las personas que amo en mi vida—. Tengo a todas ellas dependiendo de mí, no solo me refiero a mi familia y seres queridos, sino a mis empleados de Shark Group y a mis otros socios que confían en ese cheque fijo para mantener a quienes ellos también aprecian en sus propias vidas. Entonces, decidí invertir mi dinero en dicho examen. En muchos sentidos, lo vi como una inversión, solo que en lugar de invertir en un emprendedor joven y lleno de potencial, o en una empresa prometedora con un concepto ganador, iba a invertir… en mí, específicamente, en *mi* salud y bienestar.

Así lo hice, y a medida que me encargaba de todos los arreglos y de encontrar uno o dos días disponibles en mi ocupada agenda —lo cual, dicho sea de paso, no fue fácil—, nunca, lo que se dice nunca, se me ocurrió que, en algún momento, estos doctores súper minuciosos encontraran algún resultado extraño en semejante examen tan detallado. Yo solo estaba siendo cauto. No era más que una precaución de mi parte. Esperaba que me enviaran a casa, sí, con una factura monumental, pero con unos resultados muy benéficos en cuanto a mi salud y con gran tranquilidad y paz.

Sin embargo, nada de eso pasó.

Efectivamente, uno de los médicos encontró una pequeña anomalía en mi cuello que lo dejó "un poco preocupado". Como dije, *acababa* de hacerme un examen físico con mi médico de cabecera y me había revisado la garganta como lo ha hecho todos los años durante los últimos 20 años. Pero ahora, aquí estaba este médico físico-ejecutivo diciéndome que había un crecimiento del tamaño de una canica y que debería pensar en hacérmelo extirpar. Probablemente, no era nada, pero también podría serlo, ¿verdad?

Lo interesante es que nadie me dijo que este tal crecimiento podría ser un cáncer. Es como si tuvieran miedo incluso de mencionar la palabra "c", así que todos hablaban con cierta vaguedad, pero yo sabía que, aunque no se trataba de nada de lo que pudiera preocuparme todavía… aun así, algo era.

Como es obvio, decidí someterme a la cirugía. Ese era el punto, asegurarme de que todas mis bases estuvieran cubiertas y de hacer de la salud una prioridad. Además, cuando un examen muestra un problema potencial, es imperioso eliminar el problema —eso es todo—. Así las cosas, programamos la cirugía para un viernes por la mañana y esperaba relajarme en casa durante cuatro días.

Durante la etapa preoperatoria, el cirujano dibujó cuatro pequeños puntos a lo largo de la palabra "blessed" que tengo tatuada en mi garganta. Es un tatuaje en forma de collar que llevo con orgullo, pero que la mayoría de la gente no lo ve, a menos que esté en la playa o sentado en una piscina. Dice: "Who God blessed no man can curse" ("A quien Dios bendiga, ningún hombre puede maldecir").

Veo esas palabras en el espejo todas las mañanas (¡al revés!) y me inspiran a llenar cada día con un propósito.

El plan era que la operación demorara unos 90 minutos y no había razón para esperar nada más que un resultado de rutina. Mis seres queridos se habían reunido en el hospital y el ambiente en la habitación era como si todo no fuera gran cosa. Sacarían la canica de mi cuello (¡la mitad de mi tiroides!) y me enviarían a casa a descansar y recuperarme durante los próximos cuatro días.

Al menos, esa era la idea.

Cuando me puso la anestesia, el anestesiólogo me dijo que pensara en cosas lindas. Me explicó que si mi mente estaba llena de pensamientos negativos, me despertaría con un fuerte dolor de cabeza, así que, a medida que fui quedándome dormido, pensé en todo aquello por lo que estaba agradecido en esta vida. Sé que puede parecer un poco cliché o melodramático, pero tomé las palabras del médico al pie de la letra y realmente vi todas las cosas buenas de mi vida pasar por mi mente, todo aquello por lo cual estaba agradecido…

Entonces, pensé en mi madre, trabajando duro para darme una buena crianza, alimentarme y mantenerme alejado de problemas. En cómo me había animado a "pensar en grande" e inculcado en mí la confianza de que yo podía hacer cualquier cosa y ser lo que quisiera, a pesar de que, en mi vecindario, "mantenerse alejado de problemas" significaba evitar las drogas y la violencia de las pandillas, pues estas le habían quitado la vida a muchos de mis amigos, ya que unos terminaron muertos y otros en la cárcel. Pensé en lo agradecido que estaba de que, a pesar de mis comienzos bastante humildes, logré encontrar un grupo de almas afines con las cuales asociarme y juntos construimos una marca a partir de una idea, de una pasión que todos compartíamos, debido al hecho de que nos negamos a ser relegados por una industria de la moda a la que no parecía agradarle nuestro estilo. Traje a mi mente cómo, de alguna manera, hice crecer ese negocio hasta el punto en que ganamos suficiente dinero y publicidad para que, en determinado momento, se nos ofreciera un espacio en un reality show en horario estelar en la televisión, junto a personas que yo respetaba y admiraba en gran manera. En cómo mi experiencia en ese programa ayudó a transformar mi marca personal de diseñador de moda urbana y me convirtió en un personaje de la televisión, en un agente de cambio y en un emprendedor en serie; en cómo había transformado mi negocio para apoyar nuevas empresas en una docena de industrias diferentes y me ayudó a ir por todo el mundo para dirigirme a multitudes que querían escuchar mis conferencias. También había encontrado el tiempo para comenzar una familia propia y luego otra, y a pesar de todo el dinero que había ganado y de las personas que había empleado y las camisas, chaquetas y *widgets* que había vendido, comprendí que mi mayor logro y mi mayor legado fue el amor de la gente a mi alrededor.

Lo último que recuerdo antes de caer fundido fue una imagen que tenía en mi mente de mis tres hijas y el pensamiento que vino con ello era: así es como luce el éxito. Cerré los ojos y pensé: ellas son la razón por la cual me levanto día a tras día a *persistir y triunfar.*

Lo siguiente que recuerdo es que salí de la cirugía. Mi familia estaba preocupada porque la operación duró una hora más de lo esperado —un largo tiempo para quienes nos aman y están sentados en la sala de espera haciendo girar sus pulgares—, pues les habían dicho que tomaría, como máximo, una hora y media.

Lo más increíble de la historia fue que, cuando realizaron las pruebas en el nódulo del tamaño de una canica que me sacaron del cuello, los resultados arrojaron un cáncer en etapa II. Si hubiera pasado desapercibido durante un par de años más, habría sido un gran problema, tal vez, hasta me hubiera matado. Pero como tuve la suerte y la bendición de someterme a toda esta atención preventiva, pudimos encontrarlo y eliminarlo y, por fortuna, he seguido adelante después de eso.

Gran suspiro de alivio, ¿verdad?

Mucha gente podría haber contado sus bendiciones y haber dejado las cosas así, pero no fue eso lo que yo decidí hacer. Por un lado, tenía muy presente que ese viernes en particular, el 14 de abril, también era Viernes Santo. Yo sabía que entraría a la sala de operaciones, por supuesto, pero ahora, con este informe del médico, puse toda la atención del caso. Como has leído, soy una persona bastante espiritual. Rezo. Creo. Pensé que el hecho de que yo tuviera esta operación para esquivar esta especie de bala justo en un Viernes Santo tenía que ser algún tipo de señal divina, ya que ese es un día de gran significado para mí, porque fue el Viernes Santo de 1989 cuando me paré afuera del Coloseum Mall en Queens, a vender por primera vez mis sombreros —una decisión que cambiaría mi vida—. Y ahora aquí estaba, después de todos estos años, el Viernes Santo de 2017, tomando una decisión que me salvaría la vida.

¿Ves lo que quiero decir sobre cómo todo está relacionado?

Y se relaciona con los temas de este libro, en las formas en que nos enfrentamos a los desafíos y a las responsabilidades que tenemos frente a nosotros y en cómo nos esforzamos por enfrentarlos. Una de las formas en que asumo la responsabilidad principal en mi vida (cuidar a las personas que me rodean) es cuidándome a mí mismo. Esa fue mi conclusión clave de este susto con el cáncer.

A QUIEN DIOS BENDIGA NINGÚN HOMBRE PUEDE MALDECIR

Llevo esas palabras alrededor de mi cuello, sobre mi pecho… y a partir de aquel Viernes Santo en adelante, también las llevo en mi corazón.

Nunca olvidemos que nos esforzamos por avanzar y avanzar, pero que también necesitamos esforzarnos por hacer de nuestro mundo un lugar mejor para las personas que amamos. Para algunos, eso podría significar su mundo cerca de casa. Para otros, quizá podrían tener una imagen más grande en mente. Para mí, significa que ahora estoy destinado a arrojar luz sobre el importante mensaje de conciencia y detección temprana de enfermedades. Es por eso que, justo después de mi cirugía, comencé a dar todas estas entrevistas hablando sobre mi miedo al cáncer y es por eso que estoy cerrando este libro con el mismo mensaje. Después de todo, mi objetivo ha sido inspirar a la gente a que se levante, persista y establezca una vida con poder y propósito. Muchas veces, ese poder y propósito no tienen nada que ver con ganar dinero —se trata de cómo impactamos la vida de quienes nos rodean—, y no sé tú, pero yo espero estar cerca de mis seres queridos por un buen tiempo, por mucho tiempo.

Mira, sé que la mayoría de la gente no tiene los medios para practicarse este tipo de examen médico integral y de vanguardia. Sin embargo, mientras todavía tengamos acceso a la atención médica en este país, deberíamos estar tomando todas las medidas de detección temprana que tengamos a nuestro alcance. ***Todos*** **deberíamos aprovechar al máximo** ***todos*** **los recursos**

que tengamos a nuestro alcance para mantenernos sanos y completos.

En todo caso, sea lo que sea que estés haciendo, lo que sea que puedas hacer, esfuérzate por hacer un poquito más para cuidarte aún mejor. Colonoscopias, mamografías, citologías, endoscopias… Tenemos que hacerles frente a las fuerzas que estén amenazándonos con apartarnos de nuestro camino y seguir adelante.

En últimas, de eso se trata este libro, ¡de ponernos en posición de prosperar! Así que aquí, en esta última página, quise mencionar esto para que todos pensemos en lo que está en juego a medida que avanzamos por la vida.

Cuídate bien… y haz lo que tengas que hacer para seguir *persistiendo y triunfando.*

Agradecimientos

Una de las cosas que me encantan de este negocio de escribir libros es la oportunidad que me brinda de trabajar con tantas personas inteligentes, creativas y perspicaces. Al igual que mi participación en *Shark Tank* me abrió un mundo completamente nuevo, mis libros me pusieron en contacto con mucha gente con la que no habría tenido la oportunidad de interactuar en mi trabajo diario, motivo por el cual me considero bendecido de poder aprender y crecer en compañía de todas estas buenas personas.

Primero, quiero agradecer a todos los que se tomaron el tiempo para sentarse conmigo y compartir sus pensamientos y estrategias de motivación. Como verás al leer sus perfiles, ellos son personas muy ocupadas, pero se tomaron el tiempo necesario para hablar conmigo y se esforzaron en ayudarme a arrojar luz sobre todo lo que se necesita para llevar una vida más plena y rica y para tener éxito al más alto nivel. Sin ellos, no habría libro.

También quiero agradecerle a mi amigo y coautor Dan Paisner por ayudarme a organizar los pensamientos de todos mis entrevistados (¡y los míos!) de una manera que capturara mi voz y el espíritu de lo que hago. Este es nuestro cuarto libro juntos y espero trabajar con él en un montón más. Sin él, tampoco habría libro.

Gracias también a mi agente literaria, Kirsten Neuhaus, de Foundry Media, por brindarnos un hogar en Crown Publishing Group, donde estamos en las buenas manos de nuestra editora, Talia Krohn; de la editora, Tina Constable; del editor asociado, Campbell Wharton; de la directora de publicidad, Megan Perritt; del publicista, Owen Haney; del director de marketing, Ayelet Gruenspect; del director de arte, Tal Goretsky; y del asistente editorial, Erin Little. No podría pedir un mejor equipo de profesionales en el campo de la publicación —sin ellos, tampoco habría libro.

Gracias también a mi dedicado equipo en las oficinas de The Shark Group, liderado por Ted Kingsbery, quien, como presidente de mi compañía, me ayuda a ejecutar todos mis proyectos, y a Champ Nichols, el jefe de nuestra división de conferencias, quien siempre me ayuda a pulir mis discursos principales y me mantiene enfocado en todos los nuevos pensamientos y teorías sobre emprendimiento. Realmente, estoy agradecido con todo mi equipo de trabajo por impulsarme a ser lo mejor que puedo y por compartir conmigo su conocimiento y pasión todos los días. Tengo que decirlo. . . sin ellos, tampoco habría libro.

Mi equipo de gestión también merece mi agradecimiento, incluidos Eric Ortner, del Grupo de Gestión Ortner; Zach Rosenfield, de Stan Rosenfield & Associates; todo mi equipo en William Morris Enntovor y los miembros de mi familia FUBU: Carl, Keith y J, mis hermanos de por vida y mis compañeros Norman y Bruce. Sin ellos, no estaría en la posición que estoy hoy.

Lo mismo ocurre con mi familia *Shark Tank*, comenzando con Mark Burnett y el equipo de Mark Burnett Productions, especialmente Holly, Jamie, Yun y Clay, y los ejecutivos de ABC y Sony. Y a mis compañeros tiburones, Mark, Kevin, Robert, Lori y Barbara, gracias por su amistad y por sacar lo mejor de mí dentro y fuera del set. También quiero agradecer a CNBC por ser un socio de sindicación tan fuerte. Sin todas estas personas, habría un libro, pero no habría mucha gente haciendo fila para leerlo.

Por supuesto, también tengo que agradecerles a nuestros fanáticos de *Shark Tank*, pues ellos me mantienen humilde, y a mis socios de *Shark Tank*, que siempre están enseñándome algo nuevo. Sin todos ustedes, no tendría tantas buenas razones para levantarme de la cama todas las mañanas y comenzar a trabajar duro, *persistir y triunfar.*

Por último, quiero enviarles una ovación especial a todos los que están persiguiendo un sueño… persiguiendo una meta… buscando una vida mejor y con mayores propósitos. Después de todo, este libro es para ustedes.